社会稳定研究论丛
SHEHUI WENDING YANJIU LUNCONG

肖唐镖 主编

农民抗争经典著作评述

肖唐镖 刘莉 主编

中国社会科学出版社

图书在版编目（CIP）数据

农民抗争经典著作评述/肖唐镖，刘莉主编.—北京：中国社会科学出版社，2016.8

（社会稳定研究论丛）

ISBN 978-7-5161-6597-3

Ⅰ.①农… Ⅱ.①肖… ②刘… Ⅲ.①农民问题—研究—中国 Ⅳ.①D422.64

中国版本图书馆 CIP 数据核字（2015）第 160110 号

出 版 人	赵剑英
责任编辑	赵　丽
责任校对	闫　萃
责任印制	王　超

出　　版	中国社会科学出版社
社　　址	北京鼓楼西大街甲 158 号
邮　　编	100720
网　　址	http://www.csspw.cn
发 行 部	010-84083685
门 市 部	010-84029450
经　　销	新华书店及其他书店
印　　刷	北京明恒达印务有限公司
装　　订	廊坊市广阳区广增装订厂
版　　次	2016 年 8 月第 1 版
印　　次	2016 年 8 月第 1 次印刷
开　　本	710×1000　1/16
印　　张	17.5
插　　页	2
字　　数	291 千字
定　　价	66.00 元

凡购买中国社会科学出版社图书，如有质量问题请与本社营销中心联系调换
电话：010-84083683
版权所有　侵权必究

社会稳定研究论丛
学术委员会

蔡永顺　陈　峰　单光鼐　但彦铮
冯仕政　景跃进　李连江　刘　能
刘爱玉　刘明兴　罗兴佐　苏　阳
童　星　王晓毅　肖唐镖　徐　昕
杨国斌　应　星　于建嵘　张　静
张小劲　赵鼎新　赵树凯

总　序

肖唐镖

国内学界对社会矛盾、纠纷与冲突类问题的研究，由来已久。尤自20世纪90年代初以来，随着自乡村、继而到城镇以信访和群体性事件为主要表征的社会冲突日益频发，这一领域更吸引着日益增多的研究者的关注。然而，让人未免有点遗憾、但又不能不认同的是：对此貌似繁荣的研究景象，就如几年前赵鼎新教授所直率的评论，"国内的学术研究才刚刚起步"！

近年来，为推动国内社会政治稳定与民众集体行动领域的科学研究，以社会学和政治学等学科为主阵地，海内外众多学者联手，展开了一系列卓有成效的工作。如中国人民大学社会学系牵头，先后举办了"集体行动与社会运动研究讲习班"（2007年）、"政治社会学（社会运动）工作坊"（2011年）；《社会学研究》与《社会》连续刊发多篇相关学术论文；上海世纪出版集团与译林出版社等机构先后出版数十种国际学界高质量的学术论著。凡此种种，聚溪成河，已在改变着该领域的研究生态，包括研究者的理论视野与范式、研究方法与工具、乃至表达话语与概念。籍以时日，基于中国本土经验的科学研究和理论进步，适宜国情且具前瞻性与进步性的政策研究，定将涌现。我辈没有理由不为之而欢喜！

幸逢其时，得到领职单位等机构的支持，尤其是得到众多华裔学者的支持，我们也力图搭建相关平台，以襄盛举。一方面，举办国际或国内学术会议（论坛），让学者们展开面对面的交流、对话和争论；另一方面，出版"社会稳定研究书系"，包括《社会稳定研究论丛》与《群体性事件案例报告》两个系列。"案例报告"将采集国内的典型案例,既应教学、培训之需,更望其能成为人们了解、研究群体性事件的重要资料来源。而"研究论丛"既含结集出版的论文集,也有单独成篇的学术专著,以集中展示学界的相关研究。诚望得到众位的理解、支持和帮助!

简　要

"农民抗争"仍然是一个充满论争的研究领域。经济结构、意识形态、世界市场、现代化变迁、精英动员、组织化程度、政治过程与机会结构、剧目、认同、情感、理性，究竟什么是引发和促成农民抗争的因素，哪一个才是农民抗争的真实故事？学者们对此给出了不同的答案。

从20世纪60年代开始，政治学、社会学和历史学等社会科学领域对农民革命、抗争和农村社会变迁的研究出现了新的转向。第一，在研究方法上，从将农民视为革命理念传播的接受者转变为关注农民自己的抗争历史；第二，解释框架从经典社会心理学理论发展为更为丰富的社会运动理论；第三，分析视角不再单独从社会或国家出发，而是关照二者之间的互动关系。其中，马克思主义阶级斗争理论传统虽然仍然被一部分研究者继承，但已进行了重大修正；斯科特的道义经济理论成为流行观点，常常被引用、讨论和重构；国家角色在分析框架中显然更具有独立性；农民抗争的政治意义以及它和民主进程之间的关系越来越受到关注，并成为崭新的政治理论来源。

本书的文章所评述的都是当代农民抗争事件、革命、运动研究的经典之作。从中我们可以勾勒一个研究领域的边界和传统，即核心问题、解释框架和重要论争，得以了解一种社会科学范式形成和更新的逻辑。

目　录

导论:农民抗争研究的学术史 …………………………………… (1)

查尔斯·蒂利《旺代》的评介 …………………………………… (34)

沃尔夫《二十世纪的农民战争》评介 …………………………… (46)

《农业革命》学术述评 …………………………………………… (67)

逃离国家和文明的再界定
　　——评詹姆斯·C. 斯科特的《不被统治的艺术》 ………… (88)

《日本德川时期农民的抗争和起义》研究述评 ………………… (112)

农民抗争的理性
　　——波普金《理性的小农》书评 ……………………………… (130)

《农村的权力与抗争》研究述评 ………………………………… (150)

底层政治的"对话者"
　　——对斯科特代表著作及思想的评述 ……………………… (168)

民变与传统国家崩溃
　　——对孔飞力一个经典议题的分析性叙述 ………………… (183)

《华南农村革命:海丰县的农民及其历史
　　形成(1570—1930)》述评 …………………………………… (197)

中国农民抗争的策略与理据
　　——《中国农村的依法抗争》述评 ……………………（225）

《中华帝国晚期的冲突与控制》述评 ……………………（248）

导论：农民抗争研究的学术史

一 引言

从农民抗争的视角阐释现代政治模式，不失为一个有效的研究方案。正如著名历史社会学家巴林顿·摩尔所云"农村结构及其冲突是理解现代政治模式的关键"。① 事实上，研究者们对这一领域的探讨也确实从未间断。

对国际学界有关农民抗争领域的相关研究状况，近些年来国内学界给予了越来越多的关注，已译介境外学界的不少研究作品。但总体而言，我们对境外学界的这一研究状况之引介与掌握并不系统、全面，一些重要的经典文献一直未有汉译作品，必要的学术述评也显不足，十分值得弥补。为此，近数年来，在肖唐镖所主持的研究生课程《乡村建设与治理研究》及其与刘莉共同主持的研究生课程《抗争政治研究》上，我们便向同学们推荐并分发了一批境外学界的相关研究作品，提请大家细致而系统地阅读，并进行学术述评。述评系围绕作者及其作品而展开，其基本内容大体包括：作者生平及其学术简历；作品内容简介；作品的逻辑结构及内容详析；作品的研究方法、解释框架及其评议；比较分析与结论。收入本论文集的评述文章便来自这些课程，它们所评述的对象都是当代农村抗争事件、革命或运动研究的经典之作或重要人物。借助这些作品，我们可以勾勒有关农民抗争政治研究领域的学术传统、核心问题、解释框架和重要论争，可以了解这一领域社会科学的范式形

---

① 斯考切波：《国家与社会革命：对法国、俄国和中国的比较分析》，何俊志、王学东译，上海人民出版社2007年版，序言第ⅹ—ⅺ页。

成与更新逻辑。

从20世纪60年代开始，政治学、社会学和历史学等社会科学领域对农民革命、抗争和农村社会变迁的研究发展出了诸多经典理论，并一直在展现新的变化。表现为：第一，从将农民视为革命理念传播的接受者到对农民自己的历史、社会结构、政治过程的关注；第二，解释框架从经典社会心理学到社会运动理论的转变；第三，从社会、国家各自不同的分析视角到关照二者之间互动关系的转变。其中马克思阶级斗争理论传统虽仍然被一部分研究者继承，但显然已进行了重大修正；斯科特的道义经济理论成为流行观点，常常被引用、讨论和重构；而国家的角色在分析框架显得更具有独立性；农民抗争的政治意义以及它和民主进程之间的关系越来越受到关注，并成为崭新的政治理论来源。

"农民抗争"依然是一个充满争论的研究领域。在经济结构、意识形态、世界市场、现代化变迁、精英动员、组织化程度、政治过程、机会结构、剧目、认同、情感、理性等因素中，究竟哪些是引发或导致农民抗争的自变量，农民抗争的真实故事究竟如何？要想理清这些作品对这一核心理论问题的回答，首先要在方法论的意义上理清研究者对"农民抗争"这一概念的立场、观念和研究进路。这里，以后续各文的主要研究为基础，结合境外学界的相关研究，简要回顾农民抗争研究的学术史，以为本文集的引论。

二 农民与抗争

（一）何为农民

对农民和农村社会的不同认识，直接影响研究者对农民抗争这一主题的研究进路和解释框架。经典马克思理论关于农民革命的传统研究，往往在"农民—地主"这对概念中考察作为被剥削群体或阶级的农民。但显然，这种界定过于狭窄了。

米格代尔借鉴了克利福德·格尔茨（Clifford Geertz）界定农民的三个标准：（1）经济标准，指农民至少要在某种程度上介入货币和市场关系；（2）政治标准，指农民在相对集权的国家中处于从属地位，要服从那些有权阶级的法令和要求，并把一部分收入交给这些阶级；（3）文化标准，指农民具有系统的批判性的宗教和哲学思想的文化传统。并加上了一条可以假定为被普遍接受的标准,即:(4)土地和农业生产占其社会生活的中心地位。[①] 第一条经济标准与贫富无关,而是一种市场成员的界定,它使农民在经济地位上区别于农奴。第二条政治标准界定了农民相对较低的社会地位,与有权阶级之间的不平等状态。第三条文化标准则指出了农民作为一个群体拥有一套独特的文化传统,即所谓的"小传统"。最后一条标准看起来是不言而喻的,也是最容易被观察、被认同的标准,土地和农业对于农民生存状况是决定性的。

这种对农民概念的界定相对笼统,在各自不同的研究中,研究者往往会描绘出农民的不同侧面。比如,在詹姆斯·斯科特的眼里,农民的含义不止于此。即便在一个未经打扰的村庄中,东南亚农民的境遇也是悲惨的。他注意到"水深及颈"的生存状态,并强调村庄中以道义伦理为中心的庇护关系和社会秩序。斯科特描绘出的农民处于生存危机,同时深深扎根于道义文化传统之中。显然,波普金并不完全同意斯科特眼中的农民形象,特别是其道义形象,他看到的农民是和资本家在本质上没有差别的经济理性人、政治资本家。这意味着,至少在经济关系上,农民并不具备独特的"小传统",所观察到的独特,是具体空间下一个更为普遍的经济理性逻辑运行而产生的结果。

在农民学的研究传统中,三种经典假设一直具有重要影响[②]:来自舒茨的资本主义经济学,也称为形式主义的研究路径,将农民视为经济市场上的企业家,政治市场上的投资者,波普金的《理性的小农》[③] 就是这一进路的代表作品;来自恰亚诺夫和波拉尼的实体经济学,视传统农业社会为前现代的社会关系嵌入经济、政治等制度形成过程中的社会状态,这种研究进路往往能够迎合人类学家的研究志趣,斯科特的《小农的道义经济:东南亚的叛乱和生计维持》,堪称经典;第三种进路就是马克思主义,强调农民的"受剥削的耕种者"角色。这三种对农民的界定,直接影响对其政治、经济和社会变迁的研究结论,也同样为描绘农民抗争这一主题的画卷铺垫了不同的底色。

米格代尔提出了农民的标准,但农民究竟包括在农村中或以农业为中

[①] 米格代尔:《农民、政治与革命》,中央编译出版社1996年版,第15页。
[②] 黄宗智:《华北的小农经济与社会变迁》,中华书局2000年版,第1—4页。
[③] Samuel L. Popkin, *The Rational Peasant*, University of California Press, 1979.

心的哪些人？他们对"农民"这一概念是否有足够的共识？三种农民学传统的争论，实际上也在于对作为研究对象的农民有不同的界定。沃尔夫在《二十世纪的农民战争》① 中就特别强调富农、中农、贫农面对革命截然不同的态度。马克思的经典理论强调农民和地主阶层的对立，农民以佃农、雇农为主。形式主义经济学则尤为关注富农和经营式农场主；实体经济学则往往将自耕农作为主要的研究对象。如果以后面两种理论为标准，那么在马克思主义理论中的地主大有可能也是农民。蒂利在《17世纪法国的日常冲突与农民叛乱》② 一文中以土地占有为标准，区分了农民的类型，并强调对农民抗争的研究，必须摆脱马克思传统地将其局限于无地者对有地者的反抗，因为，如果这样的话，将把大量的农民抗争行为和事件排除在研究视域之外，17世纪的法国也就不存在农民叛乱——这明显不符合实际。农民的生活围绕土地展开，但抗争却并不总是与土地的控制有关。

那么，如果想展开农民抗争的研究，并使对话一直进行下去，我们对农民的定义必须能涵盖以各种身份、角色存在的农民。其实，纵观农民抗争领域的研究，也确实无法排除他们中的任何一种，如此才能认识清楚：在宏大的历史变革背景下，以农民为主体（而无论实际的操纵者、组织者和被反抗的对象是谁）的革命（revolution）、反叛（revolt）和抗争（contention）行动的原因、过程、结果和影响。

总之，在农民抗争研究中，"农民"这一身份包含了以下特征：

1. 生存环境。资本主义市场的兴起，在深刻影响农村社会，带来不确定性。对于下层农民来说，看不到生活会变更好的希望；而对中上层来说，则提供了有机会改变现状的选择，尽管并不意味着一定要改变。总之，传统社会受到挑战，农民首先能够直观感受到的就是经济"危机"——危险和机会。

2. 行动者。新一代的农民学研究，在动摇了普遍主义和现代化理论的基础上，已经扬弃了文化决定论、文化传播论的观点，不同意将农民看作是历史决定论的产物或是完全被动的存在。相反，人们更愿意从行为主

---

① Eric R. Wolf, *Peasant Wars of the Twentieth Century*, Now York: Harper and Row, 1969.
② Guggenheim E Scott & Robert P. Weller, eds., *Power and Protest in the Countryside: Studies of Ruraly Unrest in Asia, Europe, and Latin America*, Durham, N.C.: Dwke University Press 1989.

义观点出发，从农民社会的结构特征和农民的行为选择出发，去发现农民这一身份群体的行为逻辑。因此，无论是否存在意图结果，农民都是社会行动者，受制于制度同时也是建构制度的行动者。

3. 独特的亚文化。农民不同于工人或者其他社会阶层，其中一个重要的方面就是农民的亚文化，一种熟人社会的共同体。在以耕作作为生活中心的世代承传中所形成的维系共同体生存的伦理规范和道德准则，是日常生活中至关重要的构成要素。一个极端情况是，比如像在"冲击—反应"理论传统中所暗示的那样，如果没有世界市场，如果没有现代国家建设，如果没有制度渗透和文化传播，这样的共同体会无穷再生产、复制下去，无论对于不同阶层的农民来说将面临怎样的生活境遇。

4. 不确定的政治诉求。底层农民的政治诉求以生存为前提，不一定有身份认同的自觉；占有权力资源的农民则能够根据国家或上层的制度性安排而进行一定范围内的选择。因此，政治诉求不一定是农民集体行动事前的明确主张和利益要求，但很有可能最终表现为动摇现有社会结构或政治结构的结果。

另外要特别注意的是，农民的抗争往往并不是由农民（阶级）独立完成，特别是在革命语境中讨论这一主题的时候。正如《农民的权力与抗争》编者所强调的，要全面理解农民，就必须要知道农民与其他哪个阶级联合；要理解农民的抗争，就要知道农民的抗争是怎么样区别于其他阶级的抗争。

（二）何为抗争

在农民抗争这一议题中，"抗争"既包括了经典的马克思主义者所主张的由经济上的不满（阶级剥削）所引起的抗议和集体行动，也包括了传统社会心理学所主张的由非理性因素引发的恐慌、骚乱和集体暴力，还包括了20世纪60年代以来由查尔斯·蒂利等人所主张的以民主转型为背景的"抗争性政治"的抗争。农民抗争表现为抗议、反叛、革命（反革命）等被视为集体行动或社会运动的形式，是反对当前制度安排的群体性行为。

阶级斗争

将抗争（contention）理解为不同群体之间的斗争（fight），最经典的视角莫过于马克思的阶级斗争理论。农民的反抗行为以对立阶级的存在为前提，建立在经济（生产资料）基础之上的阶级冲突最终导致了革命行为。"集体暴力——食物或税收骚乱、社会盗匪活动、起义——被诠释成为社会压力的表现，这种社会压力因剥削性的经济系统和在地主、收税人与农民之间造成的斗争而产生。"① 但值得注意的是，在马克思的阶级斗争理论中，农民不能独立完成这一过程，所以我们看到在经典研究中，这一理论往往集中在与工人阶级的兴起和工人运动的相关论题上，比如摩尔的《民主与专制的社会起源》②、汤普森的《英国工人阶级的形成》③。

但很显然，在佩奇的《农业革命》④、沃尔夫的《二十世纪的农民战争》、麦克斯的《华南农村革命》⑤ 中，阶级理论被创造性地得到运用。他们的研究，更强调的是生产方式、生产关系和社会（政治）革命之间的联系而非阶级意识，强调阶级关系之外的其他因素，比如阶级利益而非阶级觉悟、组织而非政治共同体，以及一直存在的大市场和商业化。在这里不能不提出的疑问是，如果不强调阶级意识，农民抗争是否能被理解为阶级斗争？这恐怕是一个见仁见智的问题，但同时也意味着，在农民问题上阶级斗争论的解释值得进一步探讨。

集体行动

赵鼎新曾经区分集体行动、社会运动和革命三个概念。⑥ 通过三个维度，组织化程度、制度化程度和所追求的社会变革程度，他将集体行动、社会运动和革命进行区分。但就农民抗争的研究而言，这种分类的意义并不十分显著，因为农民很少像现代的社会运动那样主动地依据合法性原则追求社会变革，从而无法使得三种政治行为具有分析概念的价值。在集体

---

① 李丹：《理解中国农民：社会科学哲学的案例研究》，张胜波、张洪云、张天虹译，江苏人民出版社、凤凰出版传媒集团 2009 年版，第 174 页。
② 巴林顿·摩尔：《民主和专制的国家起源》，拓夫、张东东译，华夏出版社 1987 年版。
③ E. P. 汤普森：《英国工人阶级的形成》，钱乘旦译，译林出版社 2013 年版。
④ Jeffery M. Paige, *Agrarian Revolution: Social Movements and Export Agriculture in the Underdeveloped World*, Free Press 1975.
⑤ Marks, *Rural Revolution in South China: Peasants and the Making of History in Haifeng County*, 1570 - 1930, 1984.
⑥ "所谓集体行动（collective action），就是许多个体参加的、具有很大自发性的制度外政治行为；所谓社会运动（social movement），就是有许多个体参加的、高度组织化的、寻求或反对特定社会变革的制度外政治行为；而革命（revolution），则是由大规模人群参与的、高度组织化的、旨在夺取政权并按照某种意识形态对社会进行根本改造的制度外政治行为"。参见赵鼎新《社会与政治运动讲义》，社会科学文献出版社 2006 年版，第 2—3 页。

行动的理论视角下，农民抗争与其说是一种政治行为的类型，不如说是由于变迁中的乡村社会普遍存在的集体心理和结构性紧张而产生的"非理性"群体反抗行为。

对这一现象的关注，并进而形成研究视角和理论传统肇端于勒庞对法国大革命的研究，随后被斯梅尔塞、布鲁默等人进一步发展，从而使社会心理学成为研究集体行动非常重要的理论视角。它把情感、信念、大众文化和社会结构视为解释反抗行为的重要因素，重视从个人心理状态到群体行为的从微观到宏观的过程（同时对于个体行动者来说是一个相反的过程）的探讨，关注集体意识形成，并假设，它是反抗行为得以发生的最为关键的一环。

集体行动作为抗争研究的视角，其显著特征在于对社会结构与情感性因素相关联的强调。蒂利对17世纪法国农民抗争行为的研究，斯科特对东南亚农民抗争行为的研究都解释了集体行动作为抗争表达的行为逻辑。研究者们注意到，社会中普遍存在的不满情绪或者相对剥夺感促发了集体行动。在松散或组织化程度不高（米格代尔）的乡村社会，农民的平衡感一旦遭到破坏（斯科特），而发生以情感因素为核心展开的群体性抗争行为，便很难用阶级斗争或政治目的理性来解读。

农民的日常反抗（斯科特，蒂利）往往无法诉诸理性和组织化。还可以看到的是，在道义经济理论中，集体认同的价值观受到挑战从而引发反抗行为的分析视角也是社会心理学的。对抗争，尤其对农民抗争的研究，集体行动的探讨不可或缺。赵鼎新对不同社会结构情境下情感因素对集体行动（社会运动）的影响所提出的几个假设颇具启发意义。①

抗争政治

无论是用阶级斗争还是用集体行动来探讨农民抗争，国家都不是关键

---

① 他提出的几个命题是：（1）一个社会运动，当其组织力量很弱时，情感性行为往往会主宰该运动的发展；（2）在一个公民社会发育不良的社会中，社会运动往往会受情感主导，而在一个公民社会发育良好的社会中，社会运动的发展主要由运动组织的策略主导；（3）在威权社会中，社会运动的发展更有可能受情感的主导，而在民主社会中，社会运动的发展则主要由社会运动组织的策略来主导；（4）在威权社会中，一个社会的文化特别是传统文化将对社会运动的发展具有关键影响。参见赵鼎新《社会与政治运动讲义》，社会科学文献出版社2006年版，第71—72页。

角色；但在"找回国家"①的背景之下，"国家"不再只是被反对或建构的政治组织，而是政治机会结构，是抗争行为的核心影响因素，因此，民众抗争行动实际上进一步演化为抗争政治。裴宜理曾强调这一研究视角对中国社会底层民众抗争研究的重要性。

对于抗争政治这一理论，蒂利曾以若干著作的篇幅来阐释。② "抗争政治包含着这样一些互动：在其中，行动者提出一些影响他人利益或导向为了共同利益或共同计划而做出协同努力之要求；政府则在这些互动中作为所要求的对象、要求之提出者抑或第三方面介入其中。"③ 在蒂利与麦克亚当较早合作的论文中则比较明确地界定了抗争政治的三个要素：(1) 一些行动者提出一些影响他人利益的互动；(2) 偶尔发生的、公共的、集体的诉求；(3) 其中政府诉求的对象、发起者或者第三方。④ 亦即，抗争政治同时具备的三个特征——抗争、集体行动和政治——使它区别于同时在很大程度上囊括了以往的集体行动、社会运动。国家在抗争政治中扮演的角色至关重要，它的强弱、行动能力、官僚化水平、权威性和可利用资源影响抗争的形成和发展。

具体而言，蒂利强调各种抗争行为或社会运动的政治命题以及它们作为民主制度过程的意义。⑤ 在这个过程中，蒂利认为这两个因素至关重要：(1) 关系网络的重要性，即人们拥有的与其他人的关系和联系，它是动员的基础；(2) 国家的作用。⑥ 这也是资源动员理论的基础。蒂利和麦克亚当发展的政治过程模型，除了强调(1) 动员网络以外，还认为一个成功的社会运动需要以下要素：(2) 政治机会结构，比如国家的压制能力，政权是分裂还是统一；(3) 抗议台本，即一套动员策略；(4) 集

---

① 埃文斯、鲁施迈耶、斯考切波：《找回国家》，方力维等译，生活·读书·新知三联书店2009年版。
② 蒂利：《欧洲的抗争与民主》，陈周旺译，格致出版社、上海人民出版社2008年版；蒂利：《社会运动，1768—2004》，胡位钧译，上海人民出版社2009年版；蒂利、塔罗：《抗争政治》，译林出版社、凤凰出版集团2010年版。
③ 蒂利、塔罗：《抗争政治》，译林出版社、凤凰出版集团2010年版，第9页。
④ 黄冬娅：《国家如何塑造抗争政治——关于社会抗争中国家角色的研究评述》，《社会学研究》2011年第2期。
⑤ 蒂利：《欧洲的抗争与民主》，陈周旺译，格致出版社、上海人民出版社2008年版；蒂利：《社会运动，1768—2004》，胡位钧译，上海人民出版社2009年版。
⑥ 裴宜理：《底层社会与抗争性政治》，《东南学术》2008年第3期。

体行动框架,它和抗议台本有重合,是指领袖借以展示理念的动员方式,建基于领袖和潜在跟随者之间的文化认同,如同一篇乐章的旋律;(5)组织空间环境。[①] 这些要素现已非常普遍地用于分析集体行动和社会运动的政治过程和动员结构。因此,对于抗争政治的分析,要围绕四个要素进行:事件、片段(episodes,即台本)、机制与过程。分析的过程则包含三个步骤:对过程的描述,将过程分解为一些基本的原因,将这些基本原因集合为过程是如何发生的作一般叙述。[②] 这一分析过程适合于所有的复杂社会过程的分析,实际上也是理论生产的一项规则。

(三)农民抗争

那么,究竟什么是农民的抗争?它与其他抗争的核心差异究竟是什么?蒂利曾将集体行动分为三个类型:竞争性、反应性、主动性,并且认为这三种不同形式的抗议行动在几个世纪时间里得以发展。如在16世纪,竞争性抗议是常态,如同中国乡村社会中的械斗;17世纪和18世纪,反应性抗议是常态,如抗税、暴乱;在19世纪和20世纪,主动性抗议是常态,如罢工。[③] 抗争者、抗争对象和抗争的内容构成了抗争事件的基本要素。在每一个抗争事件中,各个要素及其相互之间的关系各有不同,甚至在有些抗争行动中,这些要素并不那么清晰可见,并因此成为理论论证的起点。但是,不同时代的抗争行为研究基本不会缺少以下三个方面的分析。

1. 抗争者与抗争对象

谁对谁的抗争?这个问题看起来并不那么容易回答,而且即便在某个革命丛(clusters of revolution)[④] 中,答案也不可避免地充满复杂性。并且,抗争中的主体更在具体时空条件的限制中展现出复杂性。在蒂利的研究中,法国大革命过程中的反革命运动是地方贵族联合农民反对共和党的抗争运动。同样是在法国,17世纪的农民叛乱不是农民反抗控制土地的地主,而是农民寻求贵族领导反抗国家,从而更具有民主化的政治倾向。

[①] 裴宜理:《底层社会与抗争性政治》,《东南学术》2008年第3期;赵鼎新:《社会与政治运动讲义》,社会科学文献出版社2006年版。
[②] 蒂利、塔罗:《抗争政治》,译林出版社2010年版,第34页。
[③] 裴宜理:《底层社会与抗争性政治》,《东南学术》2008年第3期。
[④] Michael D., *Richards, Revolution in World History*, NY: Routledge, 2004, p.2.

2. 为什么抗争

对于为什么抗争的问题，可以分为两个层次：抗争什么和抗争的动力机制为何。前者是描述层面，后者是解释层面。比如在旺代反革命事件中，农民和地主联合，反抗革命派的征兵、征税；但在解释层面上则是城市化和国家建设。前者可以在抗争的宣言、口号和直观中发现，而后者则体现了方法论和理论框架。它们共同说明了农民所反抗的压力来源。

比如，在《农民的权力与抗争》中，编者总结了该主题研究中的几种共享理论，即"道义经济""资本主义"和"国家与政治"。它们可以用来解释抗争的原因，对农民和农村社会而言，最终引发抗争行动的根源可能分别来自：（1）伦理秩序遭遇了破坏，农民与其他群体的社会交换无法在原有的条件下完成；（2）资本主义市场的延伸，往往是抬高了底层农民的生存成本，使得反抗反而成为风险不那么高的选择；（3）国家控制的加强，打破了原有的公共资源分配规则，农民利益受损。

3. 抗争过程和结果

抗争过程需要考虑时间、空间、机会、组织和领导者等因素。这种思考往往包括两个方面：一是，组织化问题；二是，动员结构问题。在一场抗争运动中，社会、国家和领袖、核心组织分别扮演怎样的角色？抗争无论是否成功，究竟对当事者的现实生活和社会结构与国家进程造成怎样的影响？后者作为抗争结果的问题显然还没有被充分、彻底地研究，应当是抗争政治研究者必须回答的重要问题。

对农民抗争而言，我们还将发现，并非所有的抗争行动都能型塑政治，特别是斯科特注意到的农民日常生活中的不合作或那些并不明显的抵抗。[①] 此外，抗争的具体目标往往也并不那么明确。这也是为什么大多数农民抗争更可能从社会心理学的集体行动理论、而不是20世纪60年代以来发展起来的社会运动理论获得更好的解释。在随后的核心议题和争论部分，我们将再次回顾这一主题，以展现理论的纷争与进步。

---

① 参见詹姆斯·斯科特《弱者的武器：农民反抗的日常形式》，郑广怀、张敏、何江穗译，译林出版社2007年版。

三 农民抗争研究的理论传统

早在19世纪中叶，欧洲就有学者开展农民抗争问题的学理研究。如在1840年完成的《伟大的德国农民战争》① 中，德国学者威廉·戚美尔曼已从经济、阶级和政治对立、民众意思等方面来解释农民战争，并否定"革命制造说"，被德国现代史学家彼得·布瑞克称为"德国的第一个现代历史学家"②。纵观农民抗争的社会学、历史学和政治学研究，实际上，其种种理论框架和解释路径仍然处于有关革命、集体行动与社会运动的理论脉络之中。斯考切波曾在《国家与社会革命》③ 中总结革命研究的传统，认为除了较为久远的马克思主义生产关系与生产力和阶级斗争学说以外，在美国社会科学中还有三组重要的革命理论：（1）聚合—心理学理论。它试图从人们卷入政治暴力或参加对抗性运动的心理动机的角度来解释革命，如托德·格尔的《人们为什么造反》中运用的相对剥夺理论；（2）系统—价值共识理论。这一类理论视革命为一种社会系统严重失衡所引起的意识形态运动的暴力反应，如卡尔梅斯·詹森的《革命性变迁》；（3）政治—冲突理论。该理论认为，在解释集体暴力和革命之时，必须要将注意力集中于政府内部的冲突，以及各种有组织的集团之间为获取权利而展开的竞争，这种理论视角的代表作如查尔斯·蒂利的《从动员到革命》。④

但在思考农民抗争这一议题时，除了革命以外，还必须关照其他类型的抗争行为，因此以上三种理论传统的总结虽可提纲挈领，却并不能完全涵盖对农民抗争的分析和解释。在这里，我们想重点讨论其中的四种理论：阶级理论、道义经济理论、现代化理论和国家理论。它们在相关研究中频繁出现，或者改头换面给后来者留下更大的讨论空间。它们虽然也不能囊括所有农民抗争研究的理论传统，但可以用于总结该研究领域大部分

---

① 威廉·戚美尔曼：《伟大的德国农民战争》，北京编译社，商务印书馆1982年版。
② 布瑞克：《1525年革命——对德国农民战争的新透视》，陈海珠等译，广西师范大学出版社2008年版，第1页。
③ 斯考切波：《国家与社会革命：对法国、俄国和中国的比较分析》，何俊志、王学东译，上海人民出版社2007年版。
④ 同上书，第9—15页。

的分析和解释框架。其中道义经济理论、国家理论和资本主义理论（可以作为现代化理论的一个重要组成部分）被《农民的权力与抗争》一书的编者视为该论文集收录作品的共享理论，这对于理解农民抗争很有帮助。这些理论都与抗争研究中一个核心问题的解答有关，即农民抗争的原因解释。它包含两个问题：第一，什么因素引发了抗争？第二，抗争行动（运动、现象）是怎样发生的？

（一）阶级理论

阶级斗争理论为马克思社会学所独有[①]，也为中国读者最熟悉。这一理论强调阶级间因财产占有而产生的剥削关系，集体暴力则是社会压力的表现方式。"阶级斗争模型提出一个解释纲要：根据包含于农民社会之中的社会压力以及农民起义者的阶级觉悟来解释农民起义。"[②] 但是，在马克思看来，农民阶级不可能单凭自己的力量形成阶级意识并完成革命。虽然借鉴了阶级理论的框架，农民抗争研究中对阶级理论的阐释对于马克思的经典学说已做较大的修正。

摩尔在《民主与专制的社会起源》中开创所谓的生产方式马克思主义流派，其基本逻辑是：不同的生产方式会导致不同的阶级矛盾，有的阶级矛盾会导致革命，有的则只会引发改良型的社会运动。[③] 在《农业革命》一书中，佩奇通过对1948—1970年70个不发达国家和殖民地的135个主要农业出口部门进行研究，并对秘鲁、安哥拉和越南进行个案研究，考察农业出口部门中农业组织类型与农村社会运动形式的经验性联系。试图证明，非耕作者与耕作者之间形成的生产关系不同，社会矛盾的形态、二者对待矛盾的态度以及社会对这些矛盾的化解能力也就不同；生产关系中，最关键的是二者的经济收入来源。

对于农民革命而言，马克思并不认为农民有能力单独依靠自己的理论实现变革，人类学家沃尔夫显然同意这一观点，并且特别强调将生产力和生产关系之间的矛盾理论用于革命分析。但《二十世纪的农民战争》在

---

① 亨利希·库诺：《马克思的历史、社会和国家学说》，袁志英译，上海世纪出版集团2006年版，第389页。

② 李丹：《理解中国农民：社会科学哲学的案例研究》，张胜波、张洪云、张天虹译，江苏人民出版社、凤凰出版传媒集团2009年版，第175页。

③ 赵鼎新：《社会与政治运动讲义》，社会科学文献出版社2006年版，第96页。

对农民革命的讨论中，提出的却是这样一些问题：当我们讨论"农民革命"时是哪一类型的农民参与到政治运动之中？什么样的空间环境发生革命？地主、商人、政治领袖和牧师之间的关系和作用如何？传统模式在革命中发挥了怎样的作用？沃尔夫根据土地和财产占有的多少将农民分为富农、中农和贫农或无地农民，认为中农受商品化经济影响最深，同时接受"城市教育"，容易成为城市动乱和政治思想的传递者。而那些出于边缘地带、不受国家政权控制或是受国家掌控较弱的农民，拥有更多的政治自由和活动空间，渴望维护原有的传统秩序和传统文化，抵制外来入侵。资本主义入侵后，原有的平衡被打破，统治者权威受到挑战，贵族势力受外部压迫，农民生活每况愈下，但农村人口没有下降，反而激增，更增加了生存压力，即出现了人口危机、生态危机和权力危机，这三种危机是农民反抗运动的推动力。沃尔夫试图通过六个国家——墨西哥、俄国、中国、越南、阿尔及利亚、古巴——同一时期革命中社会结构、阶级联盟形式和意识形态形成等方面的差异来进行论证。尤其强调新的意识形态（新文化）对形成革命的影响，特别是在一个地域范围内同时存在的新旧文化现象、权力控制的异质性特征对整个社会进而产生革命的影响。

斯蒂芬·伏拉斯多兹在《日本德川时期农民的抗争和起义》[1] 一书中，研究 1600—1867 年间日本幕府统治时期农民运动的变化。他以经济形态、动员机制和意识形态三个标准将农民抗争历史分为两个部分分析幕府时代农民抗争形式和内容的转变，试图说明什么样的政治经济结构影响了农民追求利益的行动和阶级冲突。他认为，农民的抗争是动员的结果，而不是单纯的对环境变化的反应。幕府时代早期和晚期农民抗争的差别体现在：后期抗争增加很大程度上归因于市场的参与，农民的生存更加依赖于产品交换而不是农村精英的庇护；早期的斗争目标集中在政府和官僚，后期的目标集中在富有农民；早期的动员方式集中在生产的义务和共同对抗政府的责任上，后期的动员则主要表现在领导方式上。

在关注社会结构，特别是经济结构、生产方式、阶级关系与农民抗争之间关系的研究中，马克思阶级学说的影响挥之不去，它为此类研究提供了一个基本分析框架。但阶级分析不能等同于马克思的阶级斗争理论，虽

---

[1] Stephen Vlastos, *Peasant Protests and Uprisings in Tokugawa Japan*, University of California Press 1990.

然它们都强调"经济基础"对"上层建筑"的决定作用。众所周知，马克思的阶级斗争理论主要针对资产阶级革命，农民阶级从来不是马克思关注的主要对象。在农民抗争研究者发展出来的阶级理论，主要提供的是研究框架与研究方法而非解释性理论。其中两个方面的因素是该分析框架的根本：经济结构与阶级利益冲突。在不同的研究中，阶级冲突中的具体要素被放大、细化或者被重新阐释、建构了，它们成为引发农民抗争的主要原因。同时，当今所谓的新马克思主义传统，往往并不局限于马克思主义理论，而是借鉴、混合了其他理论，比如道义经济理论；农民的形象也要比在马克思笔下生动、独立、积极得多。但仍有一个问题尚待解决：究竟如何看待意识形态，比如如何评估阶级意识在农民抗争行动中的作用？强调经济而不是意识形态的影响，构成了阶级理论和道义经济理论最大的分歧。

（二）道义经济理论

道义经济理论在斯科特《农民的道义经济学：东南亚的反叛与生存》中重新提出并被学界广泛讨论、批评和应用。其核心观点是，农民之所以反抗，在本质上并不是因为受到经济上的压迫，而是因为他们原本认可的一套与不同阶级所共享伦理秩序被打破，原有交换关系的正当性受到严重威胁。具体而言，(1) 东南亚的自然条件和沉重课税使大多数底层农民长期生活在饥荒之中；(2) 前资本主义农村社会通过共同互助的生存伦理维系内部平衡：地主与佃农之间存在庇护关系，农民得到保护但失去了平等收入的机会，但只要能够满足家庭生活的最低需求，这种关系就可以稳定维系；(3) 由此形成的相对剥夺和相对正义的价值标准是维系农村共同体稳定的价值标准，即道义；(4) 20世纪殖民化深入，农业商品化和官僚国家所催生的土地和税收制度逐渐破坏了农民收入的稳定性，造成了农村传统互助结构的解体，乡村秩序赖以为序并获得农民认同的道义伦理受到威胁，并最终引发农民的反叛。

在《农民的权力与抗争》一书中，编者把持道义经济理论的研究者分为强硬派和温和派。前者的支持者有阿达斯、萨克斯顿、沃塞斯特罗姆；后者的支持者，如蒂利、沃尔夫和海格（Heige）。阿达斯在《1826—1941，缅甸殖民地农民抗争的模式》一文中描述了在地主和农民之间已经形成的一种权利和义务系统：地主保护农民的最低生活需求，农民按时交纳地租。萨克斯顿的论文《毛泽东，红色革命以及近代中国农民反抗的道义经济》指出，中国共产党领导的农民革命能够成功，是因为提供了一个全新的权利与义务系统，所以比其他国家的组织形式更能够取得胜利。沃塞斯特罗姆在论文《西班牙殖民主义之下的印第安人的起义：1712年的北墨西哥》中的观点也符合道义经济理论，认为18世纪印第安人的起义，并不是经济剥夺本身，而是生活方式的改变使农民武装起来反抗殖民统治。温和派的道义经济理论认为农民没有强硬派说得那么团结和具有阶级意识，但同时他们也赞成在农民之间因长期的生产过程中形成了一种普遍认同的抗争模式。

对道义经济理论的质疑和讨论，是20世纪70年代以来在农民抗争领域争论颇多的议题，就此，我们将在后面的理论论争部分进行讨论。这里先讨论这两个理论传统——阶级理论和道义经济理论——之间的关系。从对研究问题的考察、分析和解释方式而言，尽管善用阶级分析和道义经济理论的研究者可能分属不同的学科领域，他们有的是政治学家、历史学家，而有的是社会学家、人类学家，但他们往往都会从自然条件、经济结构、阶层关系的角度展开讨论。两种理论对农民为什么反抗这个问题的回答都是整体论、方法论集体主义的。但令人好奇的却是这样的现象：有的研究者认为二者水火不容，而有的研究者却在一个研究中同时主张这两种理论取向。前者，如斯蒂芬·伏拉斯多兹对日本德川时期农民抗争的研究，他反对斯科特的道义经济理论，用马克思的阶级斗争理论和政治经济学来分析农民、武士和官僚阶层的行为。阿达斯在《1826—1941，缅甸殖民地农民抗争的模式》一文中，则直接表明，农民阶级发起针对殖民主义国家的抗争行为，不是因为英国殖民统治破坏了斯科特所认为的在前资本主义时代建立的道义或者伦理，而是因为缅甸经济良好运行而他们却得不到酬劳。罗斯伯里在《1875—1975，委内瑞拉的农民、无产者以及政治》一文争论道，农民并不像斯科特所说，站在齐颈深的水中，资本主义剥削的浪潮随时都要把他们淹没；而是，在资本主义市场侵入后，委内瑞拉的农民参与进了资本主义的发展进程当中，但他们却没有能在政治进程中扮演角色。但是，麦克斯在《华南农村革命：海丰县的农民及其历史形成（1570—1930）》这一经典研究中，在使用马克思阶级理论框架、赞成阶级利益决定论的同时同意斯科特的道义经济理论。那么二者之间究竟是怎样的关系？

麦克斯对华南中农村革命的长时段观察，展现了华南农村宗派组织、阶级和精英对集体行动的发动和发展在不同时期所扮演的不同角色，认为产生角色更替和差异的原因、特别是阶级是否能够形成，归根结底是由经济结构所决定。同时，麦克斯借鉴汤普森的理论，认为是农民用自己的意识和文化创造历史，宗派或者阶级的组织化方式都不是农民集体行动故事的全部。而在20世纪初期的20年间，资本主义的冲击呈现了农民的道义经济特征，道义经济理论能够解释他们为什么愤怒然后行动。所以，在麦克斯那里，阶级分析是总体框架，而道义经济是局部理论。

因此，如果放长历史时段，农民的贫困状态和道德系统，究竟哪一个是启动农民反抗的最后一根稻草，"贫困文化"形成以后，剥削加剧冲破的究竟是农民的生存底线还是保卫底线的意识形态？这虽然是政治经济学和道义经济学的分歧，但都有可能放入动态理解的阶级框架之中。再有，道义经济理论和阶级理论都承认意识形态在农民抗争中的重要作用，不过，前者强调原有意识形态受到挑战，后者则强调新意识形态形成的影响，从而二者都能与经典的集体行动理论联系起来。

（三）现代化理论

研究者一般都会接受抗争行为与社会变迁的背景及其动力和过程密不可分的主张。其中，近代以来从传统到现代的转型是最为值得关注的核心议题。人们或从宏观视角或从微观视角描述和阐释这一变迁。比如，波兰尼（Polanyi）研究19世纪西方社会的"巨变"秉承整体论（holism）的信念，强调一种整体性（totality）的观念，他以"市场"形式的变化为核心，描绘人类社会的变化[1]；还比如彭慕兰和黄宗智关于欧洲与其他区域发展是否存在"大分流"的争论。而英克尔斯在《迈向现代化》一书中，在帕森斯的基础上发明了"个人现代化"的量表，通过在6个不同程度的发展中国家进行测量，开创了一种将结构性变量与个体特征结合起来的研究模式。[2] 在农民抗争的研究中，现代化理论的运用主要体现在以下几个主题的考量中：资本主义市场、冲击—回应模式、国家建设等。

---

[1] 参见波兰尼《巨变：当代政治与经济的起源》，黄树民译，社会科学文献出版社2013年版。

[2] 参见英克尔斯《迈向现代化》，何欣译，黎明文化事业公司1981年版。

1. 资本主义市场

本书的评述所讨论的文献几乎都涉及资本主义市场在农民抗争运动中的作用。它通过这样几个方面发挥作用:

(1) 城市化理论。作者在《旺代》一书中,对以往对旺代时间的解释进行了批驳,提出了新的城市化理论解释:"城市化"是一系列变迁的共同形式,通常随一个社会中大规模相互协作的行为的出现和扩张而产生的,这些行为可能是:中央集权国家的运作、职业牧师的宗教行为、治水以用于灌溉和防洪、工业系统中的食品供应、市场扩张导致的交换变化。[①] 他认为城市化主要有两个重要维度,其中一个就是市场扩张 (market expansion),另一个则涉及国家建设,我们将在下面进行论述。这两个进程共同深刻影响了18世纪的法国社会,它们所造成的后果意义深远,即带来了18世纪法国城市繁荣迅速的增长、人口增长、工人农民的"无产阶级化"、农村剩余人口向城市的转移、城市权力的扩张等,这些组成了法国大革命之前的普遍环境。蒂利指出,法国18世纪快速的"城市化"进程极大地催生了后来的革命势头。它们是1789年法国大革命爆发的根本原因,也是1793年"旺代事件"爆发的根本原因。斯蒂芬·伏拉斯多兹的著作《日本德川时期农民的抗争和起义》同样反映了市场进入对于农民生活以及抗争的影响。

(2) 世界市场的发展对农民抗争的影响。斯科特和韦勒编辑的《农民的权力与抗争》[②] 对资本主义发展的论述,主要放在世界资本的扩张、殖民统治建立这样的大背景下,世界市场逐渐渗透,原有生产方式被打破,新的阶级逐渐产生,而旧的阶级在日渐消亡的过程中为反对新的阶级的产生而进行斗争。阿达斯和萨克斯顿在其作品中也指出,这一时期农民战争的一个重要的目的是抵制市场的入侵。

在资本主义商业化的影响之下,农民的斗争面临三个方面的转变:

第一,斗争基础的改变。资本主义的发展导致了工业化和商业的扩展,其形式主要有:土地的集中、地租由实物地租向货币地租的转变以及农民商品化的出现,迫使农民参与进市场的进程,有地的农民可能转变为

[①] Charels Tilly, *The Vendee*, Cambridge: Harvard Press, 1964, p. 8.

[②] Guggenheim E Scott & Robert P. Weller, 1989, *Power and Protest in the Countryside: Studies of Ruralr Unrest in Asia, Europe, and Latin America*, Durham, N. C.: Duke University Press.

无地的雇佣劳动者，或者成为工厂的生产工人，最初的土地耕作者不同程度地参与了资本市场的进程。

第二，斗争的策略改变。在抗争过程中，市场的扩展影响了农民抗争的策略：以前传统的土地所有制形式提供了农民抗争的资源，而新的土地所有制形式使农民失去了土地，没有了可以利用的资源；铁路修建也使原本政府涉及不到的边缘地区的农民抗争更加困难。

第三，斗争同盟的转变。农村经济的商业化使农民间的同盟分化，并形成了新的阶级同盟——新的经济精英，他们是依靠市场上升起来的人，对前资本主义时期的经济有更大的冲击和瓦解作用。权力范围影响到斗争形式的转变：蒂利在论文中验证了这一过程，地方地主和农民组成了联盟以对抗中央政府和国王，但是这种联盟在特殊的情况下是会转变的，因为国王在有些时候会向地方地主寻求军事上的帮助，但是农民在有些时候则对抗军队。沃塞斯特罗姆也举例说明了南墨西哥1712年的抗争中一个新的联盟的出现。阿达斯在论文中描述缅甸面对外来殖民者组成了一个由传统政府和农民结成的联盟，这一联盟在这个特殊的时期反对外来的统治者和国外的种族团体而不是反对阶级的剥削。由此，农村并不总是反对国家，国家与国家之间的战争或者国家与其他政治团体之间的斗争，都有可能使国家和农民之间形成联盟。

2. 冲击—回应模式

《二十世纪的农民战争》的出版时间是1969年，沃尔夫收集了20世纪墨西哥、俄国、中国、越南、阿尔及利亚和古巴六国的农民反叛和农民革命的大量历史文献资料及其他学者关于这些国家的研究成果，描述了一个作为总称的"农民"群体，以自己的力量应对外部力量入侵、回应统治者改革的动态画面。面对现代化导致的剧变，农民发起革命，只是保守的农民们为了保护他们的传统生活方式而做出的回应。他看到处于如此变化社会中的农民，他们在社会中的地位、文化、权力和经济水平、生活状态正在发生着变化。费正清提出的"冲击—回应"模式被《中华帝国晚期的冲突与控制》一书中的若干研究发挥。

3. 国家建设

"国家集权"是蒂利《旺代》一书中提出的另一核心概念，它是"城市化"理论的重要方面，是蒂利认为促成反革命事件的直接原因。所谓的"国家集权"，即后来蒂利所谓的欧洲"民族国家"缔造的过程，集中体现为中央集权国家"直接统治"体系的建立。"直接统治"的建立,使得国家的权力大肆扩张,统治者通过户籍税、大的征募、人口调查、警察系统和许多其他对小范围社会生活的入侵,来接触他们所控制的市民和资源。于是,所及之处激起了民众的强烈抵抗,"旺代事件"即是此例。在蒂利看来,"民族国家的构建"过程其实是以牺牲普通民众的利益为代价的,与之相伴的是普通民众的悲惨遭遇。

(四) 国家理论

1988年出版的《强社会、弱国家:第三世界中的国家—社会关系与国家能力》[①] 一书可以说代表了米格代尔的政治学主要观点和研究志趣。本书旨在提出一个对国家进行比较研究的新模型,从社会结构的角度来解释国家能力,用"国家在社会中"的分析路径对第三世界的国家—社会关系进行了深入的分析和研究。

米格代尔认为,尽管国家作为一个实体无论在国内还是在国际上都已被认可,人们也普遍认为国家在提取、渗透、规制和分配能力等方面拥有压倒性的力量,但他们却忽略了国家在不同社会中所扮演的不同角色。他指出,"虽然建立一个能制定所有规则或至少能授权其他机构制定规则的国家机构已经成为国家领导者们的共识,但实现这一目标的能力却完全是另外一回事。"[②] 也就是说,国家在实现其愿望时的能力是非常有限的,"国家能力,尤其是其实行社会政策、动员公众的能力,和社会结构十分相关。"[③] 因此,第三世界国家的社会结构是理解其国家能力的关键。

斯科特和韦勒编辑的《农民的权力与抗争》一书,在国家理论视角下主要讨论了国家形成以及农民暴力抗争情况下的国家角色,即:控制反抗活动,垄断国家机器。这就决定了国家在任何社会运动中的重要性,另外国家还需要大规模的组织、支持国家发展的资源,这些都来源于税收,同时税收又是造成农民不满的原因。国家利益和阶级利益的问题上认为国

---

① 参见米格代尔《强社会、弱国家:第三世界中的国家—社会关系与国家能力》,张长东、朱海雷、隋春波、陈玲译,江苏人民出版社2009年版。
② 同上书,第19页。
③ 同上书,第35页。

家是独立的学者，主要有蒂利与斯考切波。① 斯考切波强烈主张国家是一个独立的机构，马克思指出国家经常保护经济和阶级的结构，因为这是加强权力的最好途径。但事实上，国家也有自己的利益，尽管国家和阶级在利益的很大方面有交叉，比如从属阶级的管理方面以及保持经济运行方面发挥作用，而国家自己的最基本的利益则是保证物质经济发展和政治和平。蒂利也指出国家是独立的，17世纪法国抗争的原因不是资本主义也不是大量使用无地劳工，而是国家军队的建设。后者意味着对钱财、粮食和其他资源的需求，这种需求来自于农民，因而造成了农民抗争的发生。沃塞斯特罗姆同样也证明，对资源需求的增加为农民抗争创造了条件。但罗斯伯里举了一个与前两者相反的例子，说明在有些国家对资源的需求反而减弱了冲突的发生，例如委内瑞拉。

在《什么导致了农民革命的产生》一文中，对于革命是如何发生的问题，斯考切波提出了两点：首先，革命与国家在国际竞争中处于弱势或失败者地位有直接关系。革命情势的出现，并非革命者鼓动或者意识形态传入的结果，而是国家在国际竞争中处于弱势甚至失败者的地位，导致国家崩溃，引发革命性政治危机，为社会革命打开道路的结果。因此，斯考切波强调，必须考虑到国家在国际结构中的位置，因为只有处于失败国家位置的国家才会发生革命。用斯考切波的话来说，就是革命"总是发生在经济发展相对落后于竞争对手的国家里"，若一个国家在国际上处于强势地位，则一般很难发生革命。

其次，革命是国内政治、阶级和经济结构的结果。斯考切波所谓的阶级和政治结构主要包括以下两个方面：国家和支配阶级的关系；支配阶级与被支配阶级的关系。如果说国家在国际竞争中处于落后地位是社会革命发生的必要条件，那么，革命发生更与国内的阶级结构、政治结构有着直接关系。光有必要条件（即国家在竞争中严重失利）不一定发生革命，革命的发生还与国内的阶级和政治结构密切相关。必要条件具备后，如果这个国家同时还存在支配阶级强大并与国家利益相悖，且被支配阶级（主要是农民阶级）易于团结和自主，则社会革命便易于发生。

---

① 蒂利和斯考切波作为摩尔的学生，是回归国家学派的主要代表人物，主张使用国家自主性和国家能力来分析国家和社会的关系。

四 农民抗争研究的论争框架

20世纪50年代以及之前的西方学界,人们对农民抗争的评价一直并不高。有人说:在欧洲的历史上,没有任何一次的农民揭竿起义可以称为"革命"。还有人说:农民即便是在揭竿起义的过程中也最多只是要求士绅们对农民在施舍上比以往更大方一点,只要士绅们做到这一点,起义的农民就满意了,而且农民即便是在闹事中也只是要求那些有权有势的人们停止滥用他们的权势而已。还有人说:即便偶尔有农民对有钱有势的人怀有深仇大恨的情况,但其起因往往只是由于有个别人越出了传统的和被大家认可的农民和士绅关系的模式而已。[1] 与摩尔在《民主与专制的社会起源》中的评价一致,芮德菲尔德也提出:"从全世界范围来看,农民往往是社会变革中的一支保守的力量;他们往往会成为革命的绊脚石。农民常常是在阻拦着旧型社会的解体,而迅速的科技进步往往是造成旧型社会解体的动因。"[2]

近数十年来,关于农民抗争的研究有了长足的进步。不过,研究者对不同理论的选择与运用,取决于他们对于农民抗争这一事实的观察与思考角度。从知识社会学和社会哲学而言,研究者对研究对象的分析之所以在某一个领域中得出不同的结论,无外乎两个方面的分歧:第一,对事实的认识不同;第二,分析事实的路径不同。下表列举了在乡村社会和农民印象上研究者的认识差异,以及在此基础上所展现的不同研究进路和结论。

表1 不同理论流派有关农民认知与农民抗争研究视角的比较

乡村社会	伦理秩序的共同体	结构张力的社会	阶级分化的社会
农民印象	道义人	经济人	被剥削者
分析框架	道义经济学	理性选择理论	阶级理论
经典理论(社会运动)	社会心理学	资源动员与政治过程	政治过程、政治机会
抗争的原因	合法性危机	经济危机	阶级意识与剥削

---

[1] 罗伯特·芮德菲尔德:《农民社会与文化——人类学对文明的一种诠释》,王莹译,中国社会科学出版社2013年版,第168页。

[2] 同上书,第171页。

续表

外力影响	打破稳定结构	加剧内部张力	提供抗争机会
内部变迁的影响	商品经济兴起	政治经济学原理	城市化过程
国家因素	国家控制力较强	国家控制力松动	国家形成之中

首先是不同的研究者对乡村社会的想象与界定不同。大致可以分为三种情况：秩序良好的共同体，特别强调的是伦理秩序；具有相当功能分化，并存在一定结构紧张的社会；阶级之间界限清楚，张力巨大的社会。基于这样的不同界定，农民的身份和所指也就有所不同，进而，研究者倾向使用的理论工具、分析路径、归因和结论也就充满分歧。但是，这些分歧并非杂乱无章，而是往往在对农村、农民的界定和理论路径的选择之间具有某种程度的对应性，边界亦比较清晰。

大部分农民抗争研究讨论了农民抗争的一些必要条件。如：不满（不公平感的广泛存在，往往是相互比较的结果），生活质量的下降（现实或绝对意义上的），这两点相结合，就是农民社会地位的下降，包括了经济地位和认同两个方面。社会变迁，并往往伴随工业化、城市化和国际市场的延伸；凝聚力，以及国家的失控等。研究者之间的差异，在于对这些条件作用方式，作用于谁，以及怎样作用的不同认识和判断。

通过这些著作，我们能够发现，还可以通过以下的争论线索来分析和理解当代的农民抗争研究。

争论一，机会结构视角，这也是一种客观的视角。探讨究竟是什么因素导致了农民的抗争，是国内资本主义发展、国际资本主义市场的形成、农村社会的分层和阶级关系紧张、领袖人物的作用、外国入侵，还是城市化？其中一个子问题但也是重要的问题，便是如何解释资本主义市场究竟如何作用于农民抗争，是通过导致农民生活更为窘迫而刺激了反抗，还是因为给农民提供了改善生活的机会但遭到原有乡村结构下受益者的阻碍，因此使农民不满而反抗？换言之，反抗运动到底是反封建还是反市场？

争论二，结构与变迁视角。马克思对了吗？没有外部条件，农民是否能够创造、完成革命？马克思对此持否定态度，而沃尔夫的研究更加强了这个观点，即：如果没有外部领袖，农民不可能实现革命。

争论三，过程视角。这是一种主观的视角，它探讨农民为什么会抗争：是出于道义还是理性，向谁抗争，以及如何抗争？是因为生存危机还是生存伦理，目标是生存还是权利，是生活改善还是制度变迁，是否以暴力为手段？

争论四，抗争结果，在什么条件下农民的抗争能够成功，以及如何才能称作成功？

争论五，农民抗争（革命）是发动（make）还是发生（happen）？在革命发生学上，20世纪六七十年代对中国革命和中共党史的研究曾经流行"制造革命说"，他们强调革命者（领袖）主观上的努力是革命的关键因素，革命是被动员而发动的。与之相对的则是对固有社会结构的关注，远有摩尔近有斯考切波，他们则强调一定的社会结构因素如何促成或限制了革命的发生、发展和社会变迁的路径。这种争论，同样体现在农民抗争的研究中。

五　境外学者的中国农民抗争研究

中国农民抗争问题也是长期以来国际学界有关中国研究的重要内容。范翠华与王鸿斌曾有专文对此进行述评①，值得参考。依研究对象的历时性长度，这一领域的作品大体可分为三块：一是，有关中国近代及之前的农民暴乱和农民抗争研究；二是，中国共产党革命中的农民问题研究；三是，中国共产党执政以来的农民抗争研究。当然，也不乏跨越这几个阶段的长时段研究，如裴宜理的《华北叛乱者与革命者，1845—1945》、罗威廉《红雨》。这里，再结合相关作品简要述评其学术史，从中亦可见前述学术源流的影响。

首先，来看有关中国近代及之前的农民暴乱和农民抗争研究。美国的"汉学三杰"，史景迁、魏斐德与孔飞力，均有这方面的杰出成果。如在《叛乱与革命：中国历史上的民众运动研究》中，魏斐德对美国学术界关于中国历史上民众运动的研究进行总结与展望。以革命与叛乱为中心，他从十个方面对美国学界的中国民众运动研究进行理论思考。这十个方面是：农民阶级的依附理论，秘密社会叛乱，千禧年运动，农民的身份自由

---

① 范翠华、王鸿斌：《国外关于清末民初乡村民变问题研究述评》，《国民档案》2009年第4期。

问题，市场联系和社会冲突，帝国主义的影响，19世纪的叛乱，农民民族主义，自我利益与集体意识，其中的核心问题就是革命与叛乱之间的关系。① 在《大门口的陌生人——1839—1861年间华南的社会动乱》中，魏斐德以两次鸦片战争为线索，研究这一历史时期广州和广东省的社会动态，分析了各阶级、各社会集团如官府、绅士、团练、农民、宗族、秘密社团等对外国的态度、各自的活动、相互间的关系以及这些态度、活动和关系的变化，认为官方利用团练取得对英反入城斗争的胜利，削弱了原有的统治秩序而助长了农村的动乱。因为团练的兴起有利于地方绅士力量的扩张，同时又削弱宗族的血缘联合，增强穷苦农民之间的联系；太平天国的进展和天地会起义的失败，都进一步地发展了地方主义，最终促使清王朝垮台。② 孔飞力在《中华帝国晚期的叛乱及其敌人——1796—1864年的军事化与社会结构》中，则关注白莲教和太平天国运动等民众叛乱所引发的地方军事化、进而导致王朝崩溃的后果。

裴宜理在《华北的叛乱者与革命者：1845—1945》和《上海罢工：中国工人政治研究》③等作品中，则注重以下变量的影响，包括区域地理生态环境对影响经济系统、生活和文化习俗的影响；传统的血缘和地缘关系，而不是阶级关系，影响了工人的行动。在《长江下游地区的地租、赋税与农民的反抗斗争1840—1950》中，白凯的核心论点是：外部影响与地租关系、赋税关系的相互作用，引起了国家、精英和农民之间力量平衡的逐步调整或冲突。与马克思主义的研究将农村冲突升级归因于地租增加和农民的日益贫困化不同，她强调："冲突的如此升级，首先是由于地主动员和国家干预，其次是由于农民的组织和动员已经进入了新的时期。"④ 这种长时段的研究，还有法国学者谢诺（Jean Chesneaux）的专著《中国农民的反叛，1840—1949》⑤。

---

① 魏斐德（Wakeman），"Rebellion and Revolution: The Study of Popular Movements in Chinese History"，*The Journal of Asian Studies*，Vol.36（2），1977。
② 魏斐德（Wakeman）：《大门口的陌生人——1839—1861年间华南的社会动乱》，王小荷译，中国社会科学出版社1988年版。
③ 裴宜理：《上海罢工：中国工人政治研究》，江苏人民出版社2001年版。
④ 白凯：《长江下游地区的地租、赋税与农民的反抗斗争1840—1950》，林枫译，上海三联书店2005年版，第325页。
⑤ 谢诺（Jean Chesneaux），*Peasant revolts in China*，1840-1949，London: Thames & Hudson；1973。

与上述较长时段的研究不同,也有学者对民众叛乱中的案例感兴趣,进行深度研究。如韩书瑞的《中国千禧年暴乱:1813年的八卦教起义》与《山东叛乱——1774年王伦起义》①。韩书瑞在解剖王伦起义案例中认为,"那些关于剥削增长、生存威胁、违反既定的互惠关系或者相对剥夺的理论,看起来并不特别有用"。她以"千禧年思想(末劫思想)"来解释王伦教派起义发生的原因。实际上,这正认同于当时西方学界兴起的"文化—意识形态解释理论"。周锡瑞在解释"义和团运动的起源"中,则强调"将身附体"仪式和华北农村的文化、风俗习惯相融洽,易于被接受,成为推动义和团的重要因素,其他的影响因素还有:农村的文化风俗、社会经济环境、自然生态以及政治背景。②萧邦奇在解释沈定一传奇革命人生所应用的理论框架,系以身份、关系网络和社会背景来讨论行动者的行动及其社会影响,并强调"名重于实"的中国传统及其对沈定一的影响。③

与前述质化研究不同的是,也有一些学者采用量化手段进行研究。如杨庆堃先生通过对中国历史上民变大数据的统计分析,发现至晚清时期民众的集体行动已是相当普遍的现象。但在这些行动中56.2%的事件只持续了一个月或者更短时间,96.7%是地区性事件,大多数事件仅限于一个县的范围之内。④毕仰高(Lucien Bianco)也曾对中国历史上的数千起事件进行量化分析,发现中国现代历史上精英组织的"大型"叛乱是嵌入于更常规、更小型的民众集体力量动员的食物骚乱、抗税斗争、抗租斗争,数量上也远逊于后者。⑤汤维强则主要依据正史与地方志资料对明代动乱作统计分析,讨论了动乱分布的时空特点,认为:阶级冲突和社会变迁理论不能很好地解释明代动乱的发生,但动乱可以由参加者的动机和国

---

① 韩书瑞:《山东叛乱——1774年王伦起义》,刘平、唐雁超译,江苏人民出版社2008年版。

② 周锡瑞:《义和团运动的起源》,张俊义、王栋译,江苏人民出版社1995年版。

③ 萧邦奇:《血路——革命中国中的沈定一(玄庐)传奇》,江苏人民出版社1999年版。

④ C. K. Yang(杨庆堃), 1975, *Some Preliminary Statistical Patterns of Mass Actions in Nineteenth-Century China*, in Frederic E. Wakeman, Jr. and Carolyn Grand, eds., *Conflict and Control in Late imperial China*, University of California Press. p. 179.

⑤ Lucien Bianco, *Peasants without the Party: Grass-Roots Movements in Twentieth-Century China*, Armonk, N. Y.: M. E. Sharpe, 2001. 转自罗威廉《红雨:一个中国县城七个世纪的暴力史》,李里峰等译,中国人民大学出版社2013年版,第40页。

家提供的机会两方面来解释。在经济困难时期,糊口经济难以维持,参加动乱是人们的一种理性的生存策略;行政效能和国家镇压能力减弱,则相应地为动乱提供了机会。①

其次,有关中国共产党革命中的农民问题研究。在海外早年有关中国共产党革命的研究中,争论的焦点曾是:这一革命何以发生,它是"自然发生的"还是"制造的"?中国革命与苏俄、共产主义的关系如何,是外来的阴谋还是其他?中国共产党革命的性质,是传统的农民革命还是现代的工人革命?这里仅回顾与本主题相关的研究。

早年,韩丁在《翻身——中国一个村庄的革命纪实》中努力凸显土地改革的积极意义,将土地改革描绘成世代受经济盘剥和文化压迫的农民翻身求解放的史诗性事件。柯鲁克夫妇(Isabel and David Crook)所出版的《十里店:中国一个村庄的革命》,也应用了阶级斗争视角介绍十里店自 1937—1947 年间经历的土地改革过程。本书中麦克斯(Robert Marks)的《华南农村革命:海丰县的农民及其历史形成(1570—1930)》系运用马克思主义阶级理论的典型,他用马克思关于集体行为分析的阶级理论和詹姆斯·斯科特的"农民道义经济学"的理论框架来分析和解释华南农村的革命问题。不过,与经典马克思主义理论有所分歧的是,他特别强调,农民自己创造了历史。在对海丰县农民运动的研究中,他试图证明,经济结构决定了农民的集体行为方式,同时农民通过集体行为塑造了农村的社会经济结构。农民的集体行为形式主要由农村社会经济结构决定,当社会经济结构改变,集体行为形式也会改变。当农村社会进入市场之时,是市场体系结构的变化影响着抗争形式的变化。阶级斗争表现为阶级利益的斗争。麦克斯的分析框架有四个方面体现了阶级斗争分析法:(1)在产生集体行动的语境中,尤其关注社会经济结构;(2)根据农民感悟到的阶级利益来分析其行为;(3)强调大众政治而非精英领导或政党组织;(4)强调帝国主义和全球的资本主义经济对海丰县的入侵。②

按罗威廉的看法,在 20 世纪 70 年代初,西方中国史研究的焦点在于乡村,人们假定中国缺乏重要的本土城市传统,直到这一传统被西方引

---

① James W. Tang, *Disorder Under Heaven: Collective Violence in the Ming Dynasty*, Standford: Standford University Presss, 1991.

② 李丹:《理解农民中国》,张天虹等译,江苏人民出版社 2009 年版,第 176—177 页。

入。学者们最重视的问题,是要解释中国"现代化"的失败,解释中国共产党在内战中的胜利,这两个问题似乎都需要对乡村传统和农业历史作深入而广泛的分析。① 在《中国共产党成功的生态学》(The Ecology of Chinese Communist Success)中,美国政治学家小罗伊·霍夫海因兹(Roy Hofhainz)试图研究在通往1949年共产党之最终胜利的数十年间,中国的某些地区为何更适合共产主义革命的成长。他借助计算机所做的细致分析表明,多数情况下,在社会生态与共产主义诉求的接受程度之间确实没有显著的相关性;事实上,正是共产党组织力量最强大的地方,革命最容易获得成功。但霍夫海因兹的确发现了几个例外(即"温床县"),这些地方"共产主义运动的迅速扩散和持续成功"对这个总体模式构成了挑战,据此他推断,其根深蒂固的"社会背景因素"对暴力革命有着非同寻常的助益。② 霍夫海因兹的另一部力作《大浪潮:中国共产党的农民运动(1922—1928)》(1977)通过梳理中国共产党早期农村战略的提出以及毛泽东战略思想的转变,对20世纪20年代的中国共产党农村革命战略萌芽作了阐述。他介绍了农村革命的领导部门、教育机构、组织群众的手段和社会背景,分析了农民运动讲习所、农民协会在当时的作用和影响,着重介绍了中国共产党早期农民运动的几次实践,如1922—1924年间海陆丰的农民运动情况、1924—1925年间广宁的农民运动以及1926年广东花县农民运动等,并对这段时期的农民运动作了总结。③ 与其相近,J.A.哈里森在《共产党人和中国农民起义:重述中国历史的一种研究》(1969)也将中国共产主义的发展放到本土传统的农民起义中去加以研究,指出:由于中国历史上缺乏资产阶级和无产阶级,因此农民起义在中国的历史上发挥着非常重要的作用,类似于西方马克思主义史学中的工人运动,他们的角色定位成为共产主义革命的先驱者。与西方以及中国早期的方法相比,中国共产党对中国历史上农民起义有影响力的解释更加偏向民族利益,在涉及阶级和革命的问题更加激进,前所未有地强调阶级斗争和中国革命的

---

① 罗威廉:《红雨:一个中国县城七个世纪的暴力史》,李里峰等译,中国人民大学出版社2013年版,序言。

② 转引自罗威廉《红雨:一个中国县城七个世纪的暴力史》,李里峰等译,中国人民大学出版社2013年版,导论。

③ 转引自潘世伟、徐觉哉《海外中共研究著作要览》,上海人民出版社2012年版,第7—9页。

特殊性以及革命理论的重要性,因为在中国共产党看来,取得民族利益最好的方法是强调革命传统及其义务。①

与上述视角不同,也有学者强调"革命制造说"与苏俄影响。陈永发的《制造革命》通过对中国东部地区和中原的共产主义运动的细致研究,认为应当重新评价农民的反抗运动和共产党领导的革命这两者间的关系。他认为,革命是建立在两个伴生同时又是矛盾的基础上的,即农民掌握基层权力和党在更高层次上建立政权。在这里,农民对革命的支持是被有意引导的,而不是自发的:"农民运动总是需要党的干部在基层的领导。"② C.A.约翰逊1962年发表的《农民的民族主义与共产主义政权:1937—1945年间革命中国的浮现》也强调外来因素的影响。作者认为,中国共产党之所以能够在国内获得民心、最终夺取政权,最主要的原因是中国共产党领导了抗日战争,进行了战时动员。也就是说,日军发动的侵略战争及其在中国境内的野蛮行径,反而成了中国共产党最终夺得政权的原因。民族主义和战时的社会动员成了中国共产党不断壮大乃至最后取得政权的真正原因。③

经过数年的相对寂静后,20世纪70年代末国外中国共产党研究领域再度出现了一股"地方研究"的倾向,关注中国共产主义革命背景下的地方革命。1978年,黄宗智、L.S.贝尔和K.L.沃克合著的《中国共产党和农村社会(1927—1934)》出版,他们通过梳理国外关于江西苏区时期研究的著述,发现过去大多数研究关注的都是党内领导层的斗争和路线争议,而忽视了对当时江西的社会基础和共产主义社会内涵的研究,于是将目光投向中国共产党将无产阶级社会基础转向贫农时所进行的实践和遇到的挫折,考虑了当时党内知识分子和农村社会阶级团体之间的相互关系,正是这一相互作用形成了更大的社会运动,最终发展了中国革命。④ F.加尔维亚蒂的《彭湃与海陆丰苏维埃》一书,被费正清评价为"在许多研究彭湃著述中最可靠和最详细的论著"。在国外关于彭湃和海陆丰苏

---

① 转引自潘世伟、徐觉哉《海外中共研究著作要览》,上海人民出版社2012年版,第7—9页。

② 陈永发(Yung-fa Chen), *Meking Revolution*, University of California Press, 1986。

③ 转引自潘世伟、徐觉哉《海外中共研究著作要览》,上海人民出版社2012年版,第7—9页。

④ 同上书,第99页。

维埃政权的研究中,此书最为著名。在彭湃那里,关于当时中国的农民运动,特别是海陆丰地区的农民和农民运动主要有以下几点认识:第一,农民应该团结在一起,如果能够将他们团结在一起,将会发挥出巨大的力量。农民不是没有思想的,他们有组织农会的意识。他们只有在小团体中才乐于思考和讨论,只有当团结在一起时才能增加信心和勇气。第二,农村中的利益两极分化日益明显,农民利益难以得到保证。第三,对农民福利的重视,多关心如何解放受苦的农民和工人。领导者应该是服务者而不是剥削者。[①]

值得一提的是,1978年作为第一批获准到中国农村进行田野调查的美国学者,弗里曼(Edward Friedman)、毕克伟(Paul G. Pickowicz)和赛尔登(Mark Selden)在对河北省饶阳县村落数千小时正式和非正式访问和讨论的基础上,于1991年出版了《中国的乡村,社会主义的国家》,探讨中国共产党在战争时期及革命胜利后在华北农村社会进行的一系列改革,分析了这些改革在不同时期对农村社会及农民的影响,对国家建设的作用,以及他们与传统文化的关系。1997年R. A. 小莎克斯顿出版的《大地之盐:中国农民抗争与共产主义革命的政治渊源》则是另一代表作,它主要研究1949年前冀鲁豫边区农民战争的根源和性质及其与中国共产党动员群众的关系。在探讨该地区农民支持中国共产党的原因中,试图强调中共与冀鲁豫边区农民在反馈国民党政府的财政扩张和经济垄断、共同抵抗日本侵略的过程中,所形成的社会政治关系。作者对抗日战争前、抗日战争和国共内战3个时期冀鲁豫边区各主要地区的农民抗争及其与中国共产党的互动进行了详细研究。传统观点认为,中国共产主义革命是中国共产党经过深思熟虑和系统策划,激起、组织和动员农民发展起来的,是中国共产党有意识控制的结果。作者则认为,应把中国共产党动员的基础置于一系列复合的农民不满之中,并从抗日战争之前的国内层面寻找农民不满的根源。如果没有农民本身参与革命的动机,那么任凭中国共产党的动员如何具有渗透力和说服力,都很难获得农民长期的支持。正是对国民党国家建设方式心怀不满的农民,加上中国共产党的组织动员,共

---

① 转引自潘世伟、徐觉哉《海外中共研究著作要览》,上海人民出版社2012年版,第99页。

同构成中国共产主义革命的动力。① 此外值得关注的，还有格雷·杰克的专著《暴乱与革命：19世纪至20世纪80年代之中国》②，以及罗威廉的新著《红雨：一个中国县城七个世纪的暴力史》。在后一作品中，罗威廉的研究表明"集体记忆、历史意识及其他日常文化实践，在这一过程中扮演了至关重要的角色"。③

有关近代中国农民抗争的后果，裴宜理教授曾有一个较为中肯的综合性评价。她认为，接受马克思主义观点的"斗争论者"趋向于把民众的反抗看作是政治进步的一个前提条件，而受韦伯影响的"现代化论者"则一般认为民众的反抗是阻碍政治发展的。在中国，由于民众运动和政治变革都格外频繁，它给我们考察这两种对立的理论提供了一个重要的例证。如白凯对1840年至1950年长江下游流域农民反抗运动的研究认为，农民的反抗对近代江南政治经济的重新组合起了主要作用。周锡瑞的《义和团运动的起源》却认为，义和团运动直接导致了民国时期的独裁主义，但同时也启发了共产党利用民众力量进行革命的可能性。陈永发《缔造革命》对农民反抗运动和共产党革命之间关系的考察表明：由于共产党的战时方针，大部分农民的生活有了改善，但政治的进步并没有跟上经济增长的步伐。总之，按照国际标准，清末和民国时期中国农村和城市里的反抗运动是多余的。但是，在政治进步这个问题上，现代化论者悲观的预言和斗争论者乐观的预言都不适用于中国的情况。事实上，在群众反抗运动日益增加的同时，政府机构逐渐强化。近代中国政府通过融合正在进行的民众运动和控制民众运动而扩张其势力，对民众运动的控制使得新建立的政权不会受到来自活跃的基层群众实际的或象征性的威胁。④

再次，有关中国共产党执政下的农民抗争研究。在一个较长的时间内，境外有关中国共产党执政下农民抗争的严谨学术作品阙如。1985年，

---

① 转自潘世伟、徐觉哉《海外中共研究著作要览》，上海人民出版社2012年版，第7—9页、375—376页。

② Gray, Jack. *Rebellions and Revolutions: China from the 1800s to the 1980s*. New York: Oxford University Press, 1990.

③ 罗威廉：《红雨：一个中国县城七个世纪的暴力史》，中国人民大学出版社2013年版，第2页。

④ 裴宜理：《中国近代史上的民众反抗与政治进步》，载吉尔伯特·罗兹曼编《中国的现代化》，江苏人民出版社2010年版，第123—142页。

裴宜理发表《社会主义中国的乡村冲突》的论文可谓开其先河。在该作品中，她比较分析了中国20世纪50年代和80年代的农村冲突现象，试图解释社会主义的国家政策是否改变了传统社会结构下农民集体行动的逻辑，现代国家控制和传统社会结构之间的冲突是否是一种此消彼长的"零和冲突"，抑或在国家和社会的互动中会相互补充甚至旧的农民行动模式会得到强化。作者系统考察了20世纪50年代中国的农村冲突，合作化以前主要是地主富农等抵制土改和粮食统购，合作化和公社化以后则主要是以村庄干部为代表抵制国家对于农村生产分配的直接控制。进入20世纪80年代，家庭经营普遍建立初期，农村的冲突主要表现为村庄之间、农户之间争夺公共资源，传统宗族活动和迷信活动复兴，社会秩序和政府指令的有效性受到明显损害等。她认为，中国农村冲突的基本特征是，20世纪50年代主要针对国家，80年代初即改革初期主要发生在乡村社区内部，从组织基础来看，推动冲突的基本上是传统类型的乡村组织，如宗族、家族、村社、秘密结社等。[1]

在后续有关中国农民（及工人等群体）抗争的相关研究中，裴宜理十分重视民众抗争的内在动力问题。与欧博文与李连江等在《乡村中国的依法抗争》等作品的意见不同，她认为农民的抗争依然是由传统的规则意识而非现代权利意识所驱动。这一争论也成为近年有关中国抗争政治研究的热点问题。

白思鼎和吕晓波在《当代中国农村的无代表纳税》中，系统地探讨了有关农村税费与农民抗争之间的关系。中国的发展战略为什么导致农民、中央政府和地方政府之间出现紧张关系？他们认为，尽管中央政府经常支持农民的要求，但它已经不能通过为农村创立一套公平的、可信的负担体制来解决农民负担问题。他们提出"掠夺型国家代理人"（Predatory State Agents）的概念，并以此来解释中国农民负担沉重的原因。农民负担问题之所以长期无法解决，就在于农民并没有获得完整的公民待遇（fully-fledged Polity members），其利益无论是在政策制定还是政策实施过程中都没有获得充分的代表。中国农民本质上仍然是一个臣民，缺乏与国家相抗衡的权利保障。为此，他们认为最好的解决办法就是重构国家与社会、中央与地方之间的关系，只有将纳税义务与政治代表权相挂钩，中国

---

[1] 裴宜理，*Rural Violence in Socialist China*，*China Quarterly*，1985. No. 3。

农民才能摆脱纯粹的臣民身份,获得充分的公民权保障,以摆脱对政治权威的依附、从属关系。①

除了上述较为系统的研究,还有一些学者的相关研究值得重视。Andrew Wedeman 对中国农村地区群体性事件的研究发现,尽管类似于骚乱的群体性事件存在明显增长的趋势,但这些骚乱浪潮仍然是松散的、无组织的,而且与蓄意的、有组织的颠覆活动无直接联系,并且一般聚焦于直接的经济利益或者其他实体利益,并无明显的政治权利诉求。② Merle Goldman 也认为中国农民在其日常的维权抗争过程中表现了一种传统的"青天情结",正如在传统社会中皇帝对地方官员腐败严加治理,仍然相信中央政府能够救他们于地方官员的腐败之害,自身却缺乏一种主动的政治责任感。③ Ethan Michelson 通过对中国农村地区信访过程中社会资本的运用来考察农民利益表达的策略,发现在相当程度上农村地区官民之间的争论皆与各自所拥有的社会资本有关。(私人)的权力"关系"和老年妇女是有助于农民直接向高层领导诉愿的两大社会资源,因为在一个法制秩序被行政化的体制环境中,只有那些无政治性威胁的争论、申诉才会被允许,老年女性会被策略性地用来作为向高层领导人诉愿的资源。④

农民的抗争行为会产生怎样的实际后果?曾有多位学者通过对东南亚、尼加拉瓜、津巴布韦等地的研究得出了共同的结论——农民的抵制与政府权威之间是此消彼长关系。这些结论未必符合中国的经验。欧博文与李连江在《乡村中国的依法抗争》中对此已有研究,裴宜理在多篇论文

---

① Thomas P. Bernstain, *Taxation without representation in contemporary rural China*, New. York: Cambridge University Press, 2003.

② Andrew Wedeman, *Enemies of state: Mass Incidents and Subversion in China*, Paper Presented at the annual meeting of the American Political Science Association, Toronto, Canada. 2009, 转自杨友国《农民利益表达:寻求国家与乡村的有效衔接》,南京农业大学博士学位论文,2010年,第15页。

③ Merle Goldman, *The Assertion of Rights in Rural China*, the Review of Politics 69 (3). 2007, pp. 495–497, 转自杨友国《农民利益表达:寻求国家与乡村的有效衔接》,南京农业大学博士学位论文,2010年,第16页。

④ Ethan Michelson, *Connected Contention: Social Resources and Petitioning the State in Rural China*, SSRN Asian LaW, http://ssrn.com/abstract-922104, Mareh 6. 2006, 转自杨友国《农民利益表达:寻求国家与乡村的有效衔接》,南京农业大学博士学位论文,2010年,第17页。

中也强调中国民众抗争对政府权威的正向功能。麻省理工学院蔡晓莉也就对此有值得赞赏的研究。其研究表明，中国农民有选择地违反规章制度，其实是对政府权威的强化，即为"强化体制的不服从"。这种行为有三个特点：第一，它是农民对政府决策的积极回馈而非消极回避，因此农民们会光明正大地违反规章以吸引有关部门关注；第二，农民们认为自己是忠于政府的，而且只要有足够的人参与并为社会所关注，上级政府一定会调整政策；第三，政府决策失误常常由于其赖以决策的信息不足，农民们不过是为政府决策提供信息反馈，以实现共赢的目的。因此，农民们的抵制是有选择并有原则的，他们将因此遭受的惩罚看作正义蒙冤。[①]

六　结论

作为一个充满论争的传统领域，"农民抗争研究"从20世纪60年代开始出现了新的转向，这既表现为多元性的研究方法，也表现为多元性的理论框架。这种转向即为进步。这种进步，既暗合于国际社会科学的发展潮流，也明合于国际学界从革命理论发展向集体行动理论、社会运动理论与抗争政治理论的发展。当然，农民抗争研究也成为社会政治理论进步的重要来源。本书的文章所评述的对象，作为当代农民抗争事件、革命、运动研究的经典之作或著名学者，从不同方面向我们充分展示了该领域研究的内在张力和魅力。

（刘莉、肖唐镖）

[①] 转自陈仲伟《农民的抗议强化了政府的权威》，政见网（CNPolitics.urg.mht），2013年10月3日。

查尔斯·蒂利
《旺代》^{*}的评介

法国大革命距今已有两百多年历史，因其在世界近代史上占据的重要地位、革命中所展现出来的复杂的政治斗争以及对现代政治社会的巨大影响，历史学家们对大革命研究的热情从未衰减。美国已故著名历史社会学家、政治学家和社会学家查尔斯·蒂利（Charles Tilly）的《旺代：1793年反革命事件的社会学分析》（以下简称《旺代》）一书，即是一本研究法国大革命一个重要的插曲——1793年"旺代反革命事件"的经典著作。

一 "旺代反革命事件"简介

1793年"旺代反革命事件"及其余波也叫"旺代战争""旺代反革命"，或者直接叫作"旺代"。1789年，法国大革命爆发，至1793年，由于国内外政局的剧变，法国当时面临着的形势十分严峻：在国内，这年年初，新生的共和国政权把国王路易十六送上了断头台，革命力量与反革命力量展开生死搏斗；在国外，英国伙同普鲁士、奥地利、西班牙等国组成反法同盟，从东、南、北三面进攻法国。1793年3月，政府要征召30万兵力去应对其边境面临着的威胁，这一事情在旺代引起了强烈的抵抗：政府在3月1日下达了征召令，其后的几天，一切都很平静，仿佛什么事情都没有发生。3月4日，霍莱特发生了一起骚乱，导致了一些轻微的伤亡，但并没有发生公开的斗争。然而，到了11日、12日、13日，一切都

---

* Charles Tilly, *The Vendee*, Cambridge：Harvard Press, 1964.

来得很突然：邻近几个地方（波特，布列坦尼等——都属于旺代地区）的农民们拿着锄头、草叉、木板等武器一起攻击共和国政府的军队，它们打着"国王和上帝万岁""还我国王""还我牧师""还我政权"的口号进行了激烈的战斗，控制其地区政权长达六个月之久，并在其后的几年内对共和国政权造成了严重的威胁。

"旺代反革命事件"是法国大革命中唯一一次以农民为主体的反革命派起义。该事件作为法国大革命的一个重要的插曲，对法国大革命的进程造成了重大影响，历来受到人们的极大关注。如法国著名的历史学家米涅在其著作中，对这一事件有详细的记述："在旺代，曾一度发生局部骚乱。1792年鲁阿里侯爵策划大规模暴动，由于他本人被捕而未实现。但是，一切暴动的条件都已具备，这时正要执行征集三十万军队的命令。这次征集，就成了暴动的信号。被征者首先在圣弗洛朗袭击了宪兵，有几个首领在各地分别领导，其中有赶马车的卡特里诺、海军军官夏雷特、猎场看守人斯托夫莱，他们用英国供应的武器和金钱，在很短时间就使暴动蔓延旺代全省。有九百个市镇响应警钟的声音发动了叛乱，贵族领袖邦尚、莱斯居尔、拉罗什雅克兰、德尔贝、塔尔蒙等人结成一伙，被派往平乱的部队和国民自卫军都被打败了。马尔塞将军在圣樊尚败于斯托夫莱；果维利埃将军在波普雷奥败于德尔贝和邦尚；基迪诺将军在奥比埃败于拉罗什雅克兰；利果尼埃将军在肖列受挫。"[①] 法国大文豪雨果的文学名著《九三年》也是以这一事件为背景写成的，熟悉雨果这一名作的读者都会对此事件印象深刻：雨果以三个孩子的命运为线索，描写了革命与反革命、共和与保王党之间血与火的惨烈严酷的内战。雨果在书中说："如果把男人、女人和儿童都算上，参加旺代叛乱的人数估计起码有五十万。"[②] 可见"旺代事件"规模之大、斗争之剧烈。

二　作者简介

本书的作者查尔斯·蒂利（1929—2008）是美国著名的历史社会学

---

① ［法］米涅：《法国革命史（从1789年到1814年）》，北京编译社译，商务印书馆1977年版，第186页。

② ［法］维克多·雨果：《九三年》，叶尊译，上海译文出版社2007年版，第167页。

家，一生共有 51 本著作和 600 多篇论文。他生前是美国哥伦比亚大学约瑟夫·伯腾威泽讲座教授，美国国家科学院院士、美国国家文理学院院士及美国哲学学会会员，并曾任教于美国特拉华大学、哈佛大学、多伦多大学、密歇根大学、哥伦比亚大学。蒂利有着多重身份，因其对欧洲近代政治史的研究采取跨学科综合的特点，他的著作在历史学、社会学、政治学等多个学科都具有十分重大的影响，所以他也被视为著名的政治学家和社会学家，享有"当代最优秀的社会科学家之一""21 世纪社会学之父"和"抗争政治之父"等美誉。2008 年，美国"社会科学研究委员会"（SSRC）给他颁发了第二届"艾伯特·赫希曼奖"以表彰他在社会运动、抗争政治以及现代国家研究方面的开创性贡献。

近年来，蒂利的"抗争政治"（contentious politics）理论闻名于世，他的著作开始批量地译介到中国学界，为中国学界熟知。截至 2014 年 1 月，中国学界译介过来的蒂利的作品有 11 本：《集体暴力的政治》《身份、边界与社会联系》《强制、资本和欧洲国家（公元 990—1992）》《找回国家》《斗争的动力》《社会运动，1768—2004》《欧洲的抗争与民主（1650—2000）》《民主》《抗争政治》《信任与统治》《政权与斗争剧目》，相信日后还会有更多蒂利的作品被译介到中国学界。

蒂利的主要研究领域有：集体行为的历史和动力、城市化的过程和民族国家的形成，这三个领域是紧密相关的。《旺代》一书原是蒂利在哈佛大学的博士学位论文，他于 1958 年以这篇论文获得哈佛大学哲学博士，其指导老师是著名的社会学家巴林顿·摩尔和乔治·荷曼斯。《旺代》于 1964 年由哈佛大学出版社出版，1976 年再版，且还被翻译成法文和意大利文。蒂利在本书中表现出来的跨学科的研究特点、独特的研究视角和方法获得了学界的好评，该书现已被公认为相关研究领域的经典著作之一。①

三　蒂利对"旺代反革命事件"的分析

蒂利对"旺代事件"有着浓厚的兴趣，他认为其后大革命所发生

---

① Wiliam H Sewell, *Early Tilly: The Vendee and Historical Social Science*, http://essays.ssrc.org/tilly/resources.

的一切只不过是它所带来的后果,或者是它的模仿。本书主要从"社会学的视角"对"旺代事件"进行分析,属于一个深入的个案研究。蒂利在本书前言中说:本书不仅是对"旺代事件"的描述,也是集中探究18世纪法国西部社会的本质、1789年法国大革命在旺代的进展、1793年反革命事件的爆发,总之,他试图从"社会学的视角"解释"旺代事件"的起因。

(一) 本书逻辑结构

该书的第一章是导言。在导言中,作者介绍了"旺代事件"的简要情况,提出了他的研究问题,批判了既有的对"旺代事件"的看法,并声称他要从"社会学的视角"进行分析。第二章描述了18世纪法国西部地区的城市化状况,作者从社会学的角度界定了"城市化"(urbanization)的含义,并从广泛的视野出发探讨了18世纪西方社会所发生的"城市化"过程。第三章,作者把研究的目光聚焦到南安茹(Southern Anjou)地区(位于卢瓦河南边),因为它是反革命事件的爆发地,莫日(Mauges)和瓦尔—索姆瓦(Val-saumurois)都属于其辖区内——作者对这两个地区特点进行了比较,并指出莫日地区的城市化比较剧烈,导致其城乡关系处于冲突态势,而瓦尔—索姆瓦地区则相对缓和。第四章到第八章中,作者从各方面对南部安茹的乡村共同体(rural community)进行了细致的考察:阶级结构、乡村内部情况(居住格局、婚姻关系、人身依附形式)、政治关系、经济状况等,作者在分析中处处对莫日和瓦尔—索姆瓦这两个地区的异同进行比较,揭示出它们对革命的截然不同反应的根本原因,这一章是全书分析的重点。第九章到第十二章中,作者从南安茹地区的视角探讨了大革命的头一年的进程;分析大革命给该地区乡村共同体所带来的政治、经济、宗教方面的变化;第十三章则对1793年的反革命事件做总结性分析。

(二) 理论解释

对于"旺代反革命事件",先前已经存在很多的说法,例如雨果在《九三年》中就认为:"要完全了解旺代只有靠传奇来补充历史;全面了解得靠历史,具体细节得靠传奇。应该说,旺代值得了解。旺代是个奇迹。"① 学者们对其研究也很多，米涅在其名著《法国革命史》中的描述是："旺代之战是革命中不可避免的事件。这个地方背靠海洋和卢瓦尔河，公路很少，交通闭塞，只有零星的村落小寨，仍然保持旧封建状态。新思想还没有输入当地，因为那里的中产阶级不多，有的地方没有城镇，有的地方城镇很少。农民阶级思想还是神甫们灌输的那一套，他们还没有把自己的利益和贵族的利益分开。这些纯朴、强悍、迷信宗教而又忠于旧秩序的人，对于作为信仰的结果和出于与他们的地位无关的需要的革命，是毫无理解的。"② 然而，在蒂利看来，在既存的传统解释中，它们都倾向于从农民的观念和动机方面分析，这些说法都认为反革命事件的爆发是农民对革命的心理特质造成的，因此，在本书的开篇，蒂利对这些理论解释都作了批评：

1. 政治忠诚说。这种说法认为农民受到了革命政府的压迫，并且震惊于君主政体的废除和国王被处死，所以他们起来反叛。

2. 抵抗征兵说。认为农民反革命的目的很简单，他们既不因为上帝也不因为国王而斗争，他们只是厌恶征兵，所以他们必然要加以反抗。

3. 支持宗教说。按此说法，农民造反的目的是为了抵抗错误的宗教，而支持本地区当前的宗教势力。

4. 领导者的自利说。这种说法把叛乱的群体分为领导者（贵族和牧师等）和追随者，叛乱只是领导者基于自身利益的受损而发起的，其他的人只是盲目追随而已。

蒂利认为，以上这些说法都试图寻找出一种"动机"（motive）解释：即分析参与反革命事件的成员的内在心理，用这种心理动机来解释反革命事件的爆发。而蒂利声明，他所要做的工作是"将旺代置于社会学视角之下"③，他企图用社会学的视角来理解历史上的重大事件，因此，从支持革命和反革命的群体的组织和构成，革命前不同地区的内部关系，革命和反革命之间的剧烈的、快速的变化，以及18世纪法国所经历的社会变迁的广泛过程等方面分析"旺代事件"，蒂利认为，这是一个社会学家必

---

① ［法］维克多·雨果：《九三年》，叶尊译，上海译文出版社2007年版，第158页。

② ［法］米涅：《法国革命史（从1789年到1814年）》，北京编译社译，商务印书馆1977年版，第185页。

③ Charles Tilly, *The Vendee: A Sociological Analysis of the Counter-revolution of 1793*, Cambridge: Harvard Press, 1964, p. 5. 以下对本书的引用直接标注页码。

须做的工作。

由于"旺代事件"属于法国大革命的一部分，解释1793年的反革命事件，必然也要涉及解释1789年法国大革命的爆发。在这方面，蒂利批评了马克思主义关于革命爆发的"政治滞后"解释，这种看法认为革命是生产关系要适应变化了的生产力的一种暴力性的手段。蒂利还批评了认为反革命的爆发是落后地区的农民的一种自然的反应这么一种看法，他根据诸多的资料分析指出：大革命之前的法国在商业和工业上十分繁荣发达，仅次于英国。即使是在爆发了反革命暴动的旺代地区，也是18世纪法国城市化比较迅速的地区，因此，认为"旺代反革命事件"的爆发只是落后地区对革命的一种自然的反应不能解释任何问题。

像蒂利后来的一系列著作的风格一样，他的研究是带着一系列的问题开始的："农民为什么反对革命？""为什么是旺代，而不是其他地区？"对这些问题的解答，构成了本书写作的核心。为收集相关资料，蒂利远赴法国，于法国的各个历史博物馆查找大量的历史资料，根据大量的历史档案资料深入细致地研究了法国西部南安茹地区的社会特点。在这一点上，蒂利和所有研究该事件的历史学家并没有什么不同，然而，蒂利所独具特色的，正是他采取的"社会学视角"，运用社会学方法进行分析。他选取了两个在革命中态度截然相反的地区做了"系统的比较分析"：莫日（Mauges）和瓦尔—索姆瓦（Val-Saumurois）。莫日是叛乱的主要地区，征兵在这一地区引发了暴动，其居民积极地参与反革命，它是"先定的反革命地带"，而瓦尔—索姆瓦恰恰相反，共和国的征兵在这一地区进展得很顺利，其居民积极地支持革命，忠于共和国。

蒂利的主要解释是"城市化"理论。蒂利经过深入细致的研究发现：造成它们之间出现如此巨大差距的原因，在于"城市化"的影响：在法国大革命前，莫日已经遭到了城市化影响的极大破坏——莫日是新兴的城市化地区，其主要以棉纺织业（textile industry）为主，正在经历迅猛的、不均衡的城市化进程；而瓦尔—索姆瓦则是经历了时间比较漫长的、进程相对缓慢的城市化地区，其城市化水平比较高，也比较均衡。

蒂利也从社会学角度来理解"城市化"。他认为："'城市化'是一系列变迁的共同形式：它通常是伴随着一个社会中大规模相互协作的行为的出现和扩张而产生的，这些行为可能是：中央集权国家的运作、职业牧师的宗教行为、治水以用于灌溉和防洪、工业系统中的食品供应，或者是市场扩张导致的交换变化。"（p.8）他认为城市化主要有两个重要维度：一个是市场扩张（market expansion），另一个是国家集权（state centralization），这两个进程共同深刻影响了18世纪的法国社会，它们所造成的后果意义深远：它们带来了18世纪法国城市繁荣迅速的增长、人口增长、工人农民的"无产阶级化"、农村剩余人口向城市的转移、城市权力的扩张等，这些组成了法国大革命之前的普遍环境。蒂利指出，法国18世纪快速的"城市化"进程极大地催生了后来的革命势头，它们是1789年法国大革命爆发的根本原因，也是1793年旺代事件爆发的根本原因。对于城市化所带来的这些巨大的影响，蒂利在本书中给予了充分的论述，他于多处强调："从长远来讲，一个社会中某些地方发生的'城市化'都会影响所有的其他地方，城市的存在——无论是武力中心、商业中心、宗教中心或者是制造业中心——都需要农业剩余的供给，并且以一定数量的农业工人为城市市场的生产为前提，事实上，通常所指的农业社会都包含了一些城镇的存在。"（p.10）"过度的城市化通常不仅导致支配城市的出现，而且常常意味着：被迫离开土地的移民、懒惰贫穷居无定所的城市贫民以及激烈的不满的产生，这些因素常常带来政治动荡。"（p.11）

对莫日和瓦尔—索姆瓦的"系统比较"研究，是本书的重要内容，莫日和瓦尔—索姆瓦两个地区的民众在革命上表现出来的截然相反的态度，成了蒂利解释的核心。蒂利指出：从城乡格局来看这两个地方的乡村共同体，可以说，这两个地方的农村完全属于两种不同的农业社会，它们之间的具体差异体现在以下这些方面：阶级结构、村庄内部关系、宗教关系和经济情况。

1. 阶级结构

在瓦尔—索姆瓦地区，主要是教士和资产阶级占主导地位：教士是土地的主要占有者，而资产阶级数量虽小，但他们的财产主要来自于商业和制造业，他们的影响力很大。总体来讲，瓦尔—索姆瓦地区的财产的占有还是相对比较平均地分布在其地区的人口之中，不同阶级之间的关系比较缓和；而莫日地区主要由传统的教士团体和贵族领导，贵族大部分是"不在地"状态（absentee），教士和贵族占有大量的土地，工匠和手艺人几乎没有土地，资产阶级占有的土地主要位于城郊，而农民主要依靠租种土地维持生活。总体来讲，莫日地区的阶级关系呈现一种严重的分化状态。

2. 村庄内部关系

其一是居住格局上，莫日村民居住较为分散，且多有篱笆围绕，瓦尔—索姆瓦地区村民居住则相对集中。其二是婚姻关系，作者通过对941对婚姻关系进行考察指出，莫日地区相对于瓦尔—索姆瓦地区在不同地区和不同职业之间的通婚率较小。其三是人身依附关系。莫日地区，农民对教士和贵族有很强的人身依附关系，而在瓦尔—索姆瓦地区这种依附关系已经很微弱了。

3. 宗教关系

作者通过对宗教权力的比较分析指出，在瓦尔—索姆瓦地区，资产阶级力量崛起，城市化的影响已经大大地削弱了传统的教士权力，但莫日仍然被教士权力严密控制，教士在村民的生活中发挥着重要的作用。

4. 经济情况

由于莫日的土地类型主要是森林地形（bocage），因此其农业主要是"生存农业"（Subsistence Agriculture），主要种植黑麦；而瓦尔—索姆瓦地区多为平原和峡谷，土地肥沃，依靠"商品农业"（Commercial Agriculture），主要种植小麦，并且种植葡萄，有繁荣的葡萄酒业。

表1　　莫日和瓦尔—索姆瓦地区的社会差异比较

	莫日（Mauges）	瓦尔—索姆瓦（Val-Saumurois）
阶级结构	教士/资产阶级占主导 阶级关系分化、紧张	资产阶级占主导 阶级关系相对缓和
村庄内部关系	居住格局：分散 婚姻关系：本地化 人身依附关系强	居住格局：聚居 婚姻关系：不同地区、职业之间通婚率高 人身依附关系弱
宗教关系	教士权力主导	资产阶级权力崛起
经济情况	生存农业，与市场联系很小	商品农业，与市场有广泛联系

总之，蒂利运用比较分析的方法，深入地考察了它们之间的"重要差异""它们之间如何不同？"集中于研究"城市化"带来的影响，他指出：西部社会大部分都市化的地区给予革命最一致的支持，那些大部分冲突比较激烈的地区同时也是城市化比较繁荣和不均匀的地区——位于城市和乡村的结合处。"国家集权"是蒂利本书中的核心概念——"城市化"

的重要方面，是蒂利认为促成反革命事件的直接原因。所谓的"国家集权"，即后来蒂利所谓的欧洲"民族国家"缔造的过程，集中体现为中央集权国家"直接统治"体系的建立。"直接统治"的建立，使得国家的权力大肆扩张，统治者通过户籍税、大的征募、人口调查、警察系统和许多其他对小范围的社会生活的入侵来接触他们所控制的市民和资源。于是，所及之处激起了民众的强烈抵抗，"旺代事件"即是此例。在蒂利看来，"民族国家的构建"过程其实是以牺牲普通民众的利益为代价的，与之相伴的是普通民众的悲惨遭遇。

正如蒂利在后来一本重要的理论综合性著作《强制、资本和欧洲国家》中指出的："根据普通老百姓的短期观点，我们在愉快的回顾中称为'国家形成'的东西，包括残忍的税款，包括为了交税被迫出卖本该用来支付嫁妆的牲畜，包括对当地头目作为当地社区支付过期税收的人质的监禁，包括绞死其他胆敢抗议者；放任残忍的士兵侵害不幸的市民；征召曾经是他们父母安度晚年希望的年轻人；强迫购买污染的食盐；把已经趾高气扬的地方富豪提升为国家官员，以及以公共秩序和道德的名义强制推行宗教一致。毫不奇怪，处于弱势的欧洲人如此经常地接受'好沙皇'被谋士们误导甚至俘虏了的传说。"[①] 蒂利在一篇论文中更是把欧洲近代史上因战争而促成的"缔造国家"斥之为"有组织的犯罪"[②]。总而言之，蒂利认为，导致西部反革命运动的直接原因是，革命者试图在地区内实行一个特殊的直接统治，这种统治：1. 在实践中贵族与教士以及部分自主的居间调节者排除在外；2. 给政府带来了对赋税、人力的需要，以及对私人社区、邻里与户主的尊重；3. 赋予地区的资产阶级以他们从未有过的政治权力。

综合以上这些论述，我们可以知道，蒂利认为，在18世纪法国西部的"城市化"进程中，旺代地区由于特殊的历史、地理条件，其城市化来得比较慢却比较剧烈且不均衡，大量的农民在这一过程中受到了资本主义生产的严重威胁；革命政府比旧制度下的政府征收更多的税收，且试图

[①] [美]查尔斯·蒂利：《强制、资本和欧洲国家（990—1992）》，魏洪钟译，上海世纪出版社集团2007年版，第108—109页。

[②] [美]彼得·埃文斯、迪特里希·鲁施迈耶、西达·斯考切波编著：《找回国家》，方力维等译，生活·读书·新知三联书店2009年版，第228—261页。

通过没收教会财产的方式夺取大量的土地，撤掉在旺代地区具有重要影响的牧师——他们被视为该地区的"天然领袖"。所以在农村地区，一股强烈的反对资本主义的势力逐渐形成，他们终于在 1793 年由于征兵事件发生了暴力反革命事件，他们所要反对的是居住在城镇附近的、散居在旺代省中心区的商人和制造工业主。

四 评论和结语

综观蒂利于本书中对于"旺代反革命事件"的分析，我们可以做出几点评介：

首先，蒂利本书出版于 1964 年，与 T. P. 汤普森的《英国工人阶级的形成》、E. J. 霍布斯鲍姆的《劳工诞生于 1965》、斯蒂番·森斯特罗姆的《贫穷与进步》等著作诞生于相近的年代——那是西方学界"社会史"最为繁荣的时代。① 蒂利此书成为这一潮流的重要著作之一，对后来的研究产生了深远的影响。

其次，从"城市化"导致社会组织变迁的角度出发，蒂利对"旺代事件"进行"社会学的分析"，属于"结构主义的视角"，尽管他不满于马克思主义理论和当时统领美国社会科学界的"帕森斯主义"在这方面的做法。所以有学者认为早年的蒂利也是一名"结构主义者"。② 这种"结构主义"的解释，体现出静态的特点、缺少中观和微观机制的分析，所以常常不能令人信服。蒂利日后逐渐放弃了"结构主义"的立场，而注重于"机制"和"过程"的动态分析，强调"利益"（interest）、"机遇"（opportunity）和"组织"（organization）等因素在集体抗争行动中的重要作用——这不能不说是蒂利对早年研究的重大修正。

再次，蒂利在其解释中，主要强调的是"城市化"（urbanization）的重要作用，而忽视了很多同样重要的因素的影响，例如宗教教义、宗教观

---

① 所谓的"社会史"，即"自下而上的历史"（history from the bottom），区别于"自上而下的历史"（history from the up），具体可参阅 Charels Tilly, *Explain Social Process*, London: Paradigm Pubilshers, 2008。

② Jack A Goldstone, *From Structrue to Agency: Personal and Theory Reflection*. 2008, http://essays.ssrc.org/tilly/resources.

念、宗教仪式等因素在革命中的重大影响。①

最后，后来的研究者们指出蒂利理论中的"城市化"概念非常混乱，存在很多的问题。② 在其后的反思文章中，蒂利也承认这一点。③

总之，对于《旺代》一书，赞誉与批评始终不绝于耳。长期研究蒂利的作者林恩·亨特评论道：（这是）"他的第一部著作，尽管是过度强调城市化作用，但也许仍然是他最好的一部著作。这表明社会学家能够在历史档案中进行严谨的、细致的考察，并且也可维持他们对于一般问题的掌握。"④ 而批评者如理查德·科布则说："这是一本较好的、广为欢迎的书。如果蒂利博士能够忘掉他的社会学，放弃他的行话，并较少地夸耀调和所有事务的愿望——且更为简略——它将变得更好。"⑤ 有学者也认为，《旺代》作为蒂利的第一本著作，是蒂利一生众多的学术作品中"最具有原创性、最重要的一本著作"⑥，这本著作的出版，为当时年轻的蒂利博士赢得了学界的广泛声誉。综观蒂利一生的学术生涯，此书所具有的重要地位更加突出：它虽然是蒂利早年的学术作品，但是，该书中蒂利形成了自己独特的研究领域、研究视角和研究方法。

在研究领域上，蒂利在此书所表现出来的学术旨趣在其后50年漫长的学术生涯中可谓是一以贯之。他所不懈研究的议题是：在长期的社会结构转变的背景下，欧洲的集体行动是如何被激发起来的？为此，他继续深入地研究了工业化、城市化，以及民族国家的形成等问题。尽管日后他研究的议题越来越广泛、理论抱负越来越宏大，但是，它们始终是紧密相关的，正如蒂利晚年在一本书的前言中总结道："我在20世纪70年代以前很少谈论'斗争者'（contenders），直到80年代才将自己的研究主题明确定位于'斗争'（contention），到了90年代才开始从事'斗争政治'（contentious politics）的理论研究。但是，我这半个世纪的研究工作始终

---

① 这一重要解释传统是由马克斯·韦伯在其名著《新教伦理与资本主义精神》中开辟的。

② Wiliam H Sewell, *Early Tilly：The Vendee and Historical Social Science*, 2008. 查尔斯·蒂利纪念网站：http：//essays. ssrc. org/tilly/resources。

③ Charles Tilly, *The Vendee and rural rebellion*. CRSO Working Paper. 1975.

④ ［美］西达·斯考切波编：《历史社会学的视野和方法》，封积文等译，上海人民出版社2007年版，第285页。

⑤ 同上书，第282页。

⑥ Wiliam H Sewell, *Early Tilly：The Vendee and Historical Social Science*, 2008. 查尔斯·蒂利纪念网站：http：//essays. ssrc. org/tilly/resources。

关乎一个问题,即:普通民众怎样、何时、何处、为什么向政府当局、掌权者、竞争对手、敌人以及公众所反对的对象进行群体性的诉求伸张(make collective claims)?"① 1793 年发生于旺代地区的反革命事件正是此一议题的典型案例。

在研究视角和研究方法上,蒂利在该书中采用的"社会学的视角"来研究历史问题,具有跨学科的特点。这种研究视角使得蒂利在历史学与社会学两个学科之间各取所需,奠定了他在历史社会学领域的重要地位。他本书中采用的"比较历史分析"研究方法,成为他日后学术研究的主要方法。所以,丹尼斯·史密斯认为,"蒂利自己的有特色的研究方法在他的第一部主要著作《旺代》中就已经形成了"。②

最后,笔者想说一点题外的话:社会科学理论的生命力在于它直面现实的解释力。任何社会科学理论,如果它能清晰地解释社会现象的话,便说明它是一个成功的、好的理论,反之亦然。中国从 20 世纪 70 年代末进行改革开放以来,便大踏步迈进了所谓的"现代化"进程,政治、社会、经济随之经历了剧烈的变迁,在这一过程中,蒂利及其同伴的"抗争政治"理论因其巨大的启迪意义引起了中国学界的日益重视,相关著作也正大量地译介进来。在本书中蒂利所指出的过度"城市化"现象及其导致的严重的政治社会后果,近二三十年来正逐步在中国上演,《旺代》一书所具有的理论启发意义,自不待言。

(吴方彦)

---

① [美]查尔斯·蒂利:《社会运动,1768—2004》,胡位钧译,上海人民出版社 2009 年版,第 1 页。
② [美]丹尼斯·史密斯:《历史社会学的兴起》,周辉荣等译,上海人民出版社 2000 年版,第 104 页。

沃尔夫《二十世纪的农民战争》[*] 评介

20世纪是个不宁静的时代。1911年10月10日，中国爆发辛亥革命，标志着最古老的封建国家瓦解、中国的封建时代结束，之后中国陷入军阀混战时期，直至1949年中国共产党建立中华人民共和国。1914年6月28日，奥匈帝国王储夫妇被刺，第一次世界大战由此爆发，直至1918年11月11日结束。1917年11月7日，俄国爆发十月革命。1922年法西斯头目墨索里尼进军罗马。1936年佛朗哥发动反动人民阵线政府的军事政变，导致西班牙内战爆发。1939年9月1日，德国对波兰不宣而战，引爆第二次世界大战。1947年，圣雄甘地领导的"非暴力不抵抗运动"促使英国放弃在印度的殖民统治，印度从此获得独立。1959年菲德尔·卡斯特罗和切·格瓦拉接管古巴政权。1960年，黑非洲觉醒：刚果独立……鉴于这些历史事实，学术界从不同的角度对"战争"和"革命"进行了论述，但战争与革命是不同的，并且只有少数的革命能称得上真正意义上的"社会革命"。更进一步说，在这为数不多的"伟大革命"中，一个有趣的现象是，革命的主要参与者常常是农民，理解"农民"在革命中的角色，无疑有益于增进我们对革命问题的理解。但是，悖论似乎就产生了：在我们对农民的传统认识里，农民就是世界角落里那些保守的、落后的群体，他们是不敢轻易站起来反叛甚或革命的，因为万一革命失败了那可是要杀头的，严重的还要"诛九族"。那么，学术界是如何看待这个问题的呢？

对"革命"的研究，马克思主义实属传统经典，其从生产力与生产关系之间的矛盾出发，辅以社会阶级分析、政治经济分析，来阐述什么是

---

[*] Eric R. Wolf, 1969, *Peasant Wars of the Twentieth Century*, New York: Harper and Row.

革命,为什么革命会爆发,并展望着属于共产主义的未来。马克思主义革命研究被视为传统革命学研究,为后人奠定了基础。近代西方革命学研究始于20世纪上半叶,直至本书出版之时,西方革命学研究成果已有所成就,其中针对农民群体和农村反抗的研究就出了不少经典之作。著名人类学家埃里克·沃尔夫(Eric R. Wolf)所著的《二十世纪的农民战争》(*Peasant Wars of the Twentieth Century*)即是其中的代表作之一。在《二十世纪的农民战争》中,沃尔夫以重现20世纪发生于墨西哥、俄国、中国、越南、阿尔及利亚和古巴六国的农民反叛和农民革命的历史为主体,运用历史比较研究方法对案例进行对比分析,从而得出结论。本文即是对此书的作者、理论背景、全书内容和研究方法进行介绍为主,并进行简短的评论。

一 作者生平及学术

埃里克·沃尔夫,1923年生于维也纳的一个犹太人家庭,其父母都是第一次世界大战期间被流放到西伯利亚的战俘。1933年,他随父母移居到捷克。1938年,为躲避纳粹对犹太人的迫害,年少的沃尔夫被家人送往英国求学。1940英国已对德国宣战,英国开始拘捕来自敌对国家的外国人,沃尔夫被捕投入利物浦北部的一个拘留营。在拘留营中,他结识了从欧洲大陆逃来的许多犹太难民,其中包括著名学者休伯特·埃利亚斯,也正是在这里,沃尔夫第一次真正接触到马克思主义理论。因其家人已迁居纽约,他被允许离开英国前往美国。同年,沃尔夫进入纽约王后学院学习生物化学,后因参加了人类学家鲍德梅克(Hortense Powdermaker,曾于1920年在伦敦经济学院受教于马林诺夫斯基)的人类学课程,遂改学人类学。1942年第二次世界大战期间,沃尔夫应召入伍服役三年,服役期间获得一枚银质勋章,并于1945年战后重返学校,1946年获得社会学和人类学学士学位。随后沃尔夫进入人类学研究重镇——哥伦比亚大学,受教于露斯·本尼迪克特(Ruth Benedict)和尤里安·斯图尔特(Julian Steward)继续学习人类学,同时,他与悉尼·明茨(Sidney Mintz)、莫顿·弗里德(Morton Fried)、艾尔曼·塞维斯(Elman Service)、斯坦利·戴蒙德(Stanley Diamond)、丹尼尔·麦考尔(Daniel McCall)、罗伯特·曼尼斯(Robert Manners)等人成立了名为 Mundial Upheaval Society 的学习组并参加了波多黎各研究项目（1948—1949），这为他 1951 年关于种植园经济的论文打下了基础，也确立了他在农民、权力、阶级和庇护关系（patron-client relationships）等研究领域中的兴趣。

1951 年，他获得哥伦比亚大学博士学位，随后于 1951—1952 年、1954 年和 1956 年到墨西哥从事生态问题、国家建构和民族认同的研究。他先后任教于伊利诺伊大学、弗吉尼亚大学、耶鲁大学和芝加哥大学，随后在 1961—1971 年间任教于密歇根大学。沃尔夫一生著作和论文成果颇多，其中较为有名的是 1959 年《动荡土地之子》（Sons of the Shaking Earth）、1964 年《人类学》（Anthropology）、1966 年《农民》（Peasant）、1969 年《二十世纪的农民战争》、1982 年《欧洲与没有历史的人民》（Europ and the People without History）。1990 年，沃尔夫获得麦克阿瑟天才奖。1999 年 3 月 6 日，在出版了最后一部书稿《展望权力：统治与危机的意识形态》（Envisioning Power: Ideologies of Dominance and Crisis）后不久，沃尔夫因癌症与世长辞。

沃尔夫一生都致力于农民研究。在他的著作中，他认为农民和农民世界如何被纳入现代工业社会，是 19 世纪和 20 世纪最核心的问题之一。对欧洲—美洲殖民主义、资本主义在扩张过程中对其他人民的压迫和剥削，是沃尔夫始终关注的问题。受马克思主义和沃勒斯坦"世界体系"等理论的影响，在《欧洲与没有历史的人民》一书中，他尖锐地批判了社会科学（包括人类学）将"非西方人民"视为"没有历史的人民"的学术传统，认为这是西方中心论的必然结果，他强调必须在世界整体的视野中来研究各社会及文化之间的联系和关系。在人道主义和方法论这两方面，这部著作都给人类学界造成了相当大的冲击。

二 本书主题的理论背景

沃尔夫的大多数著作和论文都坚持认为世界是互联的、变化的而不是单一的、稳定不变的，他着力于研究社会变化、文化变化以及其中的人民，并对宏观研究和历史阐释感兴趣。他受马克思主义影响至深，他的研究从一开始便注重田野调查和历史研究，"他擅长将人类学家偏好的微观分析与宏观的历史研究结合起来，从具体的历史研究中去印证人类学的某些理论或结论"。① 除此以外，他继承了马克思主义唯物史观、生产力和生产关系之间的矛盾理论，并应用于革命分析（尤其是生产要素分析）。

摩尔《民主与专制的社会起源》一书的出版奠定了农民在革命中的重要性。自 20 世纪 60 年代以来，历史学家们对农村反抗或农村抗议活动的兴趣与日俱增，此后从 20 世纪 60 年代末到 80 年代，相继出版了一大批关于农民抗争的著作，其中代表人物有塞缪尔·亨廷顿、J. 米格代尔、詹姆斯·斯科特、波普金及米歇尔·泰勒等学者。

《二十世纪的农民战争》的出版时间是 1969 年，作者收集了大量 20 世纪的墨西哥、俄国、中国、越南、阿尔及利亚和古巴六国的农民反叛和农民革命的历史文献资料及其他学者关于这些国家的研究成果，描述了一个作为总称"农民"的群体，以自己的力量应对外部力量入侵、回应统治者改革的动态画面。面对现代化导致的剧变，农民发起革命是保守的农民们为了保护他们的传统生活方式而做出的回应。他看到处于这样变化社会中的农民，事实上他们在社会中的地位、文化、权力和经济水平、生活状态在社会政治变迁中发生着变化。"农民"是个群体概念，其内在结构是分层的，按照农民所占有的土地和财产的多少可分成富农（rich peasantry）、中农（middle peasantry）和贫农或无地农民（poor peasant or the landless），而每个阶层的农民对待革命的态度以及参与革命的积极性是不同的。在本书 1969 年版及 1971 年版中沃尔夫认为，中农和自由的贫农往往是推动农民战争的中坚力量，那些处于边缘地带、不受国家政权控制或是受国家掌控较弱的农民，他们拥有更多的政治自由和政治活动空间，他们渴望维护原有的传统秩序和传统文化，从而更倾向于抵制外来力量的入侵。在资本主义入侵这些国家之前，他们的社会秩序和社会结构由各自的传统（不论是传统文化习俗，还是传统行为方式）所维系，各自处于平衡的状态之中。资本主义入侵后，随着工业化和农业商品化以及市场机制的带入，原有的平衡状态被一步步打破，统治者的权力、权威受到了挑战，能为百姓提供庇护的能力受到削弱，贵族或士大夫阶层也受到外部势力的压迫，而农民的生活不置可

---

① 张旭鹏：《文化、权力与世界历史——兼评埃里克·沃尔夫〈欧洲与没有历史的人民〉》，《史学理论研究》2007 年第 4 期。

否的每况愈下。但是颇为矛盾的是，农民的经济状况和生活水平下降并没有发生出生率下降的现象，反而出生率增长了，人口数量激增，庞大的人口数量给有限的土地和落后的粮食生产率以沉重的压力，而生态也遭到了破坏，生存问题越来越紧迫。沃尔夫将这三方面的变化总结为人口危机、生态危机和权力危机，并认为这三种危机是农民反抗运动的推力。同时，沃尔夫区别了反叛（rebellion）和革命（revolution），认为反叛转化为革命还需要一些因素，他引用马克思主义的观点："没有外部力量领导的农民不能造成革命"，并指出本书所援用的案例材料都支撑了这一观点。① 有时候农民能将重塑农村社会结构的心愿实现，但他们的力量还不足以使自己能掌控国家、中心城市以及非农业资源。关于其中的详细叙述，将在下文进行分析。

6年后，杰弗里·佩奇（Jeffrey M. Paige）于1975年出版《农业革命》（*Agrarian Revolution*）一书，其理论基础也是马克思主义理论，他同样论述了农民阶层中的不同类型，指出只有某些类型的农民才具有革命性。在农民是"积极的行动者"而不是"任由摆布的棋子"这一观点上，佩奇与沃尔夫是相同的，但两者从不同的切入点为读者解读了农民革命发生的原因，给出了不同的解释机制，具有可比较性。

1976年，继《二十世纪的农民战争》出版7年之后，詹姆斯·斯科特出版了《农民的道义经济学：东南亚的反叛与生存》一书，此书从东南亚农民的反叛与起义问题着手，探究了资本主义的兴起对传统农业社会的冲击，将沃尔夫的论点推进一步。但不同的是，他一反马克思的观点，认为是农民，而非无产阶级是潜在的革命阶级。他认为，贫困本身不是农民反抗的原因，因为他们一直都处于贫困的状态，但却不是总处于反叛状态；反抗的原因是那种来自于他们内心的生存道德和社会公正感受到侵犯时，他们才会揭竿而起。这种正义感根植于他们具体的生活环境和生活遭遇，洪水、干旱、政治运动或者其他天灾人祸都可能会危及他们的生命。因此，如果不去仔细考察各种地方性的传统和文化特质，不去探寻那些看似琐碎的农民日常行为的丰富含义，人们对农民问题的认识便会误入歧途，就可能将农民隐秘的抵抗与积极的合作混为一谈，从而做出错误的政

---

① Eric R. Wolf, 1969, *Peasant Wars of the Twentieth Century*, New York: Harper and Row, p. 294. 下文对本书的引用直接标注页码。

治、经济决策，诱发社会动乱。① 在斯科特的眼里，农民的道义经济学实际上是指农民的一种特殊的生存伦理：他们只顾及自己的生存状态，而不是追求发展或利益的最大化，他们对负担的轻重或对"剥削"的衡量标准往往不是"被拿走了多少"，而是"还剩下多少"，只要他们能生活得下去，就能在严酷而强大的生存压力面前通过氏族或宗亲联合来规避生存风险。然而，传统农业社会的种种制度、规范和习俗在资本主义的兴起中被破坏、被瓦解，这种冲击严重威胁了农民的生存保障，超越了他们的道义和正义感，因此必须进行反抗。

总的来说，斯科特对农民的认识不同于马克思的"自为阶级"理论，他强调无政府、无组织所占的优势，以及农民反叛的自发性性质（而不是协同性），认为根植于社会关系中的传统是革命的决定性因素，其中传统不仅包括传统价值，也包括捍卫这些价值、对抗国家控制的反叛行为史。

《农民的道义经济学》出版后不久，便受到了来自塞缪尔·波普金的批评挑战，引发了一场颇有影响的"斯科特—波普金争论"或称为"道义经济—理性小农之争"。波普金于1979年出版了《理性的小农》(*The Rational Peasant*)一书，该书立足于理性选择的理论解释之上对农民反抗的原因进行了阐释，其理论基点是经济人假设，认为小农像任何资本主义企业家一样，追求各自利益的最大化，其所作所为是冷静而理智、富于计量型与逻辑性的，他们不在共同体组织下集体行动。因此，农民在运动过程中行为方式的取舍问题取决于他们对自身利益的考量，他们的反叛不是为了抵制市场体制，而相反是为了进入市场。他们看到市场给他们带来了新的赚钱机会，他们和精英一样都热切想要抓住机会。之前认识"农民"的前提假设于是就受到了挑战，农民究竟是意识形态化的，还是经济理性的？当然，理性选择主义的前提假设也受到来自各方的挑战，贝雷基坎(Berejikian)② 认为革命并不是人们对结果的理性算计，而是在现有社会结构中的偶然选择，这使得贝雷基坎重塑了意识形态在解释革命中的重

---

① 詹姆斯·斯科特：《农民的道义经济学：东南亚的反叛与生存》，程立显等译，译林出版社2001年版，第322页。

② Jeffrey Berejikian, "Revolutionary Collective Action and the Agent-Structure Problem", *American Political Science Review*, 1992.

要性。

以上所介绍的著作是农民和农民革命研究的典型著作，它们为读者理解"农民"群体以及农民与革命之间的关系，提供了不同的视角和阐释机制，同时也启发着后人的进一步探索和研究。

三 本书内容及逻辑结构

《二十世纪的农民战争》的主体章节结构总共有八章，分别为前言、墨西哥、俄国、中国、越南、阿尔及利亚、古巴、结论。笔者对每一章进行详细阐述，重点放在前言和结论的介绍上。

前言交代了此书的目的：作者本人热衷于农民研究，在书中试图以人类学家的身份去回顾这6个国家以农民群体为主要行动者的农民反叛和革命历史，他感兴趣的第一个问题是：当我们讨论"农民革命"时是哪一类型的农民参与到政治运动之中？沃尔夫说道："对于那些懒惰的人甚至是许多专家，他们认为不同类型的农民之间的差别是不重要的……但是对小型社区有着田野工作经验的人类学家来说，他们知道佃农和自耕农之间、贫农和富农之间、兼职工匠的耕作者和耕作的耕作者之间、对所拥有的或租来的土地负全部农业经营责任的农民和在别人监督下劳作并由此获取工资的雇佣劳动之间，存在着行为和世界观的差别。他同样知道必须区分居住在城镇郊区的并被卷入城镇市场和城市事务的，以及较为偏远农村地区的农民之间的差别；还有那些即将把子女送入城镇工厂的农民与那些继续劳作在自己狭小世界里的农民。"（p. xi）这些身份区别，对于探究革命运动的起因有着重要意义，因为他认为，只有一些类型的农民具有革命性并会参与其中，而不是全体农民。

沃尔夫关注的第二个是地域区别，特定区域的特定环境塑造了农民的满意抑或不满的情绪，因此在这种意义上，地域区别对于革命发生来说也至关重要，因为革命其实并不是因为全国的境遇十分糟糕而发生的，常常是因为某个或某些地区的农民们生活境遇十分糟糕才导致。

第三，也是本书需要解释的主要任务之一，是阐释斡旋于农民和农民社会中的其他群体——地主、商人、政治领袖和牧师或教父——之间的关系。这些群体在村庄与外界的社会关系、政治关系和经济关系中，起到连接作用。沃尔夫认为应该重视这些群体的作用，他甚至将其视为一个

"阶层"。这个阶层处于农民社会中的关系是复杂的，不仅涉及他们是如何与农民接触的，更重要的是，他们内部自身存在着利益差别所以就会存在为各自的利益而竞争的关系；不过沃尔夫承认，作为人类学家，他并不对权力的运作进行解释，留给读者去探索。沃尔夫所看到的这个阶层为激发农民参与革命所做的重要工作就是灌输"不公正"的意识。

沃尔夫关注的第四个焦点问题是农民反叛和革命运动在多大程度上是由传统模式所激发的，以及在多大程度上是农民以自身的模式推翻政权的，而不仅仅是由农村政治权力持有者推翻的。沃尔夫认为传统与变化同样重要且需要加以阐释，传统就像惯性一样驱使人们按照原来的生活方式持续下去。当然人们的生活方式发生一些变化也是自然的，人类学家的任务就是尝试去寻找持续抑或变化的原因。除此以外，沃尔夫还给"农民"一词进行了界定，是狭隘意义上的而非广义上的。他所认为的农民，是那些与农业耕作有实质性关系的、能决定自己的地里种什么作物（即对自己的耕作拥有自主权）的群体，它包括佃户、佃农、自主经营者（owner-operator），但是，并不包括渔夫或无地的劳力。他分别分析了6个国家的情况。

（一）墨西哥

1910年是墨西哥历史上的一个分水岭。1910年爆发的墨西哥战争震惊了全世界，它几乎是没有任何预兆的。独裁者波尔菲利奥·狄阿兹（Porfirio Díaz）在"自由、秩序和发展"的名义下，以其"铁手"掌控国家超过25年之久。这里所谓的"发展"意味着快速的工业化和商品化。在狄阿兹的统治期间，巨额外资输入，外资控制了墨西哥大量矿产资源、土地、工厂企业。政府出台新法规使得公共土地可自由出卖和流转，土地集中程度惊人，同时教会特权恢复，掌握在教会手上的土地数量难以估量。1877—1894年，农产品不增反降，并以年均0.81%的速度下降，1894—1907年得以年均2.59%的速度缓慢增长，这种上升趋势大部分取决于国内消费性工业产品的增长，更取决于出口产品的增长。而在就业结构上，工人越来越多，并且从事的多是工业而不再是农业。私营个体企业被赋予了自由权。

沃尔夫指出，"他们眼中的发展，都是从外部驱动的，不仅是套用国外的体制并且还使用着国外的资金"。（p.14）但这并不是说墨西哥革命的根源在于此，沃尔夫指出，墨西哥革命并不是根植于狄阿兹的独裁时期，而是比其更早的西班牙殖民时期。1821年墨西哥独立之时，它便继承了一系列的连西班牙也无法或许也是不愿意去解决的情境问题。土地的集中化造成农民失地，沦为农奴或雇佣劳力，农民为夺取土地纷纷起义；工人工资低，入不敷出，工人罢工日益扩大等。1910年狄阿兹操纵选举再次当选总统，自由派地主弗朗西斯科·马德罗提出"土地归还以前主人"的主张，并号召举行全国起义。1911年，墨西哥革命爆发，马德罗当选总统，不仅未实现将土地归还给农民的许诺，反而企图解散农民军。萨帕塔在莫雷洛斯州建立革命委员会，宣布"阿亚拉计划"，要求把从农民手里夺去的土地归还农民，大地主和革命敌人的财产收归国有，主张以革命手段夺取土地。农民武装斗争在南方各州广泛展开。

沃尔夫说："与其他20世纪的革命运动相比，墨西哥革命并不是由任何一个集团组织围绕着一个中心纲领而进行的。任何其他革命运动的参与者都不会如此的没意识到自己在剧中所扮演的角色和自身的台词。"（pp. 25–26）而与本书的另外几个案例（俄国、中国和越南）相比，墨西哥革命的特点在于不是由高组织性的、有新社会蓝图的革命政党发动的，并且，它是完全内生的。

(二) 俄国

俄国历史上就有农奴，但16世纪农奴的数量可以忽略不计。（p. 51）16世纪之后莫斯科开始出现以被迫强制劳役的方式来还债的工人（peon bound by debt），他们的耕作需要依靠借款或是其他形式的资助才能进行，而庄园主们为了获得稳当的劳力，为了将奴隶束缚在土地之上，便以3年到5年、10年、20年为期限向农民出租荒地，农民再向庄园主交付实物或现金充当地租，从而强制地将劳力固定在庄园主的土地之上。于是越来越多的自由农和半自由农沦为了隶农（accept debt bondage）。这种体制束缚了农民的自由，使其不能迁移和流动，因此洲际乃至边境地区的农民暴动连绵不断。但这些农民暴动并没有直指农奴制本身，因此并不能解决农民压迫的问题。从普加乔夫起义（Pugachev Rebellion）到18世纪末这一期间，32个省总共发生了300多次暴动。而在1826年至1861年间，总共有1186次农民起义，并且期间起义数量每年都稳固增长。到18世纪中叶，农奴人口数已占全国人口的大多数，1762—1766年，1450万的农村人口中有52.4%是农奴；18世纪末，男性农奴的总数维持在1090万不变，这种状况一直维持到1861年。1861年，亚历山大二世以"从上到下解放农奴"为口号进行了农业改革。

俄国的北方和南方之间存在着差别，在北方，农业产量低，土地价值较低，地主的农产品收入除缴付费用便所剩无几；而南方黑土地地区生产力较强，庄园主对土地的占有欲也就强，土地需要农奴来开垦，从而形成庄园主对农奴的严格控制。亚历山大二世试图通过改革使农奴获得自由的同时又不至于使庄园主失去土地。他签署了废除农奴制的法令，规定农奴在法律上有人身自由，有权拥有财产、担任公职和经营工商业，地主不能买卖农奴和干涉农奴的生活；但也同时规定土地仍归地主所有，农奴可以得到一定数量的分地，但必须出钱向地主赎买。

从18世纪末期开始，资本主义手工业工场在俄国发展起来。19世纪30—40年代，俄国开始工业革命，至19世纪中叶，已经有了比较发达的商品货币关系，对外贸易也有很大增加。在这个过程中，雇佣工人的队伍在扩大，商人阶层不断增长。与此同时，农村也出现了资本主义的雇佣劳动关系，农业资本主义逐步发展起来。这些变化标志着俄国封建农奴制危机的成熟。

到19世纪末，富农占有着全国35%—50%的土地，占人口总数30%的中农使用着20%—45%的土地，而占人口总数50%的贫农则仅使用着20%—30%的土地。另外，人口总数在稳固增长，这使得人均土地使用量下降了1/3。并且，农民所使用的土地多是贫地，许多农民没钱买或是租用土地和牧场，使得他们被迫去买柴木、麦秆来做燃料，修缮房屋和饲养牲畜，他们中的许多不得不放弃饲养牲畜。同时，税收在加重，农民生活压力增加。1902年和1905年农民造反运动升温，政府被迫进行改革，此时的改革在一定程度上获得成效，却没有触动俄国的中心地区，并且，改革使中农产生了对富有阶层妒忌和仇恨的心理。最终于1917年，俄国革命爆发。

（三）中国

中国特殊的封建制度，其社会结构由君主、士绅和农民阶层构成，农民和士绅都效忠于君主，而农民和士绅之间又有微妙的关系，即农民可以通过读书、做学问、参加科举考试晋升到士绅阶层，而士绅也可能由于家族没落或其他原因而降级为农民阶层。这种互通的社会结构模式，加上历代皇帝为保持帝位而实施的仁政为社会各阶层提供了最基本的生存保障，使整个社会维持在相对平衡的状态之内；只有当某一朝的国君十分暴戾、不顾百姓生活征收苛税或以其他方式威胁到百姓生存时，社会才会发生改朝换代的革命。中国农民与世界任何其他国家的农民都不同，首先，中国允许土地交易，土地可以通过货币买卖获得；其次，农民的身份有着潜在的变动性，他们可以通过教育、参加考试上升到士大夫阶层；再次，贵族和农民时常通过宗族的亲属关系连接起来。

进入20世纪，中国的农业发展出现失调，有限的土地和低效的粮食生产率无法满足持续增长的人口对粮食的需求，加上清政府无法在农业水利建设方面取得较好的发展，统治权威日益稀薄，而地方势力则逐渐活跃起来。另外，失地和工厂的发展，使传统的靠地吃饭的生存方式被进城打工维持生计取代，学生们也面临着不稳定的收入状况和失业的威胁。

沃尔夫说："零星的起义和叛乱演变为地方病（endemic），直至产生一次大的革命运动，新的统治者能提高农民的社会地位时，才能重塑社会秩序和内聚力。因此中国历史上的王朝兴衰起落，是由内部力量驱动的……而19世纪，在内部原因之外，还增加了沉重的外部压力。而正是这种外部压力削弱了中国（统治者）抵抗社会瓦解的能力，使其更难以以自身条件来重新整合社会秩序和内聚力。""他们（封建政权）软弱得必须要依靠外部势力来增强对内防卫的能力。"（p.116）

面对变化，各国百姓纷纷站起来要求改变生存现状。"以农民战争为开端的运动越来越成为中国整合社会力量的新方式，这有助于中国复兴和巩固自身。"（p.115）在沃尔夫的对比中发现，有的国家农民战争更趋向于自发性，而有的却是有组织、有纲领的。在中国，中国的农民革命则是有组织、有纲领的，共产党开辟了革命根据地，建设了有力的军事组织，形成了正确的革命纲领，并对内战胜了国民党取得政权。

（四）越南

越南的农民是不拥有土地所有权的，土地所有权掌握在地方首领和那些曾经是教士、行政官和军人的世袭贵族手上。当中国封建体制的影响吹向越南时，越南的体制义无反顾地朝中国模式转变。正像中国那样，越南成为主要的农业大国，士绅的概念也被引入，1089年确立了固定的官僚等级制，1076年成立了官僚培训的专门院校，考试制度也于1075年正式启动。

君主和大臣的中央集权与地方主权者力求独立之间形成了持续的张力，这个问题一直困扰着越南。于是越南师法中国，使其政权稳固，统治能力提升。不过越南的统治在培训、观念和生活方式等方面呈现出区别于中国模式的地方。越南的农民们保持着传统的风俗习惯和宗教观念，他们依然认为他们就是村庄的主人，保持着对村庄房屋、江河、山川的原有态度，热衷于自己的礼节和节气，坚持着自己特殊形式的祖先崇拜，此时的越南没有受外国统治的烦恼。

直到1850年，法国用武力打开越南的国门，随即暴动激增。法国入侵给越南带来了不少影响，第一个立竿见影的是使大米成为一项主要出口商品。法国入侵前，大米几乎不出口；到1860年，大米出口量接近5.7万吨；而到第二次世界大战爆发前的1937年，大米出口量已达154.8万吨。大米出口的增长也就意味着大地主阶级的出现，因为只有大地主阶级才能产出大量剩余商品大米，相比之下小地主总是会将自己所生产的大部分粮食消费掉。法国入侵从性质上说是重新划分旧土地以及垄断新土地的殖民运动，因此新生的大地主从中直接受益。这一过程使土地严重集中化，集中到大地主手中，因而也就造成了许多农民失地，"当他们重返村庄准备重耕原属于他们的土地时，却震惊地发现这些土地已经易主了"。（p.166）第二个影响与橡胶作物有关，橡胶成为殖民者的第二大出口商品。法国殖民的第三个结果是给越南人民加重了赋税负担，其中铁路和公路的建设税费从法国殖民前的3500万金法郎增加到9000万金法郎；与人们生活息息相关的是盐税，盐价是盐务工人工资的6—8倍。

所有这些变化影响着越南乡村的内生结构。第一，乡村首领的权力大大增强了，他们成为殖民统治者的地方代理人。同时，自治程度和征兵都被殖民政权掌握。第二，法国殖民统治影响了乡村的土地所有权和获取土地的模式。越南农民手上的耕地数量自法国入侵后呈现绝对的下降，公地数量也在下降，或是被用于地方贵族获取地租。在殖民出现前，农民们被看作是一家人而不是劳动力。当农民们上涨的期望遇上来自各方面的阻碍，使得多数人在1900年后投向各种各样的民族运动和社会运动。

(五) 阿尔及利亚

阿尔及利亚，像其他大多数非西方地区一样，在欧洲殖民者出现之前从未知道绝对私有财产（absolute private property）；更确切地说，存在着一种复杂的使用权层级（hierarchy of use rights），对土地所有权进行了划分。在法国侵入之前，阿尔及利亚的土地制度，以伊斯兰教习惯法为依据，分为哈布地产（寺院土地）、伯利克地产（国有土地）、阿尔克地产（部落公有土地）和麦尔克地产（家族占有可以继承的土地）。在阿尔及利亚不存在欧洲那样的土地私有制。法国占领阿尔及利亚使得其掌握了伯利克地产（国有土地）和原属于宗教的哈布地产（寺院土地），并且加重了地税。而后，1863年法国殖民者向穆斯林灌输了西欧的土地私有权观念。他们在保护穆斯林权利的幌子下，颁布法令，宣布每一个土地所有者，无论是欧洲人还是阿拉伯人，只要能提出正式凭据，他们的土地所有权就可以得到法律保障。根据伊斯兰教，习惯拥有土地的阿尔及利亚人是根本拿不出正式凭据来的。于是，麦尔克地产就成了殖民者可以任意夺取的对象。这一立法行为带来了两个后果，一是低层农民的生计保障和阻止土地自由流转的屏障被打碎；二是穆斯林手中的所有土地被推向了市场，使法国殖民者购买和获得土地成为可能。这种土地私有权的改变不仅影响了农业，也恶化了耕种者和牧民之间复杂的合作关系。

此外，法国殖民者力图削弱大部落的势力，为此推行了一系列政策。这些大部落势力是旧统治的主要支持者和受益者，如此一来就使部落首领的影响力减弱，并最终摧毁了部落结构。但部落瓦解的一个后果是殖民统治者给予地方议会可观的自治权，因此虽然部落的形式已殆，但却维持着传统的地方自治和地方管理方式。因此他们造反的心理并不会那么强烈，而较之农民们，他们日益认识到他们被剥夺了土地，并且被殖民者推向了始终徒劳而无获的境地。他们传统的经济保障机制被废除了，世系和部落消散了，熟悉的政治结构也被废除了，因此他们要么整体迁移要么造反了。

(六) 古巴

古巴个案是较具特殊性的。首先，相对于俄国和中国来说，它的地域范围和人口总数很小；其次，古巴是一块缺乏现代文化根基的岛国，土著印第安人被杀光或是被同化，因此古巴更像是欧洲经济体系扩张的产物；再次，尽管现在古巴的经济被认为是由蔗糖产业主导的，但其实这样的经济体制在古巴历史上是相对晚近才发展形成的。从这两方面来说，古巴受传统历史文化的影响程度是较低的，它具有更多的"现代气息"。

在19世纪之前，古巴的农业和牧场（ranching）都是小规模发展着，非洲奴隶在1800年之前较之其他群岛和加勒比海的沿海地区而言没那么显著，但法国入侵之后，古巴的奴隶制便加强了。这时候古巴的黑人奴隶有三个角色：一是奴隶劳动力的强制化同时增强了反对奴隶制的情绪；二是岛上残存的自由黑人成为奴隶反抗运动的重要领导力量；三是奴隶群体在多个世纪的时间里拥有相对自治，而当时又有大量的黑人奴隶输入，这使得非洲文化模式在古巴的土地上保留了重要根基。美国于1909年占领古巴岛，使蔗糖产业开始支配古巴经济，而古巴国内消费也被卷入美国市场。

美国入侵后，大范围建立了大规模的农场，这也就意味着小农场不可避免地减少和被吞并。大部分诸如蔗糖类的农场产品远销美国，糖类产品占古巴出口量的80%—90%，占古巴岛总收入的1/3，这时期古巴的经济有所发展。然而古巴经济的发展却跟不上古巴人口的增长速度，古巴的经济和社会呈现出变态的态势。此外，古巴的上层阶级和中产阶级都无法扮演独立的经济或政治角色，也就无法支撑起社会发展，古巴的统治和发展依然需要外部势力的支持。古巴的中产阶级由自谋的小集团结合而成，他们是高度分化的集合体，他们承受着极大的经济压力，在经济压力之下他们的收入常常受到威胁，也常常无法自由流动，因此缺乏一致性以及维护自身利益的一般能力。但是，值得注意的是中产阶级的数量是极化的，他们在社会经济所占的比例过大，哈瓦那的城市中心每7个人中有1个属中产阶级。而工人阶级的贫困阶层却是如此的卑微乃至令人察觉不到，数量估计在70万左右。古巴的政治僵局依靠经济发展来维系政治稳定，在这种境况下，古巴内政就需要依靠外来力量的支持。

（七）结 论

在资本主义出现及其经济秩序建立起来之前，农民将剩余产品交付统治者，统治者为他们提供最低限度的安全保障，一直保持在这种均衡的关系中。为了规避生存风险、提高生存能力，农民们在社区中共享资源并依赖强有力的庇护人为他们提供庇护。通常，农民拥有土地，就意味着能自给自足，能缓解不利因素对其生活的冲击。而传统亲缘关系以及邻里间的互帮互助也能降低生活风险。而资本主义的出现，明显地改变了这一切，传统习惯像是被从体肤上揭开一样，农民们被迫与原先的社会母体割裂开，他们在资本主义经济中扮演了新的角色。他们不得不去学会怎样使成本—收益最大化，不得不去低价买进并高价卖出，从前那些社会义务和社会代价全都被抛于脑后。

在资本主义经济下，劳力、土地和钱财都转化为了商品。作为商品，他们是受制于市场需求的，农民与他们的土地及其他资源、与他们所生产的产品脱离开来，所得到的回报是工钱。传统的社会依附关系也变得淡薄，人与人之间的紧密联系也逐渐变得疏远，他们更为注重的是自身的能力，使他们变成了实际的或潜在的市场竞争者而非互助者——这正如马克思所说的"异化"那样。如今他们更像是"纯粹的劳动力"，是资本主义萌芽和扩展的真实刻画。（pp. 279 - 280）商品化给农村带来的是生态危机——原先的农村社会生态平衡被一步步腐蚀，生态链中断了。

然而，商品化的发展所带来的一个"副作用"是人口的快速增长（各国人口数可参见表1），人口的快速增长就意味着人口与有限的资源之间出现失衡。他们为了获得维持生计的粮食而过度开垦，在不适宜耕种的土地上也种植了粮食，由此又引发了生态危机。这无疑使农民的生存风险倍增，但规避危险的机制却趋于失效。因此，他们被迫去寻找抵制资本市场的防卫方法，要么继续依附于日益遭到侵蚀的传统制度，要么致力于寻找新的能庇护他们的社会形式。

最后，人口危机与生态危机两者汇集在一起就形成了权威危机。资本主义的到来同样威胁到现存政权的权威和执行。部落首领、官僚、地主贵族——这些旧社会秩序的代言人和受益者，其社会地位变低了，他们不得不向企业家、信贷商、政治经纪人、知识分子和专业技术者低头。他们作为历来有权连接国家和农村的中介，目前也已经越来越没有把握了，他们的权力被削减，变得不再能保护当地人民免受外部侵犯。另外，新的掌权者却发现他们的权力行使已被一个公理剥夺，即经济转型优于社会秩序。如果他们意识到这种社会脱节是由于市场扩张造成的，他们可能会大声抗议，但这样的话他们就会失去现在所拥有的权力地位。这是如何尴尬的境地：旧体制依然存在并威胁着新生秩序；新贵族尚未具有合法性，而旧权执掌者的权威不再；传统组织被削弱但未被击败，而新群体还没有强大到能执掌权力。

人口危机、生态危机和权威危机，是沃尔夫对农民革命所进行的解释，另一个关键问题是哪些类型的农民才是真正具有革命性的农民。

农民和工匠的社会地位下降了，而相对的，矿工、铁路工人、工厂工人、农业劳动者、农产品生产商的社会地位有所提高。然而"农民"这个集体却又有如此的特点：要农民们联合起来参与政治运动，这并不是件容易的事。第一，农民干活往往是一个人在自己的土地上干，他与其他村民联合耕作的情况并不多，而且，社区的资源是有限的，这就意味着每个农民都是潜在的有限资源竞争者；第二，他们的生活负担很重，他们必须像转动的齿轮那样按步骤开展一年的耕作计划和活动，一旦计划瞬间发生改变就会威胁到往后所有的事情；第三，他们的土地只能保证他们获得足以维持生计的产品，尽管这种状况会对他们的商品作物产生不利影响；第四，社区内的宗亲联系及互帮互助能缓和社会脱臼所带来的冲击；第五，不同的农民，尤其是贫农之间的利益要求不同而影响他们参与结盟、与外界接触；第六，农民长期被排斥在村庄事务的决策之外，令他们不懂得该采取什么适当的行为清楚表达他们的利益要求。因此，农民往往仅仅是政治斗争的消极观众，或是做着宗教的美梦，期待千禧年或是哪个善良的神来拯救他们——这就是传统保守的农民，也正是震惊世界的农民革命的主要行动者，这不是个悖论吗？

沃尔夫认为，保守的农民会参与到革命中，那肯定是农民的境遇恶化了，这恶化的原因，正是上述三大危机。人们为了改善生活条件，在外部力量的支持下，便会站起来造反。这里所谓的外部力量，如墨西哥尤卡坦半岛的立宪主义武装力量，1917年俄国军队倒戈所导致的大量持械返村的军人，中国的红军。但是，最终使农民具有革命性的关键因素在于他们的能力，革命无法始于完全无能的处境，无能的人们是最容易牺牲的人。

一方面,贫农或是无地劳动力的生活来源多半是依靠地主,他们都没有土地和其他资源,也就没有必需的资源支持他们进行权力斗争,他们不太可能寻求革命这条出路,除非他们能找到可依靠的外部力量去挑战现存的压迫他们的力量——在出现了外部力量的地方,贫农和无地劳动力就有活动的范围;而没有出现外部力量的地方,他们处于几乎完全被压制的地位;当然,这样的外部力量出现了。另一方面,富农也不可能反叛,他们的权力是派生的,只有当一个外部力量(诸如中国红军)证明自身有能力推翻原有的统治力量时,他们才会支持暴动。因此,中农受商品化经济的祸害最深的农民,他们面临人口增长、外来地主侵犯的压力和威胁,丧失牧草、森林和饮水的占有权,还受跌价和市场不景气、还贷和丧失抵押品赎回权的影响,使得他们抵制税收者和地主的剥夺。另外要注意的一点是,中农最容易受到发展中的无产阶级的影响。贫农和无地雇佣劳力没有土地依靠进城务工,而中农仍依靠土地生活并将子女送入城镇工作,中农陷入以农业为根、同时接受着"城市教育"的处境,这使得他们成为城市动乱和政治思想的传递者。因此,中农是农民革命的一支重要力量。①

在地域分析上,沃尔夫认为边缘小镇更倾向于发生抵抗中央独裁的反抗运动,而不论其是否居住的是农民。那些处于边缘地带的、在中央权力控制之外的贫苦农民,这样的地域定位增加了战术机动性(tactical mobility)。这一点在6个案例中已经证明了,墨西哥莫雷洛斯的农村、中国共产党长征之后建立在北方的根据地,以及越南义安省、阿尔及利亚的卡比利亚山区、古巴的奥连特省,这些地方的地势具有明显的战略优势,可为战斗提供可防御性阵地。此外,这些边缘地带的人们常常具有种族特性,种族特性加强了他们在反叛中的团结对外的一致性,他们特殊的语言也为他们的内部交流增加安全性。(各国革命地点和语言可参见表1)这样,自由的贫农就成了农民革命的另一支重要力量。

---

① 贫农是指那些在生活上主要依靠地主的、无地的农民;中农是指有地的并依靠家庭劳力来耕作的农民群体。参见本书第290—292页。

表1　　　　　　　　　　六国革命情况对比简表

		墨西哥	俄罗斯	中国	越南	阿尔及利亚	古巴
土地	传统社会中	公有	公有	土地可买卖，但视土地为传家之宝	公有	因特定的成员身份而获得土地	殖民地性质
	资本主义萌芽后	(1)商品化威胁农民获得公地；(2)入不敷出	土地改革和商品化威胁到农民获取牧场、森林和耕地的能力	商品化使粮仓中的屯粮当作商品出售了	(1)商品化威胁农民获得公地；(2)入不敷出	(1)商品化威胁农民获得公地；(2)打破了游牧民和定居民之间的平衡；(3)入不敷出	(1)商品化威胁农民获得公地；(2)入不敷出
人口	革命前	19世纪：580万	1796年：3600万	1775年：2.65亿	1820年：600万—1400万	1830年：300万	1800年：55万
	革命时	1910年：1650万	20世纪初：1.29亿	1917年：6亿	1962年：3050万	1963年：1050万	1953年：580万
统治者	革命时	狄阿兹独裁	沙皇独裁	蒋介石独裁	法国殖民统治	法国殖民统治	巴蒂斯塔(Batista)
革命领导人		(1)弗朗西斯科·马德罗；(2)萨帕塔		毛泽东			菲德尔·卡斯特罗
革命地点		莫雷洛斯州(Morelos)			义安省(Nghe An Province)	卡比利亚山区(Kabylia)	奥连特省(Oriente)
语言		印第安族那瓦特人的语言				柏柏尔语	带前古巴味的西班牙语

那么，为什么历史上那么多次农民叛乱都只能是叛乱，而不能成为革命呢？是什么因素在其中起作用？马克思对此有长期的研究，认为没有外

部领导的农民不能发生革命,沃尔夫认为本书的6个案例很好地支撑了这一观点。农民运动只是一个地方性事件,它发展成农民革命还需要外在力量的领导,仅仅依靠农民自身的力量,无法掌控国家、城市和社会的战略性非农业资源,国家机器对于他们来说只是一头冷血的"怪物",他们不懂政治,不懂国家大事。并且颇具悲剧色彩的是,革命之后工业化的进程却要终结农民传统的生活方式。农民革命发生在这样复杂的、已被卷入工业化和商品化的社会里,往往具有局限性,是不合时宜的。

20世纪的农民战争,已经不是农民们对社会变迁的简单回应,我们还需要关注另外一些关键因素:意识形态的发展和一些中间人物的出现。革命或是反叛不仅涉及社会结构、组织结构的变化,还包括人们的世界观和认知的改变。农民无政府主义、信仰与宗教或是秘密社会,这些思想通通为农民反叛增添了意识形态燃料。另外,中间人物,包括经纪人、较低层次的官僚以及老师,也包括被肢解了的旧社会秩序中的中间阶层的后代们,他们中的一些与中农共同组成了革命队伍,在其中担任政治领导人。农民们从自身内部产生领导者得到了保障,旧体制中所不存在的阶层流通渠道建立起来了,农民与领导者共同为革命努力的融合关系变得强化,正是这些使得革命成为不可逆转的趋势。

四 研究方法及评议

"对于人类学来说,沃尔夫的一个贡献就在于为人类学引入了历史的分析方法,它可以避免因专注于封闭社会和田野调查而产生的简单化倾向……作为一位人类学家,沃尔夫以其特有的历史视野和历史分析方法在推动人类学与历史学的交汇中成绩斐然。"[1] 因此,历史研究方法尤其是对宏观历史的研究在沃尔夫的农民研究中占有重要地位。

他在本书中采用二手文献资料研究法对墨西哥、俄国、中国、越南、阿尔及利亚及古巴6个国家在20世纪所发生的农民战争或抗争进行历史梳理。然而各国农民战争史中包含着各自的革命条件和革命因素,它们大多数是不一样的,沃尔夫采用历史比较法,分析比较各国革命的差异并从

---

[1] 张旭鹏:《文化、权力与世界历史——兼评埃里克·沃尔夫〈欧洲与没有历史的人民〉》,《史学理论研究》2007年第4期。

差异中找出相同之处：即资本主义的到来。郑宇硕和罗金义评论道：在沃尔夫的书中，"因变量是二十世纪发生，以农民为主体的起义和革命。为了寻找农民为何卷入革命运动的答案，在这本书里，沃尔夫比较了6个国家：墨西哥、俄国、中国、越南、阿尔及利亚和古巴。很明显，这些分布于各洲的国家在多数因素上是互不相同的，但它们都经历了一场农民革命。沃尔夫在不同中指出了相似之处。他发现，所谓北大西洋资本主义在这些国家都出现了。他认为，在资本主义入侵以前，这些国家基本还处于一种社会平衡状态。那时，农民将剩余产品交给统治者，统治者则为农民提供最基本的生存保障，这两者之间达成了一种平衡。但是，随着资本主义的到来，传统的社会关系瓦解了，每个人都被迫扮演自己不熟悉的角色。这样一来，以前的稳定就被打破了。不平衡带来了不满。不满的农民被迫揭竿而起。因此，正是那个北大西洋资本主义应被看作是造成社会动乱的自变量"。① 其实通过本文可以看出，沃尔夫所关注的不仅仅局限于"资本主义的到来"以及所导致的不平衡，沃尔夫的成就要宏大得多，他的眼光是如此的犀利，以至从"资本主义的到来"这个大环境中看到农民结构的分层、农民世界观的改变、中间人物所起的作用、地域的区别等诸如此类举足轻重的细节和差别，其细心独特的视角让人不禁赞叹不愧是一位伟大的人类学家！他的研究无疑为后人对农民革命的思考和研究开启了一扇天窗，不管是对其批评还是赞扬，至少都是因为沃尔夫的这部著作让人曾经"灵光一闪"。

在沃尔夫的研究方法上，我们还必须关注的是沃尔夫理论的基点，他从人类学的视角出发，将社会和世界看成是变化的、相互联系的整体，因此在本书中能清楚地看到沃尔夫立足于变迁，从变迁中得出结论。赵鼎新在《社会与政治运动讲义》一书中如是说："我们应当懂得，社会变迁是发生大规模社会运动和革命的必要条件之一（对于发生在西方民主国家的一些小型社会运动来说，社会变迁并不是一个必要条件）。在分析社会运动和革命的产生和发展时，我们的分析视角绝不能仅仅停留在社会变迁上，而应把其他对于社会运动和革命的产生和发展具有重要影响的因素也考虑进去。许多学者在这方面做了出色的工作，人类学家沃尔夫对农民革

---

① 郑宇硕、罗金义：《政治学新论》，香港中文大学出版社1997年版，第119页。

命的研究就是一个范例。"①

　　首先，赵鼎新对沃尔夫"静态结构性分析方法"弱点②的评议其实归因于文献研究法的弱点。文献研究法的优点和缺点都源于文献自身的特点。毕竟，文献研究是一种二次研究活动，是作者在依据自己收集到的资料进行分析，而后得出结论的研究过程。在这一过程中，收集资料不可避免受研究者主观偏见（如兴趣、立场、目的和意图等）的影响，使筛选的文献带有各种各样的倾向性（如有意识的收集对自己观点或论证有利的资料）。其次，作者毕竟不能真实接触到研究对象，只是针对二手文献的描述进行再研究，他缺乏事件本身的相关体验和背景知识，也就是说，在一定程度上，作者从文献中所得到的信息无异于是其在收集到的有限信息基础上，在自己头脑中重新构造出来的历史的重演。最后，二手文献是否能收集齐全，是否权威，也往往影响到研究结果的含金量。我们知道，许多文献是不公开、不能随意取得的（比如某些政府机构、社会组织内部的保密文件、记录、统计数字等），而有些公开的信息又往往失真（如"大跃进"时期的夸大汇报，加大了了解事实真相的难度）。如此种种，常常会使研究成果带有"牵强附会"等一些偏离事实真相的缺点。不过，综合而言，《二十世纪的农民战争》实属革命研究中的经典之作。

（徐程）

---

① 赵鼎新：《社会与政治运动讲义》，社会科学文献出版社2006年版，第82—83页。
② 赵鼎新认为："沃尔夫所采用的静态结构性分析法有着明显的弱点。以中国革命为例……沃尔夫理论中所指出的许多因素与中国革命早期的农民运动可能沾点边，但与共产党革命的成功却风马牛不相及。但不管怎么说，沃尔夫的分析虽然也是从结构变迁开始，但中间毕竟包含了社会结构变化、阶级联盟形成和意识形态产生等中介因素，从而避免了涂尔干视角中常见的那种一步到位、大而空的通病。"赵鼎新：《社会与政治运动讲义》，社会科学文献出版社2006年版，第82—83页。

《农业革命》* 学术述评

一 作者生平和主要著作简介

杰弗里·佩奇（Jeffery M. Paige）1960—1964 年就读于美国马萨诸塞州剑桥市哈佛大学，并获得文学学士学位。1964—1968 年就读于美国密歇根州安阿伯市密歇根大学，并获得博士学位。1967—1968 年任美国密歇根州安阿伯市社会研究所助理研究主任；1968—1976 年任美国加利福尼亚州大学伯克利分校社会学系助理教授；1976—1982 年任美国密歇根州安阿伯市密歇根大学社会学系助理教授；1992—1993 年任美国密歇根州安阿伯市密歇根大学社会组织研究中心代理主任，1993—1997 年任主任；1982 年至今任密执安大学社会学系教授。佩奇是美国社会学界"比较历史社会学"领域的重要人物。他的著作《农业革命》曾获得索罗金奖。

2001 年 6 月 18—22 日，首次"比较历史社会学"讲习班在清华大学举办。杰弗里·佩奇博士就该学术领域的主要理论模式、发展源流等问题进行了四次讲演并与中国同行进行了研讨。

杰弗里·佩奇主要著作包括：

（1）《集体暴力和服从文化：1967 年 7 月美国新泽西州纽瓦克市和密歇根州底特律市暴乱的参与者研究》（*Collective Violence and the Culture of Subordination*：*A Study of Participants in the July* 1967 *Riots in Newark*，*New Jersey and Detroit*，*Michigan*，1968）

---

* Jeffery M. Paige, 1975, *Agrarian Revolution*：*Social Movements and Export Agriculture in the Underdeveloped World*, Free Press.

(2)《农业革命：不发达国家的社会运动和出口农业》(Agrarian Revolution : Social Movements and Export Agriculture in the Underdeveloped World, 1975)

(3)《咖啡和权力：中美洲的革命和民主的兴起》(Coffee and Power : Revolution and the Rise of Democracy in Central America, 1997)

(4)《尼加拉瓜的革命和农业中产阶级》(Revolution and the Agrarian Bourgeoisie in Nicaragua, 1988)

(5)《中美洲的专制，民主和社会主义革命的社会起源》(The Social Origins of Dictatorship, Democracy and Socialist Revolutions in Central America, 1989)

二 本书的主要内容

对于西方社会运动和革命研究的生产方式，马克思主义流派同意：不同的生产方式会导致不同的阶级矛盾，有的阶级矛盾会导致革命，有的则只会引发改良型的社会运动。[1] 杰弗里·佩奇的《农业革命》就继承了生产方式的马克思主义传统，认为在土地所有者与耕作者之间形成的不同的生产关系会导致不同的社会矛盾，同时，在不同的生产关系下，土地所有者和耕作者各自对待社会矛盾的态度以及社会对这些矛盾的化解能力也不同，从而产生了不同的农业组织和社会反抗运动。

生产方式的马克思主义理论流派中的另一位代表性人物是美国历史社会学的鼻祖巴林顿·摩尔。摩尔在《民主和专制的社会起源》(1966)一书中主张，农业商业化程度的不同决定了一个社会的政治走向，当农业处于完全商业化时，一个国家就会走向民主，比如英国；当农业处于半商业化状态时，一个国家就会走向法西斯，比如日本；当农业商业化程度很低时，一个国家就会走向革命，比如中国。所以，摩尔把现代化的道路分为三条：英国、法国和美国的民主道路；日本和德国的法西斯道路；中国和俄国的自上而下的革命道路。摩尔试图通过这几个不同国家的生产关系及其相应的阶级矛盾来分析为什么这些国家会走上不同的现代化道路。

---

[1] 赵鼎新：《社会与政治运动讲义》，社会科学文献出版社2006年版，第96页。

《农业革命》对1948—1970年间70个不发达国家和殖民地的135个主要农业出口部门进行了研究，探寻在这些农业出口部门中农业组织类型与农村社会运动形式的经验性联系，并对秘鲁、安哥拉、越南进行个案研究，从而证明并发展了本书提出的农村的阶级斗争理论——非耕作者与耕作者之间形成的生产关系不同，它所造成的社会矛盾以及非耕作者和耕作者各自对矛盾的态度和化解能力也不相同。其中，最关键的因素是非耕作者和耕作者的经济收入来源。如果双方的收入都源自土地，那么，由于在这种生产关系（即传统农业）下土地产出的增加是有限度的，双方对农产品的竞争将是零和的。因此，非耕作者在经济上很难让步，政治上也非常强硬，同时，耕作者由于靠地吃饭而处于保守和分裂状态。一群思想上保守且合作能力很弱的耕作者面对强硬的土地所有者，所能采取的行动最多只能是一些没有明确目标的反叛。相反，如果非耕作者的收入来源于投资，而耕作者的收入来源于工资，那么，非耕作者就有可能通过技术改造而增加产量，耕作者则由于不靠天吃饭及相互间的合作关系而具有较强的组织能力和斗争精神。这样，就会出现激进的耕作者面对具有妥协性的土地所有者的局面，这就为改革型社会运动创造了条件。如果非耕作者的收入来源于投资，耕作者的收入来源于工资，这就是典型的现代农业的模式，在这种情况下，有组织的、激进的耕作者面对的是灵活的、较具妥协精神的非耕作者，这就为改良型社会运动创造了条件。根据佩奇的分析，最为激烈的政治斗争将发生在收入来自土地的土地所有者与靠工资吃饭的耕作者之间。在这种情况下，强硬的土地所有者面对的将是激进的耕作者，因而有可能发生革命。

佩奇认为农民在现代化过程中并不像摩尔所说的那样，只是一枚任由其他政治势力摆布的棋子，而是一个积极的社会行动者。他把研究视角转向了许多中小国家和地区的农民革命，并得出农业生产方式以佃农为主的地区最易爆发农民革命的结论。

（一）农村阶级斗争理论

1. 农村的阶级斗争理论

佩奇的理论可以用双变量—四形态分析表概括：

表1　　　　耕作者和非耕作者的收入来源类型及此类型
下的农业组织和社会反抗运动形式①

收入来源	耕作者收入来源于土地	耕作者收入来源于工资
非耕作者收入来源于土地	商业种植园 反叛 模式 A	分成制和劳动力流动耕种制 革命 模式 D
非耕作者收入来源于资本	小土地商业经营 改良 模式 B	农场 改良 模式 C

表1中耕作者的收入可能来源于土地，也可能来源于工资（实物形式或者货币形式）；非耕作者的收入可能来源于土地，也可能来源于投入的资本。从而形成了上面的四种模式。

根据佩奇的理论，模式 A 中，非耕作者和耕作者的收入均来自土地，这种情况下农民运动往往表现为反叛的形式。模式 B 中，非耕作者的收入主要从投入的资本中获取，而耕作者的收入主要来自土地，这种情况最有可能发生改良型的农民运动。模式 C 中，非耕作者的收入主要来自资本投入，耕作者的收入主要来自工资，这是典型的现代农业模式，在这种情况下，农民运动最有可能以社会改良为目标。模式 D 中，非耕作者的收入来自土地，耕作者的收入来自工资，这种情况下最容易发生革命。

2. 农村阶级斗争理论的分析逻辑

佩奇理论的分析逻辑：农业组织类型（收入来源的不同组合下形成的生产方式）—上下阶层的经济行为—上下阶层的政治行为—社会运动类型

为了更好理解佩奇的理论，我们需要对耕作者和非耕作者在不同收入来源下的经济行为和政治行为进行考察，从而探寻不同的社会运动反抗形式产生的不同深层机制。

---

① Jeffery M. Paige, *Agrarian Revolution*: *Social Movements and Export Agriculture in the Underdeveloped World*, 1975, Free Press, p.11. 下文来自本书的引用直接标注页码。

(1) 从非耕作者的角度

非耕作者的收入来源于土地时，他们基本依靠土地的租金、劳动力的税捐和土地所得的收益为生，同时除了土地作为固定资产外，他们一般不具有其他任何流动性资产。以土地为收入来源的非耕作者阶级依靠原始的农业技术进行生产，效率低下，他们依靠扩大土地面积的方法来增加财富，扩张权力。这就导致了土地的不断集中，逐渐形成了大地产制。大地产的不断发展逐渐使小土地持有者濒临解体。

非耕作者收入来源于资本时，他们主要依靠对加工设备、储存设备、交通和金融资本的控制来获得收入和权力，在一些情况下，农业上层阶级需要通过转让土地耕作权给小土地持有者，同时通过中间人和放债者获取收益。

表2　非耕作者在不同的收入来源下的经济行为和政治行为

收入来源	经济行为	政治行为	斗争焦点
土地	(1) 经济上相对比较软弱；(2) 依靠固定的劳动力供给；(3) 依靠传统的农业生产获得收入，生产力非常低下	(1) 完全依靠政治上的特权来获得对土地所有权的控制；(2) 劳动力被剥夺政治和经济上的权利；(3) 农作物产量有限，耕作者和非耕作者之间是零和博弈（zero-sum）（一方所得为另一方所失）	(1) 土地所得的控制和分配；(2) 冲突限于政治层面；(3) 阶级间妥协和缓和的余地较小
资本	(1) 依靠独立资本，经济力量强大；(2) 依靠自由的劳动力供给；(3) 通过资本投入来保证收入，农业生产力大大提高	(1) 较少依靠政治上对土地所有权的限制；(2) 赋予劳动者一定的经济和政治权利；(3) 可与农民分享的收益增加，耕作者和非耕作者之间是非零和博弈，(non-zero)（双赢）	(1) 收入的分配；(2) 冲突限于经济层面；(3) 阶级间妥协和缓和的余地较大

从耕作者的角度来看，如果其收入主要来自土地，在传统的农业生产方式下，生产力非常低下，无论怎样精耕细作，单位面积土地产量的增长空间仍然十分有限，这时候，耕作者和非耕作者之间是零和竞争的关系，你拿得多一点，我就拿得少一点。为迫使农民在自己的土地上干活，他们

必须剥夺农民的权利，通过政治手段或者用特权把劳动力固定在土地上，与耕作者妥协和缓和的余地很小，在这种情况下，斗争的焦点主要集中在土地产出的分配问题上。

如果非耕作者的收入主要来自资本，在现代的生产方式下，产量的提高主要通过资金投入来保证，农业生产力大大提高，所以非耕作者可以通过改进技术来提高产量，耕作者要求提高待遇虽然会增加生产成本，但是可以通过改进技术来保证甚至提高利润率，这是一种双赢的非零和博弈，为相互妥协和社会改良提供了基础，而且农民工人的劳动力价格是由市场决定的，非耕作者没有必要运用政治手段把农民固定在土地上，农民可以自由流动，这样非耕作者对于农民的政治诉求就会有一定的容忍，阶级间妥协和缓和的余地相对于收入来源于土地的非耕作者较大，这时斗争的焦点仅限于经济层面的问题。

很明显，不同的生产关系会导致不同的社会矛盾和斗争焦点，那些局限于土地所得和政治权力的争夺和分配的生产关系具有爆发暴力革命的可能性。但是，革命真正的发生，不只是在于非耕作者的政治和经济行为，也在于耕作者政治力量的强弱，如果耕作者是分裂的和弱小的，再软弱的非耕作者也可以通过政治镇压和控制等方式来平息革命。因此，对于耕作者在不同的收入来源下经济行为和政治行为的考察就十分必要。

（2）从耕作者的角度

表3　耕作者在不同的收入来源下的经济行为和政治行为

收入来源	经济行为	政治行为	政治力量
土地	（1）缺少风险意识，遇到危险只是一味地逃避；（2）农民间存在零和竞争的关系，往往各自为政，成立政治组织的内在驱动力不足；（3）对土地所有者有较强的依赖性	（1）对政治革命采取消极抵制态度，比较保守；（2）个人主义的行动方式；（3）缺乏政治上的凝聚力，团结性差	弱小分散
工资	（1）有风险意识，对革命有较强的接受能力；（2）农民工人可以自由流动，现代农业工人之间的协作精神提供了成立政治组织的驱动力；（3）相对于土地所有者，独立性较强，对土地的依赖性小	（1）政治上比较激进；（2）集体主义的行为方式；（3）政治凝聚力强，有很好的组织性和集体认同感	强大集中

从耕作者的角度来看，当其收入来自土地时，由于传统的农业生产方式导致生产力水平低下，农民都是靠地吃饭，所以他们与土地的联系相当紧密，作为固定土地上的固定农民，具有较强的保守性，再加上传统农业总产出有限，农民之间存在很强的零和竞争关系，因此，他们往往各自为政，互不干扰，合作的可能性微乎其微，在这种情况下，农民的政治力量就相对弱小。

相反，如果耕作者收入来自工资，那么农民实际上就相当于农业工人，他们对土地没有依赖性，自由的市场流动培养了他们敢作敢为的精神，并且由于相互之间的协作关系具有很好的组织性、独立性和集体认同感，所以他们的政治力量相对强大。

总的来说，第一，以土地为收入来源造就了顽固的地主，他们通过对土地所有权进行控制，取消农民公民权等方式来保持对社会资源和政治资源的非均衡占有；第二，以资本为收入来源造就了开明的资本家，他们通过资本收入提高劳动生产率，从而为阶级之间的相互妥协提供了基础；第三，以土地为收入来源造就了软弱的农民，耕作者由于不能自由流动，对土地有较强的依赖性，所以相对比较保守，缺乏政治上的凝聚力和认同感，从而阻止了政治组织的产生；第四，以工资作为收入来源造就了独立的农业工人，在市场中他们培养了较强的协作精神，具备政治上的凝聚力和团结意识，所以政治组织能得到不断发展。

表1和表2是佩奇提出的六个假说性机制，这种假说性机制建立在土地"投入—产出"的基础上，向我们展现了耕作者和非耕作者在不同的收入来源下的政治行为和经济行为，虽然这六个假说只是佩奇联系农业组织类型和社会运动形式的中间机制，但是对耕作者和非耕作者在不同的收入来源组合下的政治行为和经济行为的考察有助于我们更好地理解每种组合下的农业组织类型和社会反抗运动形式，并探寻两者之间的经验性关系。

(3) 耕作者和非耕作者按照不同的收入来源可以有四种不同的组合模式：模式A (land and land)，模式B (capital and land)，模式C (capital and wage)，模式D (land and capital)。

模式A：(land and land) 非耕作者和耕作者的收入均来自土地，这种情况下农民运动往往表现为反叛的形式。这种收入来源的组合形式一般在商业种植园中比较常见。原始的商业种植园很少引进先进的加工设备或合作资本,所以上层阶级的收入来源于土地。传统的商业种植园中的非耕作者阶级依靠土地作为主要的收入来源,所以上层阶级不能也不愿意对下层阶级作任何政治上或经济上的妥协,他们是难以驾驭的、顽固的,商业种植园主扩大生产的方式不是通过资本投入,而是通过不断地扩张土地,他们与非耕作者阶级形成了零和竞争的关系。而耕作者是保守的、缺乏合作意识和政治凝聚力的个体。他们的主要诉求是获得土地,缺乏长期的政治和社会目标,也难以形成有效的政治组织,在这种情况下农民进行政治运动的可能性很小,即使有也是一些持续时间较短、危害性较小、组织性较差的反叛而已。佩奇给农民反叛下了个定义,"以获取土地为目的的短暂的、集中的社会运动,但缺乏长期的政治目标"。(p.43)

但是农民反叛并非不可能成功,当下层阶级在可以获得外部政治组织资源援助的情况下,农民反叛是可以成功的。James Petras 和 Maurice Zeitlin 认为智利发生的农民激进主义运动发生在接近于矿业中心的地区,在那里,左翼工会提供了农民缺乏的组织资源。1960—1964年伯尔南布科(巴西东北部一省)的农民运动也得到了天主教会的援助。一般来说,外部组织资源是由社会主义或者改革主义政党提供的。这些政党不仅提供了农民缺乏的组织框架,而且削弱了上层阶级对政治体系的控制。委内瑞拉、玻利维亚、巴西、智利、墨西哥、秘鲁和危地马拉的农民运动都得益于社会主义或者改革主义政党的出现。

实际上农民反叛的策略和目标并不是由农民的经济处境决定的,而是由上层阶级的政治行为决定的,上层阶级的顽固和不妥协导致依靠非制度化途径争夺土地成了农民的唯一选择。事实上,就是在反叛成功后,农民也很少是真正的受益人,通常是改革性的政党填补了地主留下的政治真空,农民一如既往是分散的个体,政治上冷漠,缺乏组织力量。

秘鲁安第斯山脉地区的棉花出口主要以种植园模式为主,安第斯山脉地区的农业类型主要是土地密集型的,机械化程度低,从印加文明时期就很少有技术上的革新,这些种植园主要依靠强迫性的奴隶进行劳作,并且受到上层阶级的高压控制,随时面临被逐出、被监禁的危险。因此种植园主扩大生产的方式不是通过改进技术而是通过不断的侵占土地。1963年7月,贝朗德·特尔里当选为秘鲁共和国总统,并致力于土地改革,掀起了农业运动的高潮。由于农民运动的目标是关于土地产出的分配和土地的占有，但是这些农民运动一般是在农民自发组成的社团领导下，缺乏组织性，缺乏长期的政治目标。所以，一旦他们的要求得到满足，就没有兴趣采取更进一步的政治行动，因此在安第斯山脉地区通常发生的是农民反叛。从秘鲁的案例中我们可以看出农业运动一般发生在中央政府由致力于土地改革的改革性政党出现的时期。

模式 B：(capital and land) 非耕作者的收入主要从投入的资本中获取，而耕作者的收入主要来自土地，这种情况最有可能发生改良型农民运动。这种收入来源的组合方式一般在小土地商业经营中较为常见。小土地持有者的收入主要来源于土地，由于他们拥有土地的所有权，所以尽管受到中间人的盘剥，但是可以运用农业技术来确保土地收入的不断增长，他们在政治上相对保守，成员内部的经济竞争、财富分层和结构上的孤立也不易形成强大的政治组织。

但是，由于经营规模狭小，缺乏积累和储备的能力，经不起风吹浪打，再加上遭受严重自然灾害，多数农民家庭就会陷于贫困，失去土地或破产流亡。所以，这种小土地商业经营组织模式又是很不稳定的，具有脆弱性，这时他们往往会倾向于支持政治运动。在小土地商业经营中的上层阶级一般是经纪人、放债人或者投资家，他们并不依靠与小土地所有者争夺土地所得或者剥夺小土地所有者的权利来获得收入，而是主要依靠放债或者销售作物为生，由于收入较为稳定，所以他们一般对小土地持有者的农业组织有较强的容忍性，两者之间的关系是非零和的。这样上层阶级和下层阶级的阶级关系就相对缓和，妥协的余地也较大。所以，在农业产出骤减的时期，小土地持有者一般倾向于反抗中间人的盘剥，但是由于上层阶级的灵活性，在小土地商业经营中一般都发生改良型的社会运动，这些改良运动发生的可能性是由小土地商业经营对市场的敏感度决定的，敏感度越高，发生商品改良运动的可能性越大。

改良型农业商品运动通常包括以下几个特点：第一，以控制农业商品市场为目标（主要包括要求政府控制中间人对农民的盘剥，要求政府控制市场价格等方面）；第二，没有提出重新分配土地财产或者是推翻某个政权等激进的要求；第三，目标有限，策略温和。(p.48) 商品改良运动的参与者也需要与社会主义和民族主义的政党结成联盟，但是，这种情况很少发生，即使结成联盟，也提不出激进的政治和经济要求。萨斯喀彻温省（加拿大西部省份）的农民运动中，农民除了要求控制市场之外就没有其他激进的要求。

模式 C：（capital and wage）非耕作者的收入主要来自资本投入，耕作者的收入主要来自工资，这是典型的现代农业模式，在现代的大农场中较为常见。农民运动最有可能以社会改良为目标。在这种模式下，激进的、有组织的、阶级意识鲜明的农业工人面对的是做出一定妥协和让步的、在经济上十分强大的上层阶级，由于上层阶级的灵活性和强大的经济实力，他们倾向于把农业工人激进的革命转化为温和的改良运动，斗争焦点集中在工资或者生活条件提高等方面。

强大的工会和工人改良运动在印度、锡兰、巴基斯坦的茶叶农场，中美洲的香蕉农场，加勒比海和南美洲低地地区的糖类作物农场中都很常见。例如，秘鲁的海岸地区以糖类作物为主的大农场就是通过科学灌溉和机械化方式进行生产，并通过对机器、肥料和灌溉设施上的不断投资来提高劳动生产率的。在 1996 年，海岸地区的农业出口部门只雇用了不到 4% 的劳动力，其创造的农业生产总值却占全国的 40%。在农场发生的一般都是工人运动，比如工会组织的工人罢工，罢工的目的一般都是有关工资、待遇等经济方面，很少涉及政治层面，比如推翻政府或者剥夺农场主的财产所有权等激进行为，这很大程度上在于依靠资本的上层阶级强大的经济力量使他们具有较强的灵活性，对工人的经济诉求有较强的容忍性，所以在海岸地区一般发生的是工人改良运动。

在这个模式中，有三个主要因素决定了工业上层阶级政治行为的灵活性：第一，他们的经济和市场能力包括对市场的控制和占有资本量的大小；第二，他们对领取工资的劳动力而不是奴役性劳力的依赖；第三，农业收入的不断增长和农业技术的不断改进，这三个因素的不同决定了上层阶级灵活性的差异。这三个方面的表现越弱，工业上层阶级的行为就越类似于依靠土地为收入来源的上层阶级。通过对锡兰的茶叶农场和马来半岛的橡胶农场的对比，锡兰的茶叶农场相对于马来半岛的橡胶农场对市场的控制和资本占有量较大，主要依赖于自由流动的劳动力供给，农场的收入不断提高，农场不断更新技术，引进先进的生产设备。

由此可见农场的资本化程度是决定工业上层阶级灵活程度的关键因素，资本化程度越高，工业上层阶级的行为就越灵活，反之亦然。

模式 D：（land and capital）非耕作者的收入来自土地，耕作者的收入来自工资，这种情况下最容易发生革命。在这种模式下，激进的、有组织的、阶级意识鲜明的农民面对的是顽固的上层阶级，他们不愿意妥协，依靠政治上的特权攫取经济上的利益。上层阶级在经济上的软弱性和政治上的顽固性使暴力革命成了下层阶级的唯一选择。这种收入来源组合模式常见于以下两种农业组织形式，在这两种不同的农业组织下的革命类型是有差异的，这种差异主要是市场对传统结构的不同影响导致的。

第一，分成制（sharecropping system）。

分成制是指地主出租土地时，规定佃户每年以收获总额按成交纳地租。在传统农业社会中几乎没有商品的出口，所以地主对佃农生产所得的剥削仅限于能满足其消费的需求，但是随着商品出口经济的不断发展，地主和佃农之间逐步转变成了以分成制为主的商业契约。地主通过对佃农施加压力，索取高额的生产利润，并迫使农民种植有价值的农作物来满足出口市场的需求。在分成制下，虽然地主和佃农是商业契约关系，但是这种契约一般只是单方面的，只有地主有权力修改其中的条款，他们利用政治上和经济上的优势地位剥削佃农的剩余价值，获取高额利润。由于生产资料全部是地主的，同时产量的高低又直接关系到地主的收入，所以地主必然会对佃户的生产过程进行监督和干预，实行超经济强制。市场的不断发展逐渐使地主和佃户分离为相互对立的阶级，佃户为地主耕种土地，地主把佃农的劳动所得的大部分归为己有，小部分给劳动者，佃农在与地主的纠纷中没有法律保障和个人权利，对土地占有极不稳定，随时可能被地主解雇，所以地主和佃农之间逐渐形成了一种零和竞争的关系。由于佃农的任何产出都会被地主无情地剥夺，在农业生产中的改进也只是提高了农作物的市场价值，这种改进使地主获益，而佃农从中得不到任何好处，所以佃农在生产中就没有了运用新技术的经济驱动力，例如在印度，那些"自由的佃农"可能随时被地主解雇。在缅甸独立之前，农民经常游走于土地之间，每到一块土地，最终都会因为陷入债务危机或者破产而离开。所以佃农对土地占有的不稳定性是在分成制中长期存在的问题。在这种模式下的佃农类似于农场中领取工资的工人，他们不依赖于土地，具有阶级同质性，相互依赖。在分成制下地主对佃农的残酷剥削逐渐使地主和佃农形成经济上对立鲜明的阶级，农民是没有土地的无产阶级，因此他们通常联合为一个阶级抵抗地主对佃农的残酷剥削。在这种阶级划分鲜明的社会结构下发生的革命通常是无产阶级的革命。毛泽东1927年在对湖南的考察中也发现了种植水稻的佃农具有组成激进的农业组织的潜在可能性。

通过对越南的个案研究，佩奇发现了南部地区的湄公河三角洲地区水稻出口经济中的分成制与无产阶级革命的经验性关系。湄公河三角洲地区的水稻生产主要是分散的分成制模式，地主依靠剥削佃农的劳动所得扩大自己的生产规模，佃农的生活非常困苦，有时候一年的劳动所得几乎全被地主剥夺，难以维持生计。地主和佃农之间逐渐形成了经济上相互对立的阶级。地主的收入完全来源于土地，所以他们倾向于采取政治上的高压对农民实施剥削，但湄公河三角洲地区佃农的分散性有效地削弱了地主的权力，由于佃农的分散性和中间人对加工过程的控制，尽管地主可以占有大部分的劳动所得，但是他们不能直接控制灌溉用水、农作物销售和加工等过程，也不能有效地对佃农实行直接的经济上的制裁。所以湄公河三角洲地区的水稻出口经济中逐渐形成了一个阶级色彩鲜明的、有组织的农民阶级和经济上软弱、政治上强大、但对佃农控制较为分散的地主阶级。1957—1958年间民族解放阵线联合无地的农民进行了一系列反抗地主阶级剥削的运动，这些运动大多以佃农联合的阶级色彩浓厚的社会主义运动为主。

第二，劳动力流动耕种制度（the migratory labor estate system）。

这种模式在殖民者入侵的时期比较常见。在劳动力流动耕种制度中的农民与佃农相比主要有两个方面的不同：首先，薪资的形式不同，这种制度下收入来源是货币而非实物；其次，与商品市场的联系不同。在分成制下农民种植什么作物是由地主来决定的，佃农需要种植有利于出口的农作物，在这种情况下，佃农不用直接面对市场的挑战，而是被整合到市场机制中去。在劳动力流动耕种制度下的农民的收入虽然来源于工资，但是他们在一定程度上还是要依靠传统的生存农业，他们通常花费大部分时间在传统的生存农业上，但是也经常不断流动到其他的大地产里进行劳作。农民对传统农业而非工资的依赖程度是由农作物的收获期和劳动力的流动性决定的。

在这种模式中的上层阶级就像分成制中的地主和种植园中的种植园主一样，他们在经济上比较软弱，依靠奴役性劳动力，依靠落后的农业技术，想方设法扩张土地，压低劳动力的市场价格，他们是顽固的，不妥协的。但是在这种模式下流动的劳动力并不像分成制下的佃农会采取激进的政治行动，由于他们大多还要依靠传统的生存农业，所以他们依靠生存农业的程度越强，就越类似于依靠土地作为收入来源的农民：保守、个人主义的行动方式、缺乏组织凝聚力,就越难以形成团结性的政治组织。

另外,殖民地的劳动力流动耕种制度中较为倾向于发生暴力性的革命运动,在安哥拉、肯尼亚、阿尔及利亚反抗殖民者统治的运动中主要依靠的就是流动性的劳动力。在肯尼亚,大规模的土地特许权授予了英国殖民者,这迫使许多农民转变成靠工资维生的劳动力;在阿尔及利亚,法国殖民者也把大部分的土地分给了法国的国民,许多肥沃的、适于灌溉的优质土地都被法国殖民者侵吞了,同时殖民者还规定了一系列的税收来满足其对劳动力的需求。由于农民力量的分散和软弱,就需要外部组织力量的援助,在劳动力流动耕种制度中,农民通常依靠传统的农业精英的组织援助。但是这种情况一般发生在殖民者的大地产制威胁到传统农业精英的生存和政治特权的扩张中。例如在肯尼亚的矛矛党反抗英国殖民者的统治革命中,殖民者咖啡种植园的不断扩张破坏了传统农村上层精英的特权,他们最终提供了流动劳动力缺乏的组织资源,促进了反抗英国殖民者的革命的发生。由此可见,在这种模式中发生的革命一般是民族主义革命,革命的主体不仅包括农民,还包括地主等农村传统的上层阶级。

对安哥拉进行的个案研究,主要研究了安哥拉在葡萄牙殖民统治期间的咖啡出口经济中所发生的民族主义革命,从而探究劳动力流动耕种制度与民族主义革命之间的经验性关系。1950—1960年安哥拉咖啡出口经济的迅速发展导致了殖民者对非洲土地的征用和兼并,殖民者利用政治上的高压政策大量侵占农村的土地,大量农民失去生活来源,生活困苦,劳动力流动耕种制度由此形成。葡萄牙殖民者的入侵破坏了安哥拉传统农村的经济基础形式,他们实行的土地政策和劳动力政策不仅破坏了传统的小土地持有者对农业产品的占有和购置新的土地的可能,也威胁到了传统农村上层精英的政治权力,一些小的咖啡种植商的生存受到了殖民者的威胁。经济上的这些变化为利益受损的阶层联合起来反对殖民统治提供了契机。所以,在安哥拉迅速发展的经济和葡萄牙殖民者的不断入侵中最终导致了持续性的民族主义革命的发生。由此可见,咖啡出口经济的发展所导致的经济和政治上的变动是发生民族主义革命的主要原因。

综合上述两种类型,我们可以看出市场对传统农村社会结构的不同影响导致了不同的农业革命形式。在分成制下,市场出口经济的发展逐渐使地主和佃农变成了经济上相互对立的阶级,农民逐渐转变成了一无所有的无产阶级;而在劳动力流动耕种制度下,市场的发展不仅没有使地主和传统农业精英产生尖锐的对立，反而使他们结成了联盟，因为这时传统的生存农业模式已被殖民者破坏，农民越来越难以抗衡强大的资本主义经济的冲击，而农业精英的处境也每况愈下，他们在农村传统的政治权力受到了殖民者的威胁，殖民者利用有利土地政策和劳动力政策盘剥传统农村经纪人的收益，这就为各阶层联合起来反对殖民统治提供了契机。

表 4　耕作者和非耕作者在不同的收入来源组合模式下的表现形式

收入来源的不同组合	农业组织形式	社会反抗运动形式	斗争焦点	斗争策略	发生条件
模式 A（land and land）	商业种植园	农业反叛	地产的再分配	土地扩张	社会主义或者改革性的政党削弱了上层阶级的权力并提供了农民缺乏的组织资源
模式 B（capital and land）	小土地商业经营	商品改良	农业商品市场的控制	有限的经济反抗	小土地商业经营对市场的敏感程度越高
模式 C（capital and wage）	农场	工人改良	有关提高工资或者改善生活条件等有限的经济诉求	罢工	工业化种植园
模式 D（land and capital）	分成制或者劳动力流动耕种制度	革命	通过夺取国家政权进行地产的重新分配	游击战（共产主义或者民族主义意识态）	分散的分成制地区或者殖民者的大地产制

实际上，这四种模式中的农业组织类型并不是单一的，每种收入组合模式下都不仅包含一种主导的农业组织类型，而且还会有许多变种或者与其他收入组合模式下较为相似的临界类型。比如，秘鲁的安第斯山脉地区和海岸地区虽然同为种植园，但却有很大的异质性，种植园的机械化水平和生产合理性的不同导致了非耕作者阶级行为的不同，海岸地区的种植园主相对于山脉地区来说对农民组织和诉求有较高的容忍度和接受度，从而

造成了安第斯山脉地区相对于海岸地区发生农业反叛的频率较高。又如，分散的佃农耕作制度相对于集中的佃农耕作制度更容易导致革命的发生，这是因为在分散的分成制中地主对佃农的控制力相对弱小，从而为佃农革命提供了有利的条件。第二、第三、第四、第五章对每种模式下的农业组织类型及其变种都进行了详尽的分析。

同时，除了收入来源组合对社会运动的类型产生影响之外，还有许多外生性的因素在其中发生作用。比如，越南北部和中部的农民收入随着当地生态环境的恶化和土地面积的不断缩小，变得更加趋于保守；而自然灾害的发生和巨大的政治变动也可能使农民由保守变为激进；改良主义或者改革主义的政党的上台也可能为其提供下层阶级所缺乏的组织资源，从而有利于下层阶级社会运动的成功。总之，除了收入来源的不同之外，这些外生性因素都会对上层阶级或者下层阶级的行为产生影响，从而影响社会运动的类型。实际上，土地所有者和耕作者的经济收入来源是他们所形成的生产关系中最关键的作用机制，佩奇分析的过程就是由这一主要机制不断引出了其他低层次的机制的过程。

（二）研究对象

本书主要对1948—1970年间70个不发达国家和殖民地的135个农业出口部门占主导地位的农业组织和这些出口部门中发生的社会反抗形式进行研究。

1. 农业组织类型的测量

表5　　　　　　　　　　出口农作物和农业组织

出口农作物	农业组织						
	CH	SC	MLE	PL	SH	其他	总计
剑麻	0	0	0	2	0	0	2
茶	0	0	1	5	0	0	6
糖	1	0	0	5	2	1	9
棕榈树	0	0	0	2	0	0	2
橡胶	0	0	0	7	1	0	8
椰肉	0	0	0	0	2	0	2
香蕉	1	0	2	3	1	0	7

续表

出口农作物	农业组织						
	CH	SC	MLE	PL	SH	其他	总计
葡萄	0	0	3	0	2	0	5
咖啡	9	0	7	1	9	0	26
可可	2	0	0	0	5	0	7
棉花	5	7	0	0	4	2	18
烟草	0	1	2	0	4	0	7
水果和坚果	0	2	0	0	4	0	6
花生	0	1	0	0	2	0	3
蔬菜	0	3	0	0	3	0	6
谷物	0	8	1	0	4	0	13
牲畜	1	0	2	0	2	0	5
其他	0	0	0	0	3	0	3
总和	19	22	18	25	48	3	135

资料来源：《农业革命》第83页。

本章首先对70个不发达国家和殖民地的135个农业出口部门进行归类，如表5，在出口作物的选择上设定了一系列的标准，以确保把尽可能多的对政治具有潜在影响的出口作物都包括在内。

本书第一章所列举的五种农业组织形式虽然并没有穷尽所有的农业组织类型，但是在1948年只有三种模式不属于以上这五种模式，在1970年也只有两个不属于以上五种模式。所以我们可以说，以上五种类型基本上概括了1948—1970年间70个不发达国家和殖民地的135个农业出口部门中占主导地位的农业组织类型。1948—1970年间这些农业组织类型基本是稳定的，没有发生太大的变化，原因主要有以下几个方面：第一，农业组织相对于工业组织来说，经济上和技术上的变化较小。第二，这些农业组织在国家占有重要的地位。农作物出口是农业国家政府收入的主要来源，所以任何价格上的波动（更别说农业组织类型的变化）都将对整个国家的经济产生恶劣的影响。比如肯尼亚发生的矛矛党人独立运动就对国内咖啡和茶叶的出口带来了巨大的冲击。第三，农业组织类型的改变受到巨大的政治上和社会上的阻力。比如地主和军队结成联盟可能扼杀正在进行的土地改革运动。由此可见，从不稳定趋向于稳定是农业组织的发展趋势。

2. 社会运动类型的测量

1948—1970 年间 70 个不发达国家和殖民地的 135 个农业出口部门中发生的社会运动类型主要来源于权威报纸报道的事件。但是这些事件要满足以下几个条件：第一，集中性（包括十人以上的参与者，或者以"起义""叛乱""罢工""革命"等词语而采取集体性的行动）；第二，非制度化的（非法的、未获得当地政府许可和支持的）；第三，包括团结性组织的参与。满足这些条件的社会运动总共有 1601 个，其中按照社会运动的斗争焦点和各阶级联合情况的不同主要可以划分为五种类型：第一，社会主义革命；第二，民族主义革命；第三，农业运动；第四，工人运动；第五，商品改良运动。

3. 农业组织类型和社会运动类型之间的关系

佩奇通过统计分析得出农业组织和社会运动的相关性，从而得出了农业组织类型和社会运动类型之间的相关关系。

表 6　　　　农业组织类型和社会运动类型之间的相关关系

农业组织类型	社会运动类型
分成制	社会主义革命
劳动力流动耕种制度	民族主义革命
商业种植园	农业运动
大农场	工人运动
小土地商业经营	商品改良运动

资料来源：《农业革命》第 105 页。

《农业革命》第三章（秘鲁）、第四章（安哥拉）、第五章（越南）的分析大致论证了本书开头的农村阶级斗争理论中提到的几种模式（小土地商业经营模式没有被考虑在内，因为在小土地商业经营模式中很少发生大规模的社会运动，只涉及一些较为温和的商品改良运动，而且个案研究中没有出现这种模式）。

（三）结论

土地所有者与耕作者之间形成的生产关系不同，它所造成的社会矛盾以及土地所有者和耕作者各自对矛盾的态度和化解能力也不相同。其中，最关键的机制是土地所有者和耕作者的经济收入来源（当然除了收入来源之外还有其他因素，比如环境变迁、外部援助等）。在不同收入来源下土地所有者和耕作者会形成不同的经济行为和政治行为，进而塑造了不同类型的土地所有者和耕作者，形成了不同的社会反抗运动形式。

具体如下：如果双方的收入都源自土地，那么，由于在这种生产关系下土地产出的增加是有限度的，双方对农产品的竞争将是零和的。这样，土地所有者在经济上很难让步，政治上也非常强硬，而耕作者由于靠天吃饭而处于保守和分裂状态。一群思想上保守且合作能力很弱的耕作者面对强硬的土地所有者，所能采取的行动最多只能是一些没有明确目标的反叛。相反，如果土地所有者的利润来源于投资，而耕作者的收入来源于工资，那么，土地所有者就有可能通过技术改造而增加产量，耕作者则由于不靠天吃饭及相互间的合作关系而具有较强的组织能力和斗争精神，这样，就会出现激进的耕作者面对具有妥协性的土地所有者的局面，这就为改良性社会运动创造了条件。如果土地所有者的收入来源于投资，耕作者的收入来源于工资，这就是典型的现代农业的模式，在这种情况下，有组织的、激进的耕作者面对的是灵活的、较具妥协精神的非耕作者，在这种情况下，就为改良型社会运动创造了条件。根据佩奇的分析，最为激烈的政治斗争将发生在收入来自土地的土地所有者与靠工资（实物或者货币）吃饭的耕作者之间。在这种情况下，强硬的土地所有者面对的将是激进的耕作者，因而有可能发生革命。

三 评价与批评

佩奇是美国社会学界"比较历史社会学"领域的重要人物，在《农业革命》中，作者使用了定性研究和定量研究相结合的方法，同时运用统计的方法对这些数据和资料进行分析，以探究农业组织类型和社会运动类型之间的经验性关系。

佩奇的这种历史比较分析的优势表现在如下方面：首先，用数目较少的个案来进行"系统的、背景制约式的比较（systematic contextualized comparisons）"。因为作者对自己所使用的个案非常熟悉，所以，能够将所考虑的变量放在个案的整体背景下进行讨论。通过对少数几个个案的分析，作者在历史和理论之间反复进行分析，或许也会形成新的概念，产生新的解释，或者利用个案所提供的新的信息来重新提炼已有的解释。通过这种系统的对比，"历史比较分析提供了经验数据和理论之间的对话，这种对话有着一般的定量研究的社会研究所没有的强度"。其次，个案虽小但有大量的观察。尽管作者在历史比较分析中所涉及的个案较少，但是一个好的历史比较分析在发展和检验理论的过程中会利用大量的观察，即可用的各种历史事件和过程，因此，较少的个案数目并不妨碍历史比较分析方法对理论进行反复多次的检验。最后，资料收集方法上的多元取向。历史比较分析既反对行为主义者对问卷调查的迷信，也挑战宏观理论，批评宏观理论常常阻碍人们了解隐藏在共同宏观结构下的巨大差别，因此，有相当多的历史比较分析将定量研究和定性研究方法结合起来进行使用。[1]

但是历史研究还是有局限性的，因为历史具有不可复验性，因而无法确定在新的情况下是否会有同样的结果发生，是否会得出与旧情况下相同的结论。此外，历史资料往往难以搜集完整，其本身的有效性难以判断。

在《社会与政治运动讲义》中，赵鼎新对比了摩尔的《民主和专制的社会起源》和佩奇的《农业革命》，他认为摩尔的理论里农民始终是体制外游移的可有可无因素，既可以被民主势力利用，也可以被邪恶的专制势力驱使，这是他文章的一大弱点。一个要素被摩尔宏大精妙的历史真相重现笔法忽略，他描写的都是大国的如何，小国在他文章里没有任何地位，他认为小国或地区的发展走势完全由大国左右，无所谓发展的规律。佩奇的《农业革命》一书弥补了这一缺憾，农民在他的书里来了个180度大转身，成为一个积极的行动者。佩奇的理论明显要比摩尔的明晰得多，他清楚农业生产方式对国家经济的影响，并且将这种影响提高到了前所未有的位置。只是佩奇还是循规蹈矩地遵从生产关系的架构，与摩尔对历史重现的信手拈来相比，少了一点社会学家的想象力。他的理论远没有前辈的波及深远。[2]

谢岳、曹开雄在《集体行动理论化谱系：从社会运动理论到抗争政治理论》一文中论述第三代革命理论家的挑战时指出，佩奇的《农业革

---

[1] 陈那波：《历史比较分析的复兴》，《公共行政评论》2008年第3期。
[2] 赵鼎新：《社会与政治运动讲义》，社会科学文献出版社2006年版，第106页。

命》只研究分析了秘鲁、安哥拉和越南，案例过于简单，无法验证他的分析方案，并且关于农业结构对于农民革命参与影响的研究得出了相互矛盾的结论。"虽然农业结构被第三代革命理论家看作是决定农民参与革命的关键变量，但是，农业结构的某些方面对农民革命行动的影响在不同的理论家那里结论各不相同。例如，佩奇认为，无地的农民最有可能参与革命行动。但是，沃尔夫的观点恰恰相反，他认为，不是无地农民而是中产农民（即中等程度的土地拥有者）才是革命行动的主要基础。"[1]

曾鹏、罗观翠在《集体行动何以可能？——关于集体行动动力机制的文献综述》中也提到了佩奇的《农业革命》，他们在文中批判了研究集体行动的结构主义视角，佩奇也被归为结构理论家，作者认为"结构主义理论家对社会结构情有独钟，他们的论述都是从宏大的社会结构（如资源分配、阶级结构、社会流动等）开始的，这样的安排隐含着这样一个理论预设，即社会结构是集体行动的本源，而他们也试图努力证明这样一种预设"。《农业革命》中"佩奇运用马克思的基本观点，分析了农业社会中的革命与其他形式的大众动员，认为农业劳动者冲突性集体行动的可能条件主要有以下几个方面：农业劳动者愿意接受激进意识形态，农业劳动者能够经历集体性团结，农业劳动者能够参加成功的集体活动等"。佩奇虽然对激进意识形态进行了论述，但他们都认为意识形态是由结构所决定的，并且是结构的必然产物。社会结构和集体行动的意识形态之间是否存在必然的因果联系？二者之间是否存在一个转化的中介过程？这个中介过程是否会改变二者之间必然的因果关联？[2]

总结研究者对《农业革命》的批评，佩奇的研究方法和分析路径可能存在以下值得进一步商榷的问题：

第一，作者把农村社会运动发生的原因主要归结于耕作者和非耕作者收入来源的不同组合以及由此而产生的不同阶级的政治行为未免过于狭隘。农村社会运动的发生是多重因素导致的结果，几乎所有的社会变迁包括经济、文化、技术、军事、人口、组织都会导致潜在的革命形势，佩奇

---

[1] 谢岳、曹开雄：《集体行动理论化系谱：从社会运动理论到抗争政治理论》，《上海交通大学学报（哲学社会科学版）》2009年第3期。

[2] 曾鹏、罗观翠：《集体行动何以可能？——关于集体行动动力机制的文献综述》，《开放时代》2006年第1期。

对于这些方面并没有进行系统详尽的论述。

第二，在本书后面的案例研究中虽然对每一种社会运动形式进行了进一步的划分，对于上层阶级和下层阶级的行为强度也进行了一定的区分，然而界限非常模糊，四种模式之间似乎有一定的转化，但对于这种转化的探讨及其是如何转化的则浅尝辄止。比如，作者提到了从商业种植园转变为大农场需要大地产制的破裂和传统农村贵族的清算，但是他并没有具体论述其中发生作用的机制。

第三，收集历史的片段资料，缺乏历史间纵向和横向的联系，不免片面性。同时，在既有的理论框架下进行历史比较研究缺乏灵活性。

（李岚）

逃离国家和文明的再界定

——评詹姆斯·C. 斯科特的《不被统治的艺术》*

2009 年，耶鲁大学著名人类学家、政治学家詹姆斯·C. 斯科特教授推出其新著《不被统治的艺术：东南亚高地无政府主义者的历史之一种》(*The Art of Not Being Governed: An Anarchist History of Upland Southeast Asia*)，通过描绘东南亚地区诸多民族主动逃离国家的过程，重新界定文明的含义。本书的思想可以从斯科特十多年前的一部著作《国家的视角：那些试图改善人类状况的项目是如何失败的》(*Seeing Like a State: How Certain Schemes to Improve the Human Condition Have Failed*, 1998) 可以看出一些端倪，在该书的导言中作者阐述道："最初我试图理解为什么国家看起来似乎总是'那些四处流动人群'的敌人。在东南亚，流动的刀耕火种的山民为一方，种植水稻的山谷王国为一方，上面的判断助于理解两方之间存在的由来已久的紧张。这已经不是简单的区域地理问题。游牧民和放牧人（如柏柏尔人和贝督因人）、狩猎者和采集者、吉普赛人、流浪汉、无家可归者、巡游的工匠、逃跑的奴隶、农奴，往往被国家看作是眼中钉。将这些流动的人口定居下来（定居化）往往成为长期的国家项目——之所以是长期的，部分原因也在于这些项目很少有成功的。……我最近发现，《水浒》中充满了真知灼见，它表明在国家压迫下，人迹罕至的山地如何成为人们避难和复兴的场所。这一经验在很多方面也适用于我所研究的东南亚大陆山地和河谷之间的关系。"[①]

---

* James C. Scott, 2009, *The Art of Not Being Governed*, New Haven: Yale University Press.

① 詹姆斯·C. 斯科特：《国家的视角：那些试图改善人类状况的项目是如何失败的》，王晓毅译，社会科学文献出版社 2004 年版，第 1 页。

在《不被统治的艺术》中,作者从一种"非国家的视角",延展了上述思维,并进行了充分的论证,雄辩地证明:人们之所以选择人迹罕至的深山老林,是他们主动逃避国家控制的结果,而且,他们也拥有属于自己的文化,文明的含义必须被重新界定。

本书在出版后一年内获得了诸多荣誉,包括美国出版商协会专业和学术出版部颁发的 2009 年政府与公共事务类图书美文奖(PROSE Award in Government & Politics, presented by the The Professional and Scholarly Publishing Division of the Association of American Publishers)、《前言》杂志颁发的 2009 年度政治科学类著作三等奖(Bronze medal winner of the 2009 Book of the Year Award in the Political Science category, presented by ForeWord Magazine)、被《原因》(Reason)杂志主编 Jesse Walker 选为 2009 年最好的书、福冈亚洲文化奖委员会颁发的 2010 年福冈亚洲学术奖(Winner of the 2010 Fukuoka Asian Academic Prize, given by the Fukuoka Asian Culture Prize Committee)、康涅狄格图书中心授予的 2010 年非小说类康涅狄格州图书奖(A finalist in the category of Nonfiction for the 2010 Connecticut Book Award, given by the Connecticut Center for the Book)、美国历史协会颁发的 2010 年费正清图书奖(Winner of the 2010 John K. Fairbank Book Prize, given by the American Historical Association)、亚洲学会颁发的 2010 年伯纳德·施瓦兹图书奖(Winner of the 2010 Bernard Schwartz Book Award, given by the Asia Society)[1]。如此多的荣誉,进一步证明了本书的学术价值。

一 对詹姆斯·C. 斯科特教授学术成就及其影响的简介

关于詹姆斯·C. 斯科特(James C. Scott)教授本人及其代表作品和思想,另外一篇文章《底层政治的"对话者"——对斯科特代表著作及思想的评述》将对斯科特的生平和著述作较为详细的介绍,本文重点强调与本书有关的学术背景和影响。

---

[1] http://yalepress.yale.edu/yupbooks/book.asp? isbn = 9780300152289,2011 年 1 月 24 日访问。

斯科特教授的代表作包括被称之为"小农三部曲"的《农民的道义经济学：东南亚的反叛与生存》《弱者的武器：农民反抗的日常形式》《统治与抵抗的艺术：底层群体的隐藏文本》，以及《国家的视角》。研究的区域集中于东南亚的马来西亚、越南、缅甸等地，其一以贯之的写作历程被学界诙谐地评价为"马来西亚的农人，世界各处的农人，世界各处的各种人"。2005年，他的学生克弗列特根据在越南长时间的田野调查，写成《日常政治的力量：越南农民如何改变国家政策》，将斯科特的研究进一步向前推进。①

斯科特教授的上述作品跨越了人类学和政治学等多学科领域，他擅长用人类学的写作手法，去探究底层政治群体的精神世界和政治行为选择。这种研究方法被赵鼎新称之为"解读传统"的研究方法，即以斯科特为代表的以提出一个或若干个解读性概念为起点和最终目标，并以这些解读性概念作为其关键理论的工作。②

斯科特教授与中国也有很深的渊源，最初曾想成为中国问题专家，其研究生涯始于1962年，当时访问中国是不可能的，所以他转向东南亚研究。2007年12月，斯科特先生来到北京，访问了中国社会科学院农村发展研究所。于建嵘等国内学者与斯科特就底层政治与社会变迁等问题进行了交流，涉及公民如何理解社会公正、底层抗争为精英行动设定边界、底层抗争为何会发生、国家对农村社会的控制和管理等话题。③

斯科特教授的作品也对中国学界关于底层民众的研究产生了深远影响，斯科特的研究体现出对底层人民强烈的人文关怀，他对农民行为选择和精神世界的探索在实践层次上是不断推进的。斯科特的农民抗争思想形成了中国学界关于农民维权活动理论解释的"斯科特传统"，于建嵘说："对于当代中国农民维权活动的解释框架目前主要有两种，即斯科特的

---

① 何宏光：《来自底层的反抗：东南亚农民研究的三个关键词》，《东南亚研究》2008年第1期。
② 赵鼎新：《社会与政治运动讲义》，社会科学文献出版社2006年版，第6页。
③ 白文静：《斯科特农民日常反抗思想的研究》，硕士学位论文，浙江大学传媒与国际文化学院2009年版，第5页。

'日常抵抗'和李连江和欧博文提出的'依法抗争'。① 他自己在"依法抗争"基础上提出的"以法抗争"也是农民维权的一个解释性框架，主要强调农民抗争行为的直接性与政治性。② 实际上，斯科特关于农民抗争行为研究的解释有很多理论，如"生存伦理""弱者的武器""农民的道义经济""隐藏的文本"，斯科特的这些思想，被中国学界广为引用和借鉴，或者借助其理论提出一些补充性的理论解释，这些，就形成了中国农民抗争研究中的"斯科特传统"，在有关社会弱势群体维权抗争的研究中，无论是依法抗争、以势抗争或者以气抗争，③ 美国耶鲁大学詹姆斯·斯科特的"生存伦理"都如幽灵般若隐若现，《农民的道义经济学》《弱者的武器》中的观点被广泛地引用，这让人不得不承认斯科特"生存伦理"范畴那令人着魔的学术魅力。在这一学术背景下，农民工抗争行为的研究也深受"斯科特传统"的影响。其代表人物于建嵘对中国农民工维权行动提出的解释框架充满斯科特色彩。④ 生存伦理不仅具有规范与道德的因素，同时也内含了理性算计的充分。因此，生存伦理解读框架具有持久而蓬勃的生命力，其原因在于这个范畴整合了社会学"规范"与经济学"理性"两种分析路径。"生存伦理"既具有经济学面相，也具有社会学面相。当然，混合也同时意味着不纯粹。⑤

在接下来对其新著的剖析中，我们依然可以看到斯科特一以贯之但不断推进的对底层政治和底层民众的关注，继续创造出了一个"逃离国家"的底层民众抗争策略和学术概念。

---

① 于建嵘：《当前农民维权活动的一个解释框架》，《社会学研究》2004年第2期；于建嵘：《当代中国农民的"以法抗争"——关于农民维权活动的一个解释框架》，《文史博览》2008年第12期。

② 于建嵘教授在接受《新京报》采访时说："'以法抗争'是美国加州大学伯克利分校欧博文教授提出的，'依法抗争'是香港中文大学李连江教授提出的。"参见《学者称土地问题已占全部农村群体性事件65%》，http：//news.qq.com/a/20101105/000807.htm？pgv_ref=aio，2010年11月5日访问。

③ "以势抗争"是董海军在《塘镇：乡镇社会的利益博弈与协调》（社会科学文献出版社2008年版）一书中提出的解释农民维权的理论框架；"以气抗争"是应星提出的解释群体性事件的理论，参见《"气"与中国乡村集体行动的再生产》，《开放时代》2007年第6期；《"气场"概念与群体性事件的发生机制——两个案例比较》，《社会学研究》2009年第6期。

④ 黄振辉、王金红：《捍卫底线正义：农民工维权抗争行动的道义政治学解释》，《华南师范大学学报》2010年第1期。

⑤ 同上。

二 本书的主题

早在2001年，斯科特就在致力于一项初拟题名为《国家和移动的民众》(The State and People Who Move) 的研究，主要检验为什么国家最为痛恨那些在人身和财产上都很具有易变性的群体，① 这大概就是本书的雏形。在2007年斯科特访问北京期间，还在清华大学和中央民族大学分别作了"国家的视角"和"文明缘何不能爬山"的讲座。在后者的演讲中，"他批评了布罗代尔将文明与国家相等同的分析，借用东南亚山地2000年历史的资料，分析了国家对山地居民进行控制和山地居民摆脱国家控制的过程"。② 这可以视作斯科特教授在其新著快要完成之际对其思想比较系统的阐发。《不被统治的艺术》的副标题是"东南亚高地无政府主义者的历史之一种"③，作者的研究地域是一个作者称之为"Zomia"（以下译为"佐米亚"）的区域④，该地域包括越南、柬埔寨、老挝、泰国、缅甸和中国的四个省（云南、贵州、广西、四川的一部分）⑤，从越南的中央高地到印度的东北部，平均海拔在300米以上，250万平方公里，有着一亿令人眼花缭乱的民族和语言的少数民族人口。这是一个不断上演着国家形成与国家扩张历史的地区。作者主要研究的问题有两个：一是为什么佐米亚山地民族会选择主动"逃离国家"，成为无国籍和无历史的民族；二是为什么文明不能爬山？

斯科特将世界历史划分为四个时期：（1）无政府时期（这个时期是

---

① 参见 Scott is designated Sterling Professor of Political Science, 2001年5月4日, http://www.yale.edu/opa/arc-ybc/v29.n29/story6.html, 2011年1月24日。

② 王晓毅：《"斯科特与中国农村：阅读和对话"研讨会在北京举行》，《社会学研究》2008年第1期。

③ "东南亚高地无政府主义者的历史之一种"这个译法来自程美宝在《中国社会科学报》2010年10月14日第11版发表的《国家如何"逃离"——中国"民间"社会的悖论》一文，并且对其译法作出了一些解释，笔者在这里采纳其译法。

④ Zomia是阿姆斯特丹大学的历史学家Willem van Schendel于2002年创造的一个概念，作为对传统大陆边界的挑战，其范围与下文斯科特的界定基本相同。http://www.boston.com/bostonglobe/ideas/articles/2009/12/06/the_mystery_of_zomia/搜索时间为2010-04-13

⑤ James C. Scott, The Art of Not Being Governed, New Haven: Yale University Press, 2009, 第17页附有关于佐米亚范围的地图。下文对本书的引用直接标注页码。

最长的）；（2）被广阔和很容易实现的无政府地区包围的小规模国家出现的时期；（3）无政府地区不断缩小、不断被国家权力的扩张围攻的时期；（4）几乎全球所有地区都在国家行政管理之下、无政府地区只存在于民间传说的时期。这四个时期可能有地理上和时间上的差异，但从长远来看是无疑的。（pp. 324 - 325）而佐米亚恰好代表着世界上存在时间最长和面积最大的难民区，他们生活在国家的阴影下，却从未被完全征服，处于一种无政府状态。人们游走在不同的山地地理区域和生活在山地社会的基本社会结构中：小村庄、断裂的血统联系、核心家庭、在不断新烧荒的土地上耕作的群体，这些独特的、复式的、可替代的身份认同和社会结构都是国家形成的障碍。两千年来居住在这里的各种人群，已经逃离了有组织和充满奴隶制、征兵、赋税、强制劳役、流行病、战乱的国家社会。具有显著意义的是，在斯科特这项打破旧习的研究中，认为这些民族并非是没有享受到文明社会好处的无辜者，他们在评估了以国家为基础的文明后作了一个清醒的决定去逃避国家。斯科特检视东南亚高地的历史后指出，这里基本上是一个有着"无政府主义的历史"的地区。过去人类学者视没有国家的地区为历史的残留，但斯科特却认为这些社会是人们长期有意逃避相邻国家政权控制的结果，有效地阻止了国家权力的长驱直入。佐米亚严格来讲是国家形成和国家扩张的产物，山谷精英把他们的状况定义为一种参考外界文化的进化模式，同时也依靠他们进行贸易和扩充自己的目标人口。山地居民则是主要依靠和山谷居民进行贸易来获得好处，但与此同时还遭受着外界直接的政治约束。[①] 其他更加偏远的山地居民更倾向于把他们建设成一种和山谷阶级和权威构成截然相反的组织结构。山谷和山顶居民代表了两种不同的政治范围，一种是同质的、集中的；另一种是分散的、异质的。（p. 327）这本书是有史以来第一部针对有关国家形成的宏大论著，进而评估为什么有人会故意或被动地仍然没有国籍。佐米亚人民采取的策略有（1）人口分散居住；（2）采取增加收割庄稼机动性的方

[①] 在本书中，经常会出现如"hills""valleys"，有时候会以"Upland""lowland"形式出现，在这里，笔者根据书中意思将其理解为两种不同的文明形态，或者两种不同的社会形态，根据语境译为"山地居民""山谷居民"，或"山地社会""山谷社会"，这主要是以居住区域为标志划分称呼，山谷社会由于良好的地理条件，农耕文明较为发达；山地社会气候多变，土壤质量较差，因此文明较不发达，但作者都将其理解为具有文明形态，具体可参考第一章"Hills, Valleys, and States"。

式；(3) 柔韧的民族特性；(4) 信奉有关预言和千禧年的领导；(5) 口头文化传统使他们易于重新塑造自己的历史和族谱。总而言之，底层群体可以通过改变居所位置、社会结构、风俗习惯、生存关系网等来调整与国家的距离。即使他们不改变他们的风俗习惯，他们与邻近政权的距离也会发生变化，比如说，一个王国的崩溃或崛起，或者人口压力。(p. 325)

扉页中对该书的介绍是：用易懂的语言，詹姆斯·斯科特，研究东南亚、农民、农业的全球著名权威，讲述了佐米亚不同民族的故事和他们的自我定位过程。他重新定义了我们对亚洲政治、历史、人口的看法，甚至我们对什么是文明的基本思路。以向人们展示一种挑战传统历史观念的方法，从无国籍人民的角度重新定义国家的活动，重新定义国家的形成是一种 "内部殖民主义"，这一新的观点要求对低地国家的文明进行激进的重新评估。斯科特在佐米亚工作代表了一种新的方式，其研究将适用于其他流浪者和逃亡者聚集的社会，无论是吉卜赛人（Gypsies）、哥萨克人（Cossacks），部落奴隶逃亡者（tribes fleeing slave-raiders），逐水草而居的阿拉伯人（Marsh Arab），或三布须曼人（San-Bushmen）。[1] 总之，斯科特试图重新书写世界文明史，而文明在一定意义上与国家是相等同的，比如法国、英国殖民者在对其征税的合法性上进行的辩护就是：赋税是一个人生活在文明社会中必须付出的代价。但是斯科特的观点却认为，这里的人们并不想生活在国家眼中所谓的"文明"社会。

事实上，一切有关人们的生存状态、社会结构、意识形态（更有争议地）甚至他们很大程度上的口头文化，都可以被解读为是设计用来拒绝于国家可触及的范围之外。他们在崎岖山区的分散居住、流动性、农业实践、亲属结构、柔韧的民族特性、献身的预言和千禧年领导都是规避被国家包容和管辖的有效工具。尤其是逃避很早就发展起来的中国汉族王朝。许多山地的传说中包含的是一部战争的历史。1500 年以后，中国明朝和清朝政府对山地人民不断地用兵，在 19 世纪中叶，在中国西南部发生了前所未有的农民起义，产生了数百万的逃难者，这在缅甸和泰国的文献中均有相关记载。

现在关于国家形成的鸿篇巨制中，无论是当下的还是历史上的，都几

---

[1] 吉卜赛人、哥萨克人、三布须曼人等历史上都是没有固定住所、经常迁徙的民族或族群。

乎没有对那些故意和回应性的无政府状态予以关注。如果离开逃亡者的历史，国家形成的历史是不可能被理解的，这也正是造就无政府历史的原因所在。这种说明也含蓄地一同引出了被强制的国家形成和不自由的劳工制度挤压的不同的民族的相同历史，吉卜赛人，哥萨克人，部落奴隶逃亡者，逐水草而居的阿拉伯人，或三布须曼人，以及西班牙在新世界和菲律宾殖民统治造就的难民、逃亡奴隶团体等。

这种观点推翻了人们对"原始主义"的一般共识，如游牧生活，像动物一样搜寻食物、轮换土地耕作以及分割的血统体系是一种次要的适应，被不同的地位、生存状况和社会结构的民族采用的一种"半野蛮状态"适应于国家逃避，对于那些生活在国家阴影之下的民族，这种逃避即使在山地也能完美地相容于非独创的、模仿的和各种各样的国家政体形式。

总之，斯科特这一著作对人类学确立以来便提出的议题——人类的文明历程，是一个十分精彩的回应："刀耕火种"和"不用文字"是一种政治选择，而不是文明落后的表现。这种"自我蛮夷化"的状态，实质上是山地人的"自决"策略[①]。对于政治学的农民抗争议题来讲，"逃离国家"也可以成为与斯科特以前提出的"弱者的武器"和"隐藏的文本"享受同等地位的农民抗争形式。

三 对本书各章节主要内容的简要介绍

本书的第一章是对佐米亚的基本情况介绍，主要是通过三种主要的主体：山地社会、山谷社会、国家政权。在地理环境上，佐米亚是一个山高谷深、交通极其不便的地区，人们的居住也极其分散，所以边界线并不明显，而国家却是倾向于集中人口和固定的农业耕作，要求没有四处流窜的逃亡者从而使国家易于获取劳动力和物质资源，这样在二者之间产生了矛盾。而在历史上，这个地方也是"城头变幻大王旗"，如先是清朝的中华帝国的统治，然后是帝国主义英国的统治，最终，来自美国的基督新教的统治，每一个统治者都在改造着这片区域，他们都希望用秩序、社会进

---

① 程美宝：《国家如何"逃离"——中国"民间"社会的悖论》，《中国社会科学报》2010年10月14日第11版。

步、文化启蒙、传播文明来推行行政管理,让这片区域与政府、国家形式的宗教建立起有效的联系,也即《国家的视角》体现出来的国家隐蔽的治理工具:通过行政管理手段使社会清晰化和简单化。[1] 但这些措施未能克服天然的地理环境障碍,政权依然只是局限于地理环境比较好的山谷地区,众多的山地居住着一些战败者、逃亡者等,但山地社会也自成体系,充满危险的环境、复杂的语言以及相对的自治。山地社会不只是一个抵抗山谷政治控制的区域,也还是一个有着自主文化并具有排他性的区域。(p.20) 由此产生了山谷政权与山地社会的复杂关系,并形成了一种互惠互利 (symbiotic) 的关系,作者没有也不准备在第一章就给大家说明这种互惠互利关系的性质,是敌对性的 (antagonistic),是依附性的 (parasitic),还是单纯的互利性的 (mutually beneficial),甚至是一种协同性的 (synergistic),作者并未指明。(p.26) 但国家具有天然的扩张性,它与山地自治民族总会存在冲突,由此引申出作者想探讨的话题,即民族国家的形成过程及其特征,世界上这样的例子很多,比如古罗马、哈布斯堡家族、奥斯曼帝国、中国汉族王朝,甚至大英帝国的形成,再如白人定居者对当地土著居民的征服,比如美国、加拿大、澳大利亚、阿尔及利亚等事例。斯科特批评了历史学家只把这片区域视为"难民区"的片面化研究,因为历史学家们往往在他们的著作中先假设了国家的存在,而斯科特却发现了大量抵抗国家政权的反叛、逃离现象,包括对低地政权形式的文化拒绝 (cultural refusal of lowland patterns) 和逃离低地而寻求在山地避难的现象存在。(p.16) 在后面的章节中,他将去探究东南亚国家创造背后的逻辑与动态。(p.39)

第二章讲的是国家空间,就是指国家能有效治理和实际控制的地区。作者认为水稻种植和灌溉系统的管理形成了国家建设的基础,通过使用"appropriation(侵占)"这一术语,作者建构了国家是一个攫取实体的形象。水稻种植业主要集中于低地,国家易于控制。对于山地,即使它们非常接近国家的统治中心,也是难以控制的。受制于这一地区崎岖不平的地形、复杂的地貌,多雨的气候,旧时的交通工具又限于牛马托运、小船甚至步行,国家是很难确切控制一个地区的。比如,每年进行军事战争的时

---

[1] 参见黄岩《清晰化和简单化:隐蔽的治理工具——评人类学家詹姆斯·C.斯科特的〈国家的视角〉》,《青海民族研究》2008年第2期。

间很短，限于 11 月到次年的 2 月的旱季，因为 3 月和 4 月太热不能进行战争，5 月到 10 月是雨季，无论付出多大的代价，军队和征收者都很难行动很远。而旱季的河流水量锐减，能够进行大规模物资运输的水路运输能力又降到最低，所以，当雨季到来的时候，这个区域的每个国家的实际控制范围只能依托地形缩减到名义版图的四分之一到八分之一。近代英国等殖民者在征服这片区域时也吃尽了苦头。对这些山地地区的长期控制是超出一个国家的承受力的，国家只能对反叛地区通过烧毁房屋和地面庄稼来达到控制目的，除非国家能有一支专门用于山地作战的军队，但一旦补给线被破坏，整个部队都只能等着被饿死或选择撤退。所以，这是一片对于难民是理想的逃亡之地。(p. 63)

第三章讲的是如何集中粮食和人力，途径就是奴隶制和灌溉农业。在前现代的东南亚国家，人力资源的集中是行使政治权力的关键。对每一个被殖民前王国而言，这几乎是管理国家的第一法则和魔咒。一片宽阔的、肥沃的土地，可以获得长期的溪流或河流的灌溉，距离不远的航运水路，在这样一片土地上创建一个国家是轻而易举的事。但对于一个有富足人力和贫瘠土地的地区是一回事，对一个有贫瘠人力和富足土地的地区是另一回事。(p. 64) 所以，国家必须消除游牧农业（shifting cultivation），而采取固定土地耕作的方式。此外，奴隶制也是一种控制人口的方式。但这些的推行都有着重重障碍，所以东南亚每个政权都非常脆弱，陷入繁荣和崩溃的不断重复和动荡之中，作者在支持 Liebermand 观点后扩展了其论证，认为这种现象背后有系统的、结构上的原因，为了控制起义或叛乱的边境地区而进行代价昂贵的军事行动，国家加强了对其有效控制范围内的人口剥削，人力、赋税、谷物的征集使得穷人越来越不堪重负，导致人们的逃亡，大的村落变得越来越小，小的村落则消亡成为森林，许多人都迁徙到其他地区或直接上山逃难去了，国家政权这种杀鸡取卵式的行为导致人力资源的大量流失，自己导演了国家政权倒塌的自杀行为。斯科特指出，至少有三个理由能够解释为什么前现代国家无法调整这种杀鸡取卵的行为，一是由于下级官员的个人利益导致其不会提供全面准确的国家可控资源信息，国家无法在错误的信息上做出明智的判断。二是社会能够提供的财政资源的变化太大，农业经济取决于很多因素，如气候、虫灾、庄稼灾病、甚至盗贼和匪徒都能成为影响农业收成的因素，但最高统治者在上述信息失真和收成变动的情况下，依然要确保自己所得的那一份不能减少，这就必然是以牺牲民众为代价。三是在上述背景下,是最高统治者主导的政治系统的反复多变,他们可能会大兴土木、可能喜欢对外征战,这些都会导致加重人民负担。在这样的结构性和生态的背景下,加上不能制度化的王权专断和暴政,结果是前殖民时期王朝的不稳定性和脆弱性。从长远角度来看,这种王朝不稳定性和脆弱性又导致了人口因素、结构因素和个体因素不断融合,最终又形成了一种典型的文化传统。(pp. 96 - 97)

第四章讲的是国家文明化与民众逃亡之间的交织。主要讲述国家在治理山地民众的方式,就是使其开化、文明化,但还是有山地民众愿意自我野蛮化,而逃离文明社会。作者开篇指出:永久定居的人口以及随之而来的固定赋税可能是最古老的国家活动。这里面还包含着一种文明化的观点,那就是假定定居者有着更高的文化和道德水平。(p. 98) 对于东南亚各国来说,统治的"合法性"并非是一个问题,因为那是现代西方的舶来品。东南亚各政权是建立在山谷政权和山地社会的二元划分基础之上的,山谷国家的建立,是靠征集国家结构之外,即山地的人力资源而得以建立。这种二元划分犹如一对彼此并不认同的双胞胎,但确实客观存在着。从现代国家中心论而言,你呼吸的空气越稀薄,文明程度就越低,这也就是文明的"海拔论",居住于高山上的人是最野蛮、最落后的,生活在山的中部的人则要文明一些,而居住于高地平原上、种植水稻等农作物的文明则更为发达,而山谷国家则有一套等级秩序,代表了最为精致的文明,缅甸、泰国等地的情况都符合这个特点。(p. 100) 居住在高海拔之地,或者经常迁移,或者居住分散都可以被视为野蛮的生活方式。比如基督教和伊斯兰教都将居住在山上或不断迁徙的流浪人口视为异教徒和野蛮人,如伊斯兰教创始人穆罕默德就要求信奉伊斯兰教者必须定居以方便交流。东南亚国家也发动了一系列的运动以使山地民众定居下来,并教他们农耕技术,以消灭流浪者。各个国家之所以这样做,是因为山谷政权和山地社会有着不可分离的经济以及政治关系。山谷政权,无论他们多么鄙视山上的"邻居",都必然对其有经济依赖。这种不能分离的相互关系是由农业生态学的互补关系决定的。因为山谷国家的繁荣往往建立在它吸引周边山地民众和货物在自己地盘上进行市场交易的能力。山地社会可以为山谷政权提供大量的原材料、奢侈品以及其他物资,而山地社会也需要从山谷市场上获得盐、干鱼、铁器、陶器、瓷器、布匹和武器等生活和生产资料。除了如木材等原材料之外,山谷政权最想得到的资源是山地社会的人力资源。上面已经提到东南亚每个国家面积都很小，所以其周边无法有效控制的人口甚至远远超出其有效控制的人口。但人力资源无法通过贸易和文化上的吸引力来取得，而只能通过战争和奴隶制来获取。这恰恰又是山地民众逃离山谷国家的原因，于是，在比较好的环境下，山谷国家和山地社会能形成一种经济上互惠互利、政治上也相互依赖的联盟关系。但作为统治者，其最终的目标还是要建立对山地民众的有效控制，于是就创造了"野蛮人"的标签，所有的东南亚国家都把即使在其疆域范围内无法控制的、居住于山上、森林里、沼泽区的人口称为"野蛮人"，国家界定出这些"野蛮人"的界限，但同时又有着征服这些"野蛮人"的冲动，二者就经常发生摩擦。作者认为中国的长城就是这样一种象征，首先是划清"野蛮人"的界限以抵御野蛮人的军事进攻，其次还能控制自己内部的人力资源不外流。(p.110)在对付这些"野蛮人"上，国家肩负起了开化这些"野蛮人"的使命，这种开化过程同时也是一种有效的行政控制，这与地理上的边界区分有异曲同工之妙，比如汉政权对那些固定住所、进行了登记造册的瑶族视为汉人，但其实他们附近与瑶族没有多少文化差异的没有登记的民众则被贴上了"瑶族"的少数民族标签。(p.121)但在国家的开化努力下，还是有人愿意进行"自我野蛮化"，(pp.122 – 126)作者用翔实的史料证明这个过程在历史上是非常普遍的，中国、马来西亚、阿拉伯地区、欧洲都在历史上不断出现这种情况。而且方式多样，比如远出经商、逃避赋税、躲避法律管制、寻找新的土地等原因，都会使他们转移到野蛮之地去。他们到达那里后，就会学习当地的方言、婚嫁也在当地、寻求当地部族首领的保护。被镇压的反叛者（如太平天国失败者）、亡国的支持者（清初的明朝支持者）都汇集到山地中。王朝崩溃、自然灾害、战争、流行病、暴政、贸易、犯罪、拓荒等都会导致人们逃往野蛮之地。这种现象在历史上的中国以及东南亚边境地区屡见不鲜。但作者同时指出，这种逃往是一种有效的趋利避害措施，直到今天，在中国的西南边境地区，作为少数民族，依然能享受到很多政策优势，如免除计划生育政策制约、免除一些赋税、享受一些少数民族扶持项目，等等。(p.126)

第五章讲的是山地人通过人口策略，而与国家保持距离。本章以美国遭受"9·11"恐怖袭击事件为例，认为就像一个无政府的、遥远的地区为恐怖分子本·拉登及其追随者提供了庇护场所一样。被称之为"佐米亚"的东南亚山峦起伏的地区也为逃离国家的人提供了这样一个庇护场所。从一个更长的时间段来考察，比如一千五百年到两千年，这些山民应被视为是从山谷国家中逃离出来，经过长期迁徙而流浪至此并定居的人们的后代，无论是他们的农业实践、社会组织、治理结构，还是传说等文化形式，都大体上承载着较强的逃离国家与国家保持距离的实践痕迹。直到最近，山民社会的形成过程，即是逃离国家的过程这一说法，形成与旧观点的强烈对比。山谷国家的人们依然认为山民是一群生产生活比较失败的土著居民，即在过渡到文明社会的过程中比较落后和失败。比如他们特别强调这些山民开始定居、种植稻米、开始信奉低地的宗教、在一个大的政治共同体（国家）中获得公民资格，这些都是他们努力在过渡到文明社会的体现。从最严格的视角来讲，他们生活在高地文化污水坑中，是一群被国家遗忘的人群，不可能有光明的前景。而从较为宽容的角度来讲，这些人被视为跟不上时代发展的落伍者，因此需要国家采取种种措施来帮助他们融入现在的文化和经济生活中来。与上述旧观点相反，作者认为佐米亚的人民更应该被视为不时地自主选择远离国家权力影响的人民。旧观点的本质就是认为山民是"未进化完全"的人，这是完全站不住脚的，山民社会的形成是一种国家效应导致的，是由一群主动逃离国家权力直接控制范围而又创造了具有鲜明特征的社会。"山地社会是作为反叛国家的社会或者是反国家"的观点要比单纯考察山地的农业实践、文化价值以及社会结构得出的结论更能讲得通。（p.128）作者认为尽管缺少佐米亚早期的人口资料，但仍然可以从逻辑上和资料上看出佐米亚山民社会的形成过程，随着强势的低地国家的崛起，对弱社会的人口和军事优势产生了双重效应。一是吸收和同化异族人民，二是同时排挤出不能被同化的人民。异族被吸收和同化形成了具有混合文化特征的单一社会，代表着山谷文化。而被排挤出去的，或者自己逃离的文化则在大陆腹地更为遥远、海拔较高的地方保存下来。这些庇护场所，或者被称为"避难所"并非历史空白，而是逃离国家的人及其后代繁衍生息的地方。从长远的历史角度考察，这个过程具有间歇性，在一个国家的和平年代，商业繁荣和帝国成功扩张会增加国家庇护的人口，这也就是一个文明化占主导的过程。而在有战争、粮食绝收、饥荒、沉重赋税、经济盘剥或者军事征服的情况下，逃离国家的控制就显得非常具有诱惑力。山谷国家的人口就会流动到山地里。这种人口的小规模和大规模的流动在佐米亚持续了两千多年。每次新的迁徙民众都会与早期移居此处的人民相遇，这也是佐米亚民族复杂性的原因所在。即使在20世纪，我们依然可以看到这样小规模的人口迁徙。历史上中国从汉朝到清朝的不断扩张是导致这一过程的典型原因之一。作者以《中国大百科全书》上面所列的西南边陲地区的民众起义为例，唐朝在进入云南，宋朝在控制四川、广西和湖南，明朝在征服广西和贵州的过程中，引发了大量的农民抵抗、反叛和起义，尤其是明朝在改当地部落自治为中央直接进行行政管理（"改土归流"）的过程中引发了大量的反叛和逃亡。（p.138）山民社会的形成是逃避国家施加的重压这一原因也被很多学者如Jean Michaud等注意到。（p.129）而且作者承认这种观点并非其首创。（p.130）拉美、北美、阿拉伯地区人民在反对欧洲殖民者的过程中也有类似的逃离国家举动。作者由此认为，其实人们称山地部落为野蛮人是对他们的一种误解，他们其实比平原上处于赋税之下的国家更文明和有人性。不断的战乱、沉重的赋税和徭役、战争和反叛、抢劫和奴隶制都逼着人们逃亡到深山老林里，最突出的就是1851年到1864年的太平天国运动和1856年到1873年发生在贵州和云南的穆斯林回民的潘塞（panthay）起义①，以及不断的苗民起义，都逼迫大量人口逃亡这片多山的地区。佐米亚变成了一个低地反叛者和被击溃军队的避难所，同时也变成了一个被禁止宗教的庇护所。山地"异端"思想可以明确地被视为政治和地理边缘地带的思想反映，是一群受迫害少数民族在紧要关头补缺他们信仰的抵抗地带。此外，密集的人口、卫生环境和流行病也影响了国家空间。无论是殖民前的政府和殖民政府，都明白对这些边远高山进行军事征服的障碍是令人生畏的。逃离国家的民族自治是这些民族十分推崇的，是这些民族的一种特性，这种特性同样贯穿在他们的文化传播和宗教信念中。比如对于阿卡族（Akha）而言，战斗和无政府是他们历史和宇宙观的遗传密码。在阿卡族的传说中，一位即将成为阿卡族国王的领袖被他的

---

① Panthay是对云南穆斯林的英文译法，有其语源，"潘塞起义"在中国指"杜文秀起义"（1856—1873年），这次起义时间长达18年，建立了大理政权，1873年大理被攻陷，1874年大理政权的最后一个据点被攻陷，同时期还与太平天国起义相呼应，起义军攻占了64座府、厅、州、县城，起义军活动涉及云南、四川、贵州等地，给满清政府以沉重打击，清兵镇压后，起义军被杀数十万，数百万难民涌入东南亚泰国、老挝、缅甸等国。参考林荃《论杜文秀起义的历史意义》，《学术探索》2007年第4期；马超群：《云南回族的他称——"潘塞"、"潘西"和"帕西"辨析》，《回族研究》2003年第3期。

人民杀死，因为他推行人口普查，而这恰好是征税和国家建立的征兆，他的儿子，也是一位伊卡洛斯①式的人物，他的马也有翅膀，但同样由于离太阳太近被杀死了。这些传说都寓意着等级制和国家形成的危险性。他们的格言也反映了逃离国家的思想。他们认为通向灵魂世界有九层，就像从山地到低地一样，在下面的，人的灵魂就被抓获做强制劳役或做奴隶，如果要挽救一个人的灵魂，就得进献一头猪或其他大型的动物，如水牛，这和现实世界中的奴隶买卖如出一辙。阿卡人只是对族长、铁匠等专业人员给予高度的尊重，但他们坚信没有更高的神，他们不会向任何人低头。作者认为：对于存在这样一个口头历史、生产生活实践、宇宙观都代表着如此深远的对国家和等级秩序反对的民族，真是一件让人难以想象的事。（p. 177）

　　作者将第六章分为两个部分进行介绍，第一部分讲的是通过文化和农业上的逃避以实现国家逃避和国家防范。笔者认为本章是全书较为重要的部分，这一章主要在于从各个角度来反映东南亚人民是如何在实践中逃避国家的，第一大部分讲的是作为逃避国家、阻止国家表现形式的"逃生文化和逃生农业"。当地人民不断地向边境和国家控制范围之外的地方迁移，一个极端的例子中，在缅甸克伦邦，那些国家能够控制、不支持反叛者和承诺为军队提供人力的村被称为"和平村"，得到这种"认证"的好处是房屋不被焚毁和被驱逐；相反，国家不能控制的人们避难区域被称之为"隐藏村"。但军队为了获得持久的后勤物质和人力保障，经常不断地迫使村庄合并以便于获取这些资源。村庄为了躲避就不断地逃亡，从河流下游迁移到上游，低海拔地区迁移到高海拔地区。在被迫迁往另一个地区前，不断搬迁的人们主要采取最大限度地躲避侦查和尽可能增强他们流动性的生存策略来维持在一个地方的生存，而最好的策略就是分散居住。难以到达和分散居住是国家掠夺的天敌。农业逃避手段包括移动农业（意指不断更换耕作土地），农作物种植的精心选择，他们选择那些块茎作物种植，比如洋芋、红薯、土豆、白薯、树薯、木薯、丝兰等埋在地下的作

---

① 伊卡洛斯是希腊神话中代达罗斯的儿子，据传代达罗斯能用羽毛和蜡做成翅膀让人飞起来，他和儿子为了逃脱克里特岛而准备飞走，但他告诉儿子不能飞得太高或者太低，太高的话会因为太靠近太阳而着火，太低会沾到海水而变得沉重掉入大海，但在飞行中，他儿子还是由于飞得太高，蜡被溶化导致翅膀散落，掉入海中被淹死了。

物,这样在他们成熟以后,可以保存在地下长达两年时间,他们也可以一点一点地刨出来吃,从而不存在可能被抢劫的粮仓,如果军队和征税者想要征收或者抢劫他们的粮食,就不得不自己一个一个地刨,军队也不容易发现。临时开垦的土地也作为逃避的手段。在玉米传入东南亚之后,17世纪种植区域迅速扩展,因为玉米每单位的热量更高,产量更为稳定,而且可以适应多种气候,所以比山地稻谷种植更具有优势。作者还专门制作了一个表(pp. 202 - 204)来对比十几种农作物的可存储性、劳动密集程度、气候、土壤要求、海拔高度要求、经济价值、能否存储地下。比如,山药,可储存性高,劳动密集程度的要求是中等偏上,要求特别湿和热的气候,不会有传染病,海拔要求是0米—900米,低海拔,经济价值比较低,但适合储存于地下。(pp. 202 - 204)

文化上的逃避主要指社会结构上的应对。他们的社会结构有利于国家逃避,尽可能的规模小、结构简单、社会单位分散,比如社会单位的部落化(类似中东),他们逃避国家政权和固定的层级结构,他们自认为自己是野蛮人,没有具体的首领观念,具有身份上的平等性,自治性和可移动性。一般来说,部落往往显得稳定、持久、成系谱,是文化上紧密联系的单位,但作者指出,那是因为国家特意地希望他们那样做,而且不断在塑造他们的政治认同,通过结构化的奖励和惩罚来加强控制。在面对国家的压力时,他们可能松散地或紧紧地以进贡的方式归附,也可能为他们的自治权而战斗,最后还可能分裂、解散以改变他们的生存策略,使他们对掠夺者"隐形"或没有吸引力。这三种方式都是抵抗或逃避的策略。作者用"jellyfish"来概括他们的特点,该单词的本意是"水母",水母是无骨的,身体极其柔软,所以用来描述他们的社会结构和生产活动的流动性与灵活性。水母一样的血统、村庄、首领观念,甚至水母一样的家庭,加上不断移动的农业耕作,这样多样性的结构非常能满足逃避国家结构包容的需要。他们的部落可以轻而易举地改头换面,各种社会结构可以在这样的地域条件和环境下快速完成解构和重组,这样的山地社会结构几乎不可能挑战国家政权,但也不容易被国家政权渗透或干涉。一旦遇到威胁,他们便会撤退、分散,像水银一样消于无形,确实如他们的格言:分散以不被统治。

第六章第二部分讲的是他们的口头文化、书写和文本是如何规避国家政权影响的。作者讨论了书面文本的劣势和口头文本的优势。认为书写更与国家政权相联系,因为文字的传输是一个政权实现对国家有效控制的必不可少的手段,可以想象,如果没有书面记载,就不会有登记土地的清册,也就没有征税、征兵等的凭据,在通过文字学习文化的过程中,人们会受到统治者的思想控制,就会被驯化为统治者服务。而口头文化传统可以有效地避免这些劣势,而且他们的口头文化也很长,作者曾经用录音机录了一个传诵者两个小时不间断的口头叙述,他们的口头文化具有形式上的灵活性,便于及时调整,没有书面那样死板。而且,没有历史的传统也能起到随时采取灵活策略、扩大生存空间的作用,因为有历史传承的话,人的活动范围就容易被限制住,不能忘记历史导致不能更好地去随着时代变迁而去调整生存策略。但是,在许多无文字社群的口头传述中,也会说他们以前是有国王有文字的,只是后来文字丢失了,国王也失踪了。这样的事实可能从另一个角度证明第五章中作者的观点,就是这些民族的祖先是逃避山谷政权的人。换句话说,山上的人和山谷的人之间是不断交换的,但这样的来回游动并没有改变特定时空中的人群自我定位而导致的人群裂变。① 最后,作者写道:无政府的民族被相邻文化典型地指责为"没有历史的民族",也就是没有文明特征的民族。这种说法犯了两点错误。首先,这种指责预先假设了有书写文明的历史优于没有书写文明的历史。其次,更重要的是,一个民族拥有多少历史,一点也不表明他们发展的低阶段,相反是一种积极的选择,一种相对于他们强大的以文字记载为基础的相邻政权的定位选择。(p. 237)

  第七章讲民族的形成是如何被建构的,民族的形成是一个激进的建构案例。这里语言多样,比如苗族主要的语言就有三种,方言更多,而且语言多变,就像换衣服一样。语言多样性和易变性的原因有征服、同化、孤立、归附等。身份认同上的含糊性和多孔性②(porosity),含糊性和多孔性是一种政治资源,使得他们易于改变自己的身份,在不同的地域具有很强的适应性。他们居住自然是非常分散的,俗语有"苗(族)住山头,壮(族)住河头,汉(族)住街头"一说。居住分散导致他们并没有非常强烈的身份认同,他们能够不断吸收外来人口,具有朴素的平等观念,

---

① 程美宝:《国家如何"逃离"——中国"民间"社会的悖论》,《中国社会科学报》2010年10月14日第11版。

② "多孔性"在文中指"易于渗透"的意思。

这使得他们没有首领观念。就连民族、部落都是被建构出来的，如果把是否是"部落"的检验标准定为"一种明显的语言共同体、一个受团结和受束缚的政治单位，以及一种文化上有区别的和相连的实体"，这样所有的"部落"都不能通过这样的测试。各种地域、职业的特征相互交叉，区别并不明显。而国家就在不断地建构和强化这种形式，目的是为了加强行政管理。国家并不关心它构建的部落如何专断，而只关注用行政管理的方式，通过部落这样管理和协商的单位来结束混乱。部落则借助于国家的这种目的，实现族群的自我认同，从而方便与其他族群争夺权力和资源。但他们的认同并不固定，而是不断转换、修改、使用，从而体现了部落和国家政权的相生相克。就像刺猬取暖一样，挨得太近会相互刺伤对方，挨得太远又无法单独生存，会被彻底野蛮化，山地政权和山谷政权在通过贸易的物资交流上有着不可分割的依赖关系，这就决定了二者的互相利用但不会融合的原因。

第八章讲更替预言，讲述几个主要民族部落的演变史和他们的宗教生活，如何通过一些千禧年传说来规避国家政权，列举了佐米亚各族人民有趣的几个反抗案例。宗教和千禧年预言均代表了一种反抗压迫和不平等的文化模型。创造一个新的国家、一种新的秩序是所有预言行动的目标和追求。一些山地民族似乎视预言和反叛为天职，如瑶族、苗族、拉祜族、克钦人等，他们的千禧年运动不断，虽然很少取得成功，但正如韩书瑞所言：似乎每一次千禧年运动的失败都可能有助于下一次的爆发，对教派师徒们而言，屡屡失败的尝试恰恰是对宇宙节律的回应，决然不会产生打消其希望的效果……尽管成功的概率在我们看来相当遥远，但是有些人总是相信历史正不可避免地走向胜利，并想要亲自见到那一时刻，在他们看来，即使针对国家的小的挑战也可能是意义深远的，并且会增强他们的信念[①]。虽然有大量对他们的不利条件，这些边缘群体和逃亡者面对国家权力依然会义无反顾地走上抗争道路，虽然结果往往是悲剧性的，但山地民众还是相信命运掌握了自己手里，世界在指引他们前行，希望就在前方。预言引发的反叛往往会有一个有魅力的核心领袖（也即他们信奉的神灵），但在实践中往往缺乏这样的核心人物，或者出现一堆领导人，这样

---

① 韩书瑞:《山东叛乱：1774年王伦起义》，刘平、唐雁超译，江苏人民出版社2008年版，第168页。

往往导致运动的失败。这些山地民族都是无权利人,现存的社会秩序对他们而言毫无利益可言。表面上,打破一个现存的秩序的运动就是叛乱。他们利用一种象征性的神授能力去攻击和侵占国家权力和王权。千禧年传说则能激发人们更多的反抗现存国家政权以及强加于其束缚的动力,它代表了一种大胆地对低地政权意识形态的偷猎,虽然千禧年永远不可能达到,但运动依然会创造新的社会群体,重新洗牌和混合各民族,协助新村庄和自治政权的建立,引发在生存路线和风俗上的激烈变革,开启新的长距离的迁徙。而且,他们为保持像一池活水的生活、尊严和和平,去采用各种方式对抗存在的不平等,即使不存在社会危机与忍无可忍的剥削,千禧年信仰的动力也会导致山地人民的反叛。(p.322)自治和自给自足是他们的要求,如果转换到现代,我们依然可以见到各种原住民运动,甚至化为民族运动或社会主义运动。

在结语中,作者写道:我曾经试图去描绘和理解的这样的世界正在快速消失。对于我的几乎所有读者而言,他们居住的地方确实是一个遥远的世界。当今世界,我们未来的自由建立在一个令人畏惧的工作上,那就是如何驯服国家这头怪兽,而不是逃避他们。斯科特教授奉献给大家的这部为无政府主义辩护的著作,面对的对手,不仅仅是霍布斯那样强有力的为国家的必要性辩护的古典主义政治学说,而且包括马克思主义的国家理论,他们都视国家为现代社会的必要政治形式,无政府主义代表的不是混乱无序就是乌托邦,但斯科特有力地证明了,佐米亚这片区域就存在这样无政府式的社会实体,他们被文明社会污蔑为"前文明的"或"野蛮的",但他们却活生生地在自古以来各种形态的国家边缘存在了几千年,并流传至今。

四 对本书的逻辑及观点梳理

本书既可以当作一本人类学著作,也可以当作一本历史学著作,它曾获得美国历史学会颁发的2010年费正清图书奖。斯科特自己都认为在本书中快要成为一个并不好的历史学家。(Preface, xi)本书中涉及东南亚2000多年的历史,很多文献并非一手材料。斯科特本书的写作风格与以往的著作保持了一致,副标题表明了本书的核心观点。如副标题"农民反抗的日常形式"揭示了《弱者的武器》的主题与核心观点,副标题

"东南亚的反叛与生存"揭示了《农民的道义经济学》所要探讨的主题,副标题"那些试图改善人类状况的项目是如何失败的"揭示了《国家的视角》为其原因……本书的副标题亦是如此的功能,探讨东南亚高地的无政府主义的历史。

与以往的著作保持一致的是他所立足的底层立场没变,从原来关注国家政权之下的底层,如农民、手工业者,到逃离国家政权之外的底层,即山地民众,虽然山地民众也有其社会结构上的分化,但他们一向被视为"未进化完全"的野蛮人。但观察的视角有变化,从国家政权之内转向国家政权之外,也体现了斯科特对底层群体的行为选择和精神世界的探索在实践层次上的不断推进。本书主要围绕山谷国家和山地社会、国家政权与游民之间的关系来论述无政府主义的历史。为此,从第一章对佐米亚山地社会、山谷社会、国家政权之间的介绍,到第二章、第三章说明国家如何通过集中人力和粮食来达到控制其疆域的目的,而在这一过程中,不断有第四章提到的民众通过"自我野蛮化"途径逃往深山老林、山顶或水域去逃避国家政权的人身控制;而在社会结构上、精神世界上逃离国家,则是第五章的人口策略、第六章的文化策略和农业实践策略、第七章的民族建构策略、第八章的更替预言、千禧年运动来体现。斯科特论证了以往文献所忽略的一个事实:那就是自由和反政府的历史传统和国家形成是紧密相关的,这也是无政府主义形成的历史原因。(Preface,x)

在本书观点上,有三个关键词:无政府、逃离国家和无历史。这三个关键词在意义上的共同之处在于,都指向民众不受国家权力影响的一种状态。细微的差别在于,"无政府"指山地民众针对国家控制所向往的生活状态,"逃离国家"指山地民众面对国家权力作出的行为选择,"无历史"体现出来的是对文明程度的评价争议。前二者在上述文中已有诸多体现,这里稍微阐述一下"无历史"这个关键词。

"无历史"这个关键词是与"文明"相联系的,无论中西方,对文明的起源与定义虽有争议,但无非都站在国家政权的立场上,以自身生活的世界作为参照系来界定。如城市的形成、文字的出现、公权力的确立、拥有较复杂的礼仪和宗教制度等。这些特征与山地民族都是无缘的,他们没有城邦、没有文字、没有阶级斗争、没有为国家权力服务的礼仪制度和宗教……他们毫无疑问被视为"野蛮人",在西方殖民者侵略这些地方时,殖民者无疑也是认为他们的"文明"战胜了这些"野蛮"。但究竟何为文明?斯科特并没有探讨这些,只是零星地阐述到山地民众也是有文明的,那么笔者认为,文明的含义在这里就必须被重新界定。文明与历史紧密相关,人们一般会认为,没有历史,何来文明?那么,山地民族有历史吗?斯科特的回答是肯定的,在这里,斯科特受到了法国政治人类学家Pierre Clastres的影响,在本书的目录前,斯科特就引用了Pierre Clastres的话:"据说,有历史的民族的历史就是一部阶级斗争的历史;那么,这样的说法也将有同样的真实性:没有历史的民族的历史是一部他们与国家作斗争的历史。"这句话说明了山地民族当然有其历史,他们的历史就是反抗国家政权的历史、逃离国家政权的历史。同时,这句话既点明了斯科特关于佐米亚研究的主题,同时也为佐米亚的研究指明了前进的方向。斯科特在此基础上,在第六章的结尾提出了一个民族拥有"书写文明"的历史的长短并不代表着文明发展阶段的优劣,国家政权称那些山地民族为"没有历史的民族"是错误的,他们没有看到这是山地人民自我选择的结果,他们有意识地拒绝了低地的国家文明,在低地政权的"书写文明"之外,山地人民也拥有"口头文明",所以,文明的含义也就被重新界定了。

作者在前言中写道:"他的主题是简单的、启发性的、有争议的。佐米亚是世界上最大的不同民族未能融合于一个政府的地区。他的历史由来已久。但在不久以前,人类中的大多数都是自治的。今天,居住在山地的人们被山谷国家视为在发现稻米、佛教和文明之前的活着的祖先。相反,我却认为,山地的人们最好被理解为是战败逃亡者、亡命者、被放逐者,但他们两千年来逃避的却是山谷政权的压迫——奴隶制、征兵、赋税、强制劳役、流行病以及战乱。这片他们居住的区域被称之为被破坏区或难民区较为合适。"(Preface,x)

事实上,这本书也确实正如作者所言引起了巨大的争议,大多数人对斯科特的研究和著作表示赞赏,但也有对斯科特观点的质疑。

(一)对本书的认同性评价

本书具有很高的学术价值,引言中对其所获奖项的列举就是一个充分的证明。此外,很多学者从整体上对该书做出了很高的评价,新加坡国立大学杜赞奇教授的评价:"詹姆斯·斯科特也许写出了他迄今为止最为大师级的作品。该书具有深厚的学术性、创造性和同情心。很少有学者能有如此敏锐的能力,在人们意想不到的地方、实践和形式中,去承认没有历史的民族的组织。确实,这使他更接近无政府主义理想的人,而且可能使人们不仅逃避国家,还逃避具有国家形式的一切。"波士顿大学学者 Robert W. Hefner 评价道:"一项充满人道主义和文化洞察力的杰出研究。这本书将改变读者思考人类历史的方式——以及他们自身。这是一部在社会历史和政治理论中最为迷人和挑衅性的著作。我是其中的读者之一。"社会活动家 Derek Rasmussen 评价道:"最终(呈现给大家的),是一部受压迫的土著民族如何面对国家政权的真实的历史的作品;可以解释国家尝试驱逐以及统治无政府民族的方式的力作。事实就是如此,尽管非常罕见。"罗格斯大学 Michael Adas 评价道:"需要强调但往往被读者忽略的是。可变因素(variables)告诉我们大量的国家为什么会崛起和扩展,以及衰退和坍塌的。现在还没有书以如此深度和广度涉及这个主题。如此清晰的概念、原创性和想象力,清晰的论述和参与,这是一部具有开拓性和研究模式转变的著作。"有位读者撰文评价本书:"应当被所有对高地感兴趣、不管是否是东南亚地区的学者阅读。"①

国内学者程美宝认为斯科特的新著是对历史人类学的最好阐释,真正放下了精英的观点和视角,从"民间"视角理解"民间"。"斯科特政治学的敏感和人类学的睿智,铺开了一幅颇具批判意味的人类文明史长卷。我们从中看到西方人类学和中国历史学家对话的可能,看到了历史人类学的实践和体现。"并且认为,过去 30 年来在中国华南从事区域社会史研究的学者采取的研究路径与斯科特是一致的,一些研究成果也同斯科特描述的相类似,一定程度上佐证了斯科特的观点。②

(二) 本书中值得商榷的观点

在很多学者或读者看来,包括笔者本人,认为斯科特的观点存在以下问题。

第一个问题是"逃离国家"是民众的主动性行为还是被动性行为。按照字面意思包括文中作者的阐释来理解,"逃离国家"是一些民族的主

---

① Bradley C. Davis: *Review of The Art of Not Being Governed*, http://asiapacific.anu.edu.au/newmandala/2010/07/05/review-of-art-of-not-being-governned-tlcnmrev-viii/, 2010 年 1 月 24 日。

② 程美宝:《国家如何"逃离"——中国"民间"社会的悖论》,《中国社会科学报》2010 年 10 月 14 日,第 11 版。

动性行为，是喜欢自由，不喜欢受约束的天性使然，为了摆脱国家权力的人身控制和财产压榨。但书中更多的提及佐米亚是一片"难民区"，有很多人是起义和反叛失败后，或者触犯国家法律后逃难到这里来的，这就体现了更多的被动性特点。区分这两种行为的意义在于，主动逃离的行为更符合"逃离国家"的本意，被动性逃离是没有选择的选择，也就失去了"逃离国家"的行为意义。而问题就在于，东南亚高地的人民有多少是主动逃离国家的，又有多少人是被动逃离国家的？这估计是一个说不清的问题，逃离国家、自主蛮夷化的意义也就大打折扣了。在某种程度上，这也是"用脑袋投票"还是"用脚投票"的区别，"用脑袋投票"体现了一种理性的权衡，"用脚投票"则是一种无奈的选择。

　　第二个问题是如何界定证明山地文明与国家之间的关系，在斯科特之前，就有历史学家和人类学家提出了文明的上下游的区别，以及国家的形成过程中上游和下游的关系问题。但斯科特提出了"文明的海拔论"，认为山地民族也有其文明，其文明的特征就是防止国家权力的渗透，并通过考察其组织结构、口头文化等方面进行证明。这种解释具有功利性和牵强性，山地的游牧农业、口头文化等特征确实有利于防止国家控制，但这些特征是不是就是为了防止国家控制而发展出来的？值得注意的一个细节是，本书的主标题并非斯科特的原创，而是来源于威斯康星大学麦迪逊校区的政治学家 Casas Klausen 一门同样名称的政治哲学课程，后者慷慨地同意斯科特采用这个标题作为其新书的标题。(Preface xvii) 这个细节显示了，斯科特对东南亚山谷王国和山地社会的关系思考在前，而提炼出"不被统治的艺术"的标题在后。因此，东南亚山地民众的生产和生活实践是否就是一种"不被统治的艺术"，值得玩味。再者，既然斯科特也认为他们是一群没有历史的民族，既然没有历史，又如何证明他们自身的意图？

五　小结

　　总之，斯科特讲述了佐米亚这个非常具有弹性、易于改头换面、与国家政权相生相克的社会，这个社会的历史是一部逃避国家的历史。对于逃避国家的人而言，去一个政府控制力触及不到的地方，躲避种种的人身束缚，是一件不得已但又主动选择的事。在与国家政权长期博弈的过程中，政府的统治能力越来越强，控制技术越来越先进，他们可逃避的区域也越来越小。即使不奢求那种"世外桃源"的安逸生活，就连国家不想触及的普通区域也越来越小，这也是斯科特在前言里强调的三个前提之一，即他的论据不包括 20 世纪后半期的佐米亚历史实践。

斯科特认为无政府主义的文明比有国家的文明发端还早、存在时间还长、文明的意义和价值却一样，这样的理论必定会引起争议，"不管是自由主义或马克思主义的国家理论，都视国家为现代社会的必要政治形式，外在与这个空间的其他政治可能几乎无法想象，无政府主义代表不是混乱失序就是乌托邦的空想政治"。"最重要的是，斯科特视他的理论为一个普遍的世界史，着重了解那些试图逃离或躲避国家的人们。斯科特必须面对的自然是古典政治哲学，如霍布斯的利维坦那样强有力的为国家的必要性辩护的学说，尤其是这些自由主义哲学发展出来的有关国家与人民关系的论点，以及在这样的规范性关系下，政府应该如何被组织和架构起来的代议民主理论"。[①]

现在，人们已经无法逃避国家、政府以及文明社会的控制和影响，但斯科特认为他的理论对于现在的一些原住民自治运动等仍然具有一定的借鉴意义，说明这种"逃离国家"的现象依然不会根绝，因此，人们如何才能有一颗不再逃避的心，依然是一个未知的问题。

（范志飞）

---

① 庄雅仲：《书评：The Art of Not Being Governed：An Anarchist History of Upland Southeast Asia》，《台湾民主季刊》（第七卷）2010 年第 1 期。

《日本德川时期农民的抗争和起义》*
研究述评

斯蒂芬·伏拉斯多兹（Stephen Vlastos）的《日本德川时期农民的抗争和起义》（*Peasant Protests and Uprisings in Tokugawa Japan*）讲述了1600—1867年间整个日本幕府统治时期农民运动的历史，是以经济形态和动员机制、意识形态为主线，将日本幕府时期农民的抗争和起义运动分为了幕府统治的前期和后期，按照这个结构，作者将全书分为了两个部分，一部分主要讲述了幕府时代早期农民抗争的方式，另一部分主要介绍了幕府时代后期，高生产率、经济作物的培育、雇佣劳动的出现、手工制造业的出现促使农民不断地参与进市场，于是不安定的因素日益显现出来。

本书起源于马克思主义的假设，运用了马克思主义的分析方法，主要从阶级冲突、动员和意识形态的角度讲述了日本幕府时代农民抗争的方式和内容，一直被视为了解日本历史上的幕府时代的必修书目①，同时也是研究日本农民斗争的著作中最具有影响力的一部佳作②。

一 作者简介

本书的作者是斯蒂芬·伏拉斯多兹（Stephen Vlastos），1943年出生，

---

* Stephen Vlastos, 1990, *Peasant Protests and Uprisings in Tokugawa Japan*, University of California Press.

① 帕特里夏·鹤见在《社会历史》这本书中提道"这本书是了解幕府时代的日本历史的课程中必读书目"，其中足可以看出这本书在研究日本历史过程中发挥的重要作用。

② 詹姆斯·怀特在《日本纪念文集》中提到这本书可以使人了解关于幕府实力时期的农民抗争的所有事实，是一个关于江户时期抗争的简要易懂的历史回顾。

他主要研究早期和当代农民社会运动和政治经济对社会运动所产生的影响，他的研究方向主要集中在幕府和明治统治时期农村政治和经济的发展，以及在"二战"前后，日本文化中传统和现代性问题。

伏拉斯多兹于1977年在伯克莱加利福尼亚大学获得了他的哲学博士学位。2000—2005年，伏拉斯多兹教授一直在亚洲和太平洋研究中心工作，主要从事对亚洲研究的工作，并且从事很多国际行政事务以及与日本研究相关的咨询委员会的工作，包括社会科学研究联合委员会关于日本的研究，以及日本社会科学研究理事会咨询委员会；1996年，他被邀请加入亚洲研究社团亚洲东北部理事会，在1998—1999年，成为这一理事会的主席；从2006年起，他出任《亚洲研究杂志》的主编。

伏拉斯多兹讲授大量的日本历史的课程，他最著名的课程是"武士阶段的日本"，这段时期见证了日本长期处于封建时期的社会和文化。"现代日本"这门课程是调查了日本从19世纪40年代到80年代的日本的政治、经济和社会发展状况；"日美关系"集中日美之间在文化、政治和经济方面的关系。他的"亚洲文明：日本"是介绍了日本从中世纪以来文明的起源。在他所有的课程中，斯蒂芬使用故事片电影和诗作为他讲课的主要素材。他还开创了一个新的教学和研究领域，那就是"二战"期间日美之间的收容，关于这个他召开了一个历史的研讨会，希望对这方面进行更深一步的研究。

伏拉斯多兹的代表作有：《现代性的镜子：现代日本的创新传统》(*Mirror of Modernity*: *Invented Traditions of Modern Japan*, University of California Press, 1998)、《明治早期日本的抗议运动》("Opposition Movements in Early Meiji Japan," *Cambridge History of Japan*: volume V: *The Nineteenth Century*, Cambridge University Press, 1989) 等。前者是一个论文集，它挑战了一种观念，即：日本现有的文化身份是来自于前工业时代和早期岛国时代的推断，认为日本的文化是来源于工业化时代。他的这一论断是建立在英国传统的历史分析的路径之上的。对于日本传统的发现，16个美国人和日本学者检验了"老日本"的文化起源，认为日本的文化是从劳动力的管理开始的，展示了现时代对日本文化的创造作出的贡献。作者不是简单地消除误解，而是通过历史化的传统发明，确定其社会和政治影响。后者主要介绍日本在明治天皇的早期所采取的新的经济政策和政治政策所带来的影响，最主要是对农民所造成的影响，这种影响主要表现在农民的抗争。这本书与《日本德川时期农民的抗争和起义》堪称姊妹篇，表现了作者对于日本早期农民的权利和抗争方面精湛的研究。

二 《幕府时代农民的抗争和起义》著作详析

（一）文章结构和理论要件

在本书中，作者主要围绕一些问题展开了对日本幕府时代农民抗争和起义的分析，从变迁的角度来讲，是一些新因素的出现，比如资本主义的入侵，对于这一时期的日本农民的抗争形式和目标的变化发生了一些转变，主要包括经济形态、意识形态的转变以及动员机制的转变，冲突意识和抗争意识的出现更加剧了抗争的内容和形式上的变化，目标和方式也发生了变化，本书围绕以下主题对幕府时代的农民抗争前后进行了一个描述。

1. 冲突和集体行动

本书最大的特点是把冲突看作完整的和有活力的[①]，这并不同于社会学家比如涂尔干和帕森斯从结构功能的角度分析社会系统——把社会看作是因为信仰和制度的崩溃而表现出病态的特征。

通过分析农村冲突的形式和内容以及幕府时代农村在抗争形式和内容上的转变来说明一个事实，那就是怎样的一种政治和经济结构影响了农民追求利益的行动能力，农民阶级的行动呈现出了集体的效果，是为了有更多的力量抵制掌握权力的那一个阶级，当这种权力冲击了人们日常生活的时候，就展示了幕府时代的阶级间联系的结构和特征。作者认为革命尤其是社会革命能够带来政策、社会结构以及经济关系的转变，会影响世界历史的进程，而作为革命最初阶段的集体行动，是由冲突引起的，这种集体的冲突行动是社会冲突有组织的表达。在幕府统治时期，这种社会冲突表现为地主和农民之间的关系，这种关系同时又是变化的，从早期"慈善"农村精英的行为到后期政府地方管理者的维度。矛盾冲突的根源也在发生着变化。同时由于这种地主和农民的关系，也引出了农民和统治阶级关系的变化以及农民与农民之间关系的变化，这些都导致了整个幕府统治时期

---

① Stephen Vlastos, *Peasant Protests and Uprisings In Tokugawa Japan*, University of California Press, 1990, p.2. 下文对本书的引用直接用原书页码标注。

的农民抗争的内容和形式的变化。比起什么样的环境会引起农民抗争这样的问题，作者更为关注运动的本质、形式和内容，"最主要的问题不是为什么他们会反对封建统治而是这些最底层的阶级，他们怎么做的，为了什么目的以及产生了什么样的效果。"（p.5）

2. 政治和经济

本书中用了很大的篇幅描述了幕府时代的经济状况，幕府时代的经济不同于早期日本，也不同于中世纪欧洲封建国家的经济状况，因为这种经济具有强烈的政治性。从1600年幕府统治以来，宣布国家四分之一的土地作为幕府的府地，这其中包括了江户、大阪以及京都这三个地区，作为政府主要活动和管辖区域，其余的土地分为封地分给250多个大名，这些大名又可以分为两种，即：直系封臣和外围地主两种。前一种发誓效忠，并且被充分信任，可以允许他们制定地方的政策管理他们的封地，而后一种相对来说并没有那样的被充分信任，而且被排除在幕府之外。但是两者不管哪一个都存在着揭竿自治的威胁，对于幕府统治来说，都存在隐患，因为他们拥有权力，这些权力是在幕府首领的控制之外的，而且具有独立的经济来源。（pp.6-8）后期出台了抵押系统政策，大名每年向中央政府缴纳足额的税收，逐渐出现了负债的大名和他们的家臣。而且，主要的一点，到了幕府统治的后期，由于经济作物的出现，市场的介入，传统农业受到了冲击，农民的利益受损，大批的农民离开了土地，佃户和地主的矛盾日益加深，大名的税收急剧减少，增加了对中央政府的依赖。① 幕府统治的前期，制度决定了农民的生产和生活的格局，而幕府统治的后期，由于市场经济的出现，影响了农民冲突和集体行动的环境，斗争的模式日益发生了变化。

幕府时代政治性经济的特征还表现在幕府时代经济的国际隔绝上，日本幕府统治时期，因为害怕外敌的干扰，首先禁止对宗教的传播，后来政府加强了对国外传教士的禁止，最后彻底与外部世界隔绝，这直接引起了1637年的岛原（Shimabara）起义。直到19世纪50年代，日本才被迫开放口岸。

幕府时代政治性经济最主要的影响在于，武士和农民阶层的彻底隔

---

① 王晓燕：《日本江户幕府末期的幕藩体制与商品经济》，《贵州师范大学学报》（社会科学版）2007年第2期。

离,因为上述的抵押系统政策的出台,为了防止地方大名拥兵自重,所有的武士被派往中央所属区域进行统一管理,发放工资和养老金,这促使了剥削式官僚体制的产生。(pp. 9 – 10)

幕府时代的这种政治性经济的出现更加有利于我们理解幕府统治时期农民抗争的内容和方式,所谓"经济基础决定上层建筑",却在此并不合时宜地表现了出来。

3. 组织和动员

经史料记载,幕府统治的时期每年有大约 20 多次的抗争和冲突,尤其是在幕府统治的后期,政权即将颠覆之时,农民的抗争也是相当频繁的,每年有 10 次到 30 次的抗争,平均每 10 年有 113 次,而且不限制地区,虽然有些地区相对较多,但是每个地区都有发生,分布较为普遍。与其他地区和时代不同,在幕府统治的日本,已经形成了农民的阶级并且具有一定的传导性,这就解释了"集体行动的能力"的问题,主要原因有以下几点:

首先,在马克思看来,农民能够成为一个阶级是因为共同占用生产工具,在幕府统治的后期,小规模经营的家庭日益培养成一个以血缘为主要联系方式的大家庭,共用劳动力,另外,村庄经常共同完成一些公益性的工作例如修水坝或者在农忙时集体合作。同时,在此基础上非亲属的劳动雇佣关系出现了,地主和佃农的关系开始密切,剥削形式逐渐被揭露,这些亲属的共同劳动和非亲属的剥削关系的出现,使得农民逐渐团结起来,形成了阶级意识。

其次,冲突意识的产生,慈善性的阶级开始会去帮助那些面临生存危机的农民,但是后期,剥削关系日益显露,一个道理浮现即:地主拿走,是农民丢失的。同时,与幕府统治时期的早期相比,地主和农民之间最初建立的感情被打破,地主多是从外乡过来的富人,住在遥远的地方,与农民的交流变少,使得剥削关系变得更加赤裸裸,这更加促成了农民冲突意识的产生。

最后,这种抗争意识的产生更加有助于抗争的动员,尤其是在幕府统治的早期,税收系统强加的集体的义务使农民在抵制威胁农民破产的财政政策上产生了强烈兴趣,而且加上这种一致性更加适于集体行动模式的产生,有利于冲突中的动员,在抗争过程中政府的镇压反而推动了这种动员能力的产生。而且,最主要的,日本作为一个民族,具备一个共同的民族的特征，具有共同的民族语言和文字，利于动员的传播。①

4. 目标和意识形态

17世纪，幕府统治时期，经济使农民面临危机：在灾年，粮食供应不足，小农生产的粮食不足以缴纳赋税，小农日渐被迫离开土地。在这样的背景下，农民面临着两大危机：首先，高额的税收和商业进入农村的干扰，直接影响了农民的生活，农民为了最基本的生活开始离开土地，被迫进入市场；其次，反对贪污的官僚和专制以及封地官员与商人以及领导人的勾结，总之，封地内的农民对地主和更高一级的官僚和政府极为不满。但是在这一抗争意识形态形成的过程中宗教和国家政策没有发挥独立的作用，最主要的意识形态因素是"慈善性"行动的出现，在幕府统治的早期，地主作为农村精英经常在灾年给予村民一些保障农民最低生活的帮助，但是，后期随着这一举动的终止，农民开始反抗，他们采用非法和暴力反抗的时候，有自己的解释，以证明自己行动的合理性，他们认为地主有义务在灾年的时候减税，而且认为当农民缴纳税收的时候，地主和农民之间已经形成了一种互惠，订立了一种契约，而当地主不履行契约的内容给予农民经济上的帮助的时候，农民认为自己有权去反抗②。这在后面转变为一种实践"慈善原则"的意识形态，即：地主有保护农民的责任，保证小农的生活，暗示出农民的生存问题是首要的政治问题，是合乎逻辑的。

农民把安全视为阶级地位的规则，想要得到一种理想的农民和地主地位的模式，这种模式不是异端的意识形态，抗争是在这样的条件下，农民认为自己的地位受到了侵犯所采取的最直接的反应。

5. 集体行动和暴力

幕府统治后期，农民和地主的阶级地位出现了严重的不平衡，地方大名控制了民众，最主要的是这种控制的程度已经到了一个空前绝后的地步以及双方力量悬殊之大的程度。这种状况下，农民阶级的结构以及社会控制的政策使农民没有在前期采取最暴力的武装抗争，主要原因是由于农民

---

① ［美］安德鲁·戈登：《日本的起起落落：从德川幕府到现代》，李朝津译，广西师范大学出版社2008年版，第34页。

② ［美］詹姆斯·斯科特：《农民的道义经济学：东南亚的反叛与生存》，程立显等译，译林出版社2001年版，第20页。

对威胁的真实反应——恐惧，以岛原抗争为例，由于基督教被破坏和严重的剥削造成了农民的反抗，但是政府给予了空前严酷的镇压。

幕府统治的前期和后期的规模、数量以及方式有了很大的转变，主要是规模变得更大，数量更多，由非法的和平的抗争到大规模的示威游行，农民变得更加好斗，而且对统治者的权威没有以前的畏惧。（p.17）主要原因有：首先，市场经济的发展，改变了农民的动员方式，动员模式变得更加快速和主动；其次，农民阶级的内部联系有所转变，是因为对市场的依赖和对农村社会资本主义生产关系的依赖，因为即使幕府统治倒了，农民也不会受到很大的损失，而且更重要的是，后期幕府统治时期，矛头开始指向了富有的农民阶级，所以最频繁的农民抗争发生在明治天皇统治的初期。

（二）各章主要内容

全书共八章，在进行阅读和概括之后，共分为了四个部分，下面将四个部分的内容介绍如下：

1. 慈善的政治性经济

幕府时期政治性经济的建立是源于几次制度改革，首先是从丰臣秀吉（1538—1598）开始建立幕府封建的政治性经济，他进行了制度的创新，主要从三个方面：

第一，就是将战士和农民阶层分开，这项政策稳定了封建政治并且复兴了战士阶层。因为早期大名的家臣要分割一部分对地方的控制权力，这造成了拥兵自重的危险，大名一般忙于战事，其追随者（家臣）并不能很好地服从他，这项政策制定以后，幕府首领德川家康（1542—1616）对这项政策进一步完善，让大名的将士离开农民进入城市居住，大名可以对其进行监督，并且他们靠地主提供的工资薪金生活，一旦发现他们的任何不服从的表现，将对他们停止养老金的发放，所以使他们日益变得忠诚，最后演变成了后期的效忠的传统——武士道精神[①]。

第二，在农村废除军备，在改革之前，将士迁走以后，乡村首领和地主因不断地进行地方控制，被武装的农民拒绝服从，甚至加入组织进行反抗，在这种情况下废除农村的军备，对农村进行了各方面武器的搜索，又

---

① 陈永祥：《德川幕府末期日本武士和商人的结合》，《华夏文化》1995年第6期。

称"刀剑搜索",一定意义上使农村的流血冲突事件减少。

第三,石高制的建立,这是为了征税方便而发明的一种新的官僚程序,使大名进行地税的征收,而完全不用顾忌土地的经济状况,这种地税征收的政策改变了农民的地位,从依赖性家庭到独立的耕作者,但是却降低了大的经营者阶层的自主性,使他们由土地的掌握者到分配给农民一定的耕作权,使他们成为佃户,农民变得更加团结,逐渐要求一些与土地相关的传统权利。但是农民依然服从于大的土地经营者的权威,由他们支付所有最高统治者的所需之物,包括大名战争所需要的粮食、马匹以及加强防御的农民劳动力和交通供给。(p.24)到了17世纪,小农家庭成为农民的主要社会阶层。

这三项制度的创新建立了一种新的封建秩序,即社会经济地位的分层,并且为了强调各个阶层的联合,给予他们额外补贴和等级特权。

另一项争论已久的政策集中在对税收的评估上,在幕府统治的初期,土地审查和高标准评估触发了许多次抗争,表现出一种新的剥削系统刺激了农民的反抗,这种土地的审查系统被叫作"扣库达卡",主要是判断可耕作土地的质量,把每一块水田和旱地划分等级,按照这种等级标准征税,于是地税成为农村的主要税种,这种税收形式使大名直接对农民的征税成了可能,这一政策,理论上留一部分收入给农民以满足其基本生活需求,但是实质上却几乎征收了农民所有的剩余,农民不得不通过开垦新土地、提高技术、投入劳动力和种植经济作物以提高产出,但是审查数据又开始模糊起来,其目的是为了达到税收的最大化征收。

以福岛为例,1590年进行了第一次全面的土地测量,再次测量在1594年,对土地评估的产出增加了20%。17世纪以来,频繁的审查增加了评估的产出,仅仅在福岛的支亚苏地区,27年来就增加了80%,可耕作土地增加的同时也加速了这项工程的进程,同时政府不断地提高劳动力征用配额,以获得税收基础,对新登记的农民征用劳动力,而征用时间没有规律,一旦与农忙时间重叠,将对农民带来灾害性的损失,所以1/3新等级的农民失去了土地,同时也失去了作为农民的身份。由于土地审查数据不断更新,税收日益增加,农民不断向政府提出诉求,要求把税率降低到30年前的水平,同时,要求政府提供粮食和种子的借贷以保证来年的收成,从而能够使他们不至于丧失土地。税收的增加使农民的数量日益减少,无人耕作的土地增加,税源减少,税收减少,对政府不利,所以农民提出的诉求是有利于政府的。

另外以17世纪的会津为例，在加藤嘉明和中森父子的统治之下，不断发现新的步骤以利于评估和税收的增加，由于执行得较为匆忙，在实际产出和评估产出之间存在着一定的偏差，人们讽刺他为"徘徊的评估"，反对他制定的评估土地质量的程序，于是爆发了1637年的岛原起义，这次起义过后，加藤认识到如果不进行改革，无法无纪的农民对土地是无益的（p.38），于是进行了一系列的改革，包括：首先，改变已经恶化的等级模式，采用一种新的土地审核模式，纠正过去的错误。其次，对于极度贫困的地区提出减少39%的税收，但是，对于较为富裕的村庄则不减免税收，同时根据原则进行豁免，而不用谁强谁弱。1655年，提出了一种新的借贷系统，将贷款贷给最需要帮助的人，有时不需要利息，有时收20%的利息，但是比地主提供贷款的利息低20%，这种慈善政策使人口增加，税收增加，农民继续持有农民的身份。加藤的改革既保护了地主的利益又保护了农民的利益，前者的失败和后者的成功说明了一个道理：长期看来，一味地追求利益只能自取灭亡，地主所得剩余的多一些，农民逃税、潜逃或者反叛的危险就会大一些。(p.41)

石高制的存在使农民这种慈善的政治性经济的产生成为可能，如果没有这项政策，土地的脆弱和农作物的歉收会使农民面临生存的困境，所以，在以后的抗争中，农民为慈善政策的推行不断地进行斗争。

2. 幕府时代早期的集体行动

幕府时代的统治阶级严厉限制农民的政治行为，帮伙聚集、分发传单、游行示威等均得到严令禁止，发现可疑行为，立即进行严厉的惩罚。(p.42)但是政府允许农民请愿，并开通了农民请愿的渠道，这种请愿主要方式是通过农民的头领来反映情况，所反映的情况大多是农民歉收之类，这些信息对于政府管理非常有效，但同时，政府也拒绝接受一些请愿，包括：反对土地审查和高额的税收，统治者视其为非法请愿，对于这种非法的诉求，统治者给予了严厉的处罚，并警告人们：在向最高统治者反映情况之前必须首先要向地方管理者提出。(p.45)

理论上说，长期高额的税收和短期的农业歉收是相同意义的，但是为何统治者可以接受因灾害造成的粮食减产的请愿，却无法接受降低税收的请愿？这要从以下方面来进行解释，首先，意识形态的因素，封建地主更愿意以一种慈善者的身份而不是无法接受农民意见的独裁者的身份出现在农民面前。其次，也是比较实质性的因素在于官员可以查证因自然灾害而带来的贫困，政府能够很快知道哪个地区需要帮助，需要多少帮助，自然灾害是不稳定的，但是是可以补救的，但是税收标准却不可能因地区的不同而随意变动。政府这种在灾年所提供的慈善行为是制度上的，在减税和提供贷款方面管理完善，使农民可以顺利地渡过难关。

然而，政府单方面的增加税收并不在制度的范围内，屡屡遭到农民的反抗，所以政府就将"拒绝非法诉求，提供充足帮助"这一诉求交与地方领袖，这些地方领袖由年老的人和富人组成，他们的主要职责是监督控制地方联合，并且对自己所在的地方负责，一旦有长期剧烈的抗争出现，他们将遭到惩罚，这一时期，这种由地方首领和农民组成的保护—被保护的关系是比较固定的，可以应对短期的危机，但是如果当地出现了长期并且严重的经济困境，地方领袖也要走出村庄寻求帮助。

虽然政府严令禁止越级请愿，即在向最高统治者反映情况之前必须首先向地方管理者提出请愿，但是农民为了自己的困境能够得到重视，总是采用直接请愿的方式，以南山地区的直接请愿为例：

南山位于福岛西南方向的大山里，是一个狭小的山谷地区，只有一小部分属于可耕作的土地，原来是属于幕府直接控制的区域，后来因为土地贫瘠、战略重要性小，被分到了会津的封地范围内，结果受到了加藤三代政策的惠顾，人口和可耕作土地迅速增加，于是 1688 年，幕府又重新获得了对其管辖权，南山地区的粮食直接运往江户地区以供给幕府家族，不仅是路程的开支而且是粮食的供应都给南山地区带来了巨大的负担，1692—1695 年的大旱，使百姓在上半世纪遭受了第一次饥荒，1714 年，200 多人及 70 个地方领袖提出请愿，认为由于气候原因使他们不能满足最低的生活需求，要求像在加藤三代统治之下一样，留出一半作为低息借贷用来满足农民的基本生活，但是这一行为遭到了幕府政府的反对，政府反而一意孤行，增加税收，这引起了农民的强烈不满，人们不断提出请愿。

但是事实上由于地方领袖对上服务于武士阶层，对下代表了普通的民众，所以请愿的途径以及请愿是否有效在很大程度上依赖于地方领袖，例如 1712 年，人们组成了联合直接向幕府政府请愿，要求恢复到会津的管辖范围内，但是由于村庄领袖而失败，加重了农民对村庄主要领袖的不满情绪。1718 年，村庄领袖提出对新开垦的土地进行审核评估，并被任命去完成这次评估，使新开垦土地的税率达到与旧土地一样高的水平，增加了税收，加剧了村庄主要领袖与农民的矛盾，于是1720年11月26日，几百人聚集在田岛进行游行示威，提出了五点要求：降低税率；降低在大豆等第二作物上所征的税收；降低所有的地税；停止粮食的出口；废除主要领袖的职务。(p.51)由于属于非法请愿，政府对抗争的领导者进行抓捕，并在村庄主要领袖的情报下，处死了2名农民，4人入狱，这激起了农民的强烈愤怒，他们组成了一个小组直接向幕府提出请愿，这些成员意识到存在的风险，宣誓将自己奉献给请愿行动，政府一边切断请愿人员的经济供给，一边派人到这一地区进行调查，派出军队和官员逮捕了所有的领袖，5名被处死，尸首悬挂示众，9人入狱，43人被罚款，最终幕府将南山地区归还给会津，虽然税收依然很重，但是农民可以在危难时获得帮助，这次农民直接请愿的抗争行为取得了胜利。

17世纪的主要抗争方式就是直接请愿，到了18世纪初期，农民改变了抗争策略，采用说服、劝解的方式，并开始公然使用暴力，而且领导和组织都发生了变化，除非地方领袖或者政府官员有不正当之处，他们才会直接请愿，在这种环境下，直接对高层的当局提出请愿更加有效。农民的非法抗争形式往往收效明显，他们一般第一步行为是递呈合法请愿书，然后是直接的非法抗争，虽然他们知道非法抗争的领导者会受到处罚，但是，他们相信正义高于法律，并且认为他们握有的就是正义。

但是在18世纪早期，村庄也存在一些暴力抗争的行为，主要方式是围堵地主的住房，直到请愿被答应为止，他们的主要动机是减税，以1702年的一起农民抗争事件为例，揭示了这一行动与直接诉求的区别，这是一场由小农阶层领导的（而不是农村领袖领导的）的通过暴力方式挑战封建权威的抗争，政府答应了他们的请求，虽然对其进行了血腥的镇压，但是开始总结教训，改变策略，减轻农民的负担。

以上可以看出，幕府统治的中期，农民抗争的规模越来越大，这与动员机制有紧密的关系，农村中采用谁主张谁领导的方式，不论阶级，不分贵贱，并且会对那些在起义中退缩或者反对的人实施打击报复，因此更有能力去动员所在区域的人甚至是其他村庄的人们，在抗争中农民变得更加大胆，因为他们有一种荣誉感。18世纪，农民的集体行动呈现出了新的特点，表现在表达方法、动员和策略上，有两个方面可以解释新运动的兴起，即封建领主的财政需求和农村社会阶级关系的转变。农民急切想要表

达自己的痛苦,而集体行动恰好可以缓解他们的这种痛苦,尽管农村经济的转变导致了传统关系的崩溃。(p.79)

3. 新的因素促进冲突产生

在幕府时代进入后期以来,由于市场的进入产生了一些新的因素,这些因素促成了新的冲突的形成,其中包括:对于依实物缴税的抵制、对于农民中的头领的反抗以及一些因经济因素而引发的抗争。市场对农民的影响经历了三个阶段:第一,由于大阪作为日本的"仓库",不断提供农产品和原料以及手工业商品给江户,农民就逐渐接近大阪的市场以获取技术,这些技术可以提高传统农业的产出,这样他们可以获得更多的剩余;第二,在许多地区开始种植经济作物,比如棉花等;第三,逐渐出现了雇佣劳动和小型的手工业,比如养蚕、纺织等,这每一个阶段都有市场的参与,同时打破了传统的对家庭和家族的依赖关系,劳动力合作可能性降低。(p.74) 但是,不同的地方由于地方资源和管理控制的不同,影响了市场的发展,在全国范围内产生了多样化的模式。

可以清晰地看出,在幕府时代后期,高额的生产率、经济作物的培育、雇佣劳动力的出现、手工制造业的出现促使农民不断参与市场,但是数据证明,随着商品经济的发展,农民变得更加不安定,这种农民的市场参与与冲突之间的关系是不确定的,这与某一地区的参与商品经济的时间早晚有关系,比如会津地区,由于水路不通、关卡收费高以及统治者禁止自由贸易的政策等因素的影响造成了经济转变的幅度较低,抗争的发生一直是处于平稳状态,而岛津地区,由于封建统治在本地支离破碎的特征,管理松懈,对商品生产和贸易的控制程度降低,间接地促进了本地商品经济的发展,与此同时,促成了18世纪农民抗争次数的飞速上升,但是为什么数量上升如此之快,这还是有一定原因的。18世纪和19世纪,农民不再反抗税收的增加,而是反对以缴纳稻米为主的税收形式,有数据显示,18世纪以后,因反抗实物税收而造成的起义或者抗争增加了近10倍,主要原因是本地(岛津地区)主要以养蚕为主,其他省的人也会在收获季节来此地收购蚕丝,但是由于大旱天气,粮食无法供应,农民必须从其他省买回粮食以供生存,但是价格相对较高,所以他们期待用现金来代替粮食缴税,这样可以帮助农民对抗粮食价格的上涨对本地农民所带来的冲击,可以总结为:由于对市场的参与增加使他们对粮食的价格产生依赖,所以造成了他们对实物税收的抵抗,而粮食由于既可以用于生活又可以用于税收而变得更加没有弹性和短缺。

从19世纪开始，农民对村庄首领反抗的次数增加了近三倍，在岛津地区，其中一个比较具有代表性的案例是发生在1859年岛津西北地区的一个叫茂庭的小村庄，这一地区发生过一起反对村庄首领的抗争，主要原因是农民怀疑领导者挪用公款，并自发组织进行调查揭发，并且要求政府参与调查，但是政府不断拒绝他们的请求，最后派出调查员进行调解，由于地方管理的缺陷，调解员偏袒村庄首领的问题，但是这次反抗行为最后成功，其主要原因是：从村庄首领本人来说，他的非法财产和自大的性格，使他疏远的不仅仅是农民；从反抗的力量来说，还包括一些富有的人和有地位的人，诉求的时间长，决心大。此外，在这一地区还存在着村庄之间的首领相互勾结没收侵吞农民土地的现象，农民的愤怒后来引发了1866年的大起义。

这一时期农民的抗争与200年前幕府时代早期农民抗争到底有什么相同和不同呢？17世纪农民的抗争受到石高制的影响，农民希望得到农村精英的"慈善"行为的救助，可以使他们继续保持农民的身份，他们不管地位高低，共同对抗统治阶级，在幕府时代的早期，统治阶级和农民阶层冲突的主要方面是统治阶级控制着地税以及贷款方面，而这些是决定农民是否破产，是否继续保持农民身份的关键；在幕府时代的后期，由于市场的作用占据主导，富有的农民在经济中占据了重要角色，所以他们的不良行为更容易破坏整个地区的冲突环境，容易变成农民反抗的对象。

但是，两者之间也存在着一些相同之处，那就是新的经济关系并没有将旧的集体行动的模式打破，农民仍然希望在粮食歉收时得到富人的帮助，同时他们也具有和富农同样的诉求，即：对抗新的税收、抵抗实物地租。

4. 支亚苏（Shindatsu）地区养蚕业与农村经济与1866年支亚苏起义

在幕府时代的后期，农民抗争最为剧烈和最具有暴力性的抗争是发生在日本的东部地区——养蚕业繁荣的地区，农民的暴力抗争与养蚕业的发展是否存在必然联系，第五章就是从支亚苏地区生产模式的角度进行分析为第六章的起义提供环境的铺垫。

支亚苏地区地形地势及其河流不适于种植水稻等粮食作物，但是适于种植桑树。17世纪，支亚苏地区的养蚕者开始提供蚕丝给织者，17世纪末期，需求增加，是因为政府限定了中国蚕丝的进口。18世纪，这一地区开始生产高质量的蚕丝。18世纪中期,开始出现了大规模的蚕丝交易市场。18世纪末,这一地区成为最主要的蚕丝生产地区之一。而且这一时期蚕丝业的发达还源于新的蚕丝的菌株和桑树不断培育出来以适应环境,同时发现了在温暖的环境下可以刺激蚕的食欲,使它们可以快速生长,从而减少生产周期,于是,18世纪末19世纪发明并应用了加热技术,帮助小的家庭整合了养蚕最繁忙的时期和稻米种植时间上的冲突的问题,所以小家庭越来越多地从事养蚕业,同时还有其他方面的因素刺激小农以小规模的方式养蚕,限制了经济的规模,这些因素包括:雇佣劳动力高成本,而且需要监督;需要空间较小;技术引用便宜;家庭劳动力充足等。同时养蚕业征税比较少,促进了当地的发展。

大多数小规模的家庭从事养蚕业的目的都是为了获得茧和生丝,这样可以拿到当地市场上去卖,也有人到农村来收购,大规模从事养蚕业的人主要是用来制作蚕种纸,养蚕的目的也主要是为了获得蚕茧,这需要大规模雇佣劳动力、时间以及金钱的投入,而且也存在着一定的风险,随着市场的发展,规模经营养蚕的人不断提出请愿要求政府对无证蚕丝生产者进行压制,矛盾日渐显现。但是总体来说,养蚕业的发展在当地经济中发挥了极大的作用,它使农民获取收入,使他们继续保持他们作为农民的身份,但是18世纪末19世纪初的商品化农业的发展,资本主义的入侵,不断牺牲农民的利益,土地日益被富农占据,农民所保留的只有作为农民的身份。与此同时,后期雇佣劳动力的发展,改变了农民的社会结构,无地少地的人不仅仅从事种植和生产,于是产生了矛盾:养蚕可以保住农民的身份,但是并不能保证生存,从事劳工,进行贸易,反而可以很好地保证生存。于是出现了分化:一部分农民小规模养蚕,因技术的革新适用于大规模养蚕业的发展,农民沦落为雇佣劳动者。另一部分农民继续靠养蚕为生,尽管无法满足其生存需要,但可以通过短期高额的贷款以及抵押土地来继续完成生产和保障生活。

这次起义的爆发有一定的根源,其中书中提到一句话概括了这次起义的起因:对蚕丝征税是种子,通货膨胀和高的利息率使种子生长,粮食价格的飞速上涨是肥料,种子迅速成长为枝繁叶茂的大树。(p.115)

同时,前面提到过,规模经营蚕丝业的人不断提起诉求,要求政府对蚕丝市场进行管制,1866年的起义就源于此。1864年的秋季,两个富人野麻(Giemon)和奔麻(Bunemon)(后面文章两人名字简称为G-B)

写信给幕府政府的管理者，抱怨说支亚苏地区的小蚕丝生产者生产质量较差，破坏了市场，影响了本地蚕丝生产的声誉，要求政府严密监视小生产者的行为，并且要求制定较高的生产标准以保护本地的蚕丝生产市场，政府赋予G-B监督当地蚕种纸的生产监督工作，并进行税收的征收，当计划宣布以后，G-B成为监督者，这立即招来小蚕丝生产者的反对，他们认为村庄生产的蚕蛋纸是高标准的，不需要监督，双方争议开始以后，政府要求双方达成协议，村民害怕作为生产者的自主权失去，所以他们希望达成协议，最后两方达成了协议，小生产者获得了一些权利，包括：直接缴税给地方行政长官，而不是交给大的蚕丝商；在自己的村庄内监督，在村庄内自由生产和交易蚕丝，但是这场争议存在于村里富裕的蚕丝生产者与规模经营蚕蛋纸生产商之间的矛盾，而不是普通平民，所以普通平民在监督生产和征税方面与规模生产商之间的矛盾仍然尖锐。

大量的税收让贫苦的农民无以为继，他们必须要卖掉手上的蚕丝商品，所以更无力向较为高一级政府提起诉求，只有通过暴力的方式来解决主要的困难，虽然他们和村庄富人之间存在一些矛盾，但是贫苦的农民仍然希望他们加入自己的运动行列中，前期，他们虽然袭击了几个村庄富人，但是仍然希望和平解决矛盾。

气候原因使作物歉收，农民面临着生存的困境，但是大地主仍然要求提高30%税率，这引起了农民的极大不满，于是他们拒绝参加蚕丝交易，在1866年6月5日50人聚集进行示威游行，抢夺富人财产，要求取消蚕丝税，游行的农民与政府的武装部队发生冲突，仍然没有打消农民抗税的热情，但是最后仍然被镇压下去，农民的压力并没有减轻，蚕丝税和蚕蛋税继续征收，而且大批的粮食在起义中被破坏，导致了粮食价格的上涨，农民进一步面临困境。

粮食价格的上涨导致了经济的压力，同时蚕丝的价格也在飞速的上涨，主要原因是日本对外的逐步开放，使蚕丝受到了国外市场的欢迎，在1860年到1868年间，蚕丝出口了大约15000000英镑，比过去所有年份出口的总和还要多，于是支亚苏地区的几乎所有人都在这次浪潮中受益，但是同时受益的背后隐藏着通货膨胀的危机，幕府政府大量地发行钱币，生活用品的价格日益上涨，与此同时，粮食价格和蚕丝价格也在上涨，但是有数据显示，粮食价格仍然比蚕丝价格上涨快得多，同时，在交易中，农民更容易受到"剪刀差"影响，这也是造成农民起义的一个很重要的原因：动员。

(1) 领导

在这段时间内，动员的过程中，有两个人发挥着主要的领导作用，他们是八郎和道之丸，其中八郎是这次运动意识形态的创造者，他虽然没有直接参与运动的领导，但是，他在背后创造了运动的精神，因为他曾经教育村民一种忠、孝、德以及持续战斗的精神，并带领村民反抗扰乱本地安定的流氓分子，同时因官员的腐败而向政府提出请愿，这些行为都在客观上形成了运动中的组织的手段。道之丸是一个背景复杂的人，他从别的村庄被驱逐出来，到了支亚苏地区重新建立了自己生活，并且教本地百姓如何使用武器进行打斗的技术。两人都在农民运动中的具有领导地位，但是不管领导者是否是他们，都可以完整地表达农民的利益。

(2) 关系变化

支亚苏地区的动员行为使不同经济地位、不同利益需求的阶级之间的分裂更加明显，村庄首领不再为穷苦的农民的利益奔波，这违反了农民早期建立的集体行动的模式，虽然是由市场决定的，但是农民仍然希望并要求地方政府的支持。

(3) 斗争力量

在这次运动的一个很大的特征是没有人会在意参与运动的人是否为本地人，以及他们的角色和影响力，这也是市场发展的结果，随着经济的发展，社会变得复杂，参与运动的人也变得复杂，他们不分地域，不分职业，只要受到监督和税收的新的系统影响的人以及面临生存危机的人都被纳入了斗争的行列。

(4) 破坏性强

这次运动的破坏性空前绝后，破坏了63个村庄的180家商户，其中包括当铺、啤酒厂、粮仓等，据统计，在粮价最高时，他们破坏和浪费的稻米可以充足地供给一个村庄一年的生活，那么，他们何以有如此行为？其中有三点分析：首先，资料记载的作者认为，农民在运动中是完全丧失理智的；其次，一个运动中的领导者认为他们是完全出于仇视，仇视那些富人单纯是为了减少他们的财富，他们的一切的不幸和饥饿都是由富人造成的。最后，一个调查的政府官员认为，这一切的原因都可以归结为富人的种种罪行，尤其是市场出现以后，例如，面对农民的饥饿而不开仓放粮、吞没农民的土地、贿赂官员使自己在法庭上取胜等，这些都使贫农忍

无可忍。（pp. 139 – 141）

总体来说，这次斗争中的变化都与市场有关，在市场没有发展以前，农民主要依靠统治阶级的"慈善"，所以经济因素可以用来解释政治，但是市场的发展破坏了这种农村社区内富农和贫农的相互依赖性，他们不再去保护贫农，贫农失去了政治上的联络，失去了上层农民的支持，失去了经济方面的力量，他们的动员模式以生存为基础的传统经验，这是他们唯一可以控制的政治资源。

三 结论

会津起义与支亚苏起义有几分相似，爆发的原因都与通货膨胀、食品贫乏以及贸易分化有关，但是这次发生在会津的起义与支亚苏起义不同的是对市场的依赖较少，而是受到贫苦影响和动员的作用较大，同时面临着倒幕运动这个大背景，明治天皇的军队进入了会津地区，他们抗争的方式仍然是破坏农村首领、当地大债主以及商人的财产，他们要求在土地租用时间、债务关系和村庄领袖方面进行改革[1]。

斯科特认为农民的抗争是基于对饥饿的集体的恐惧，而选择低风险的经济形式——安全第一的原则[2]，这一理论可以解释他们的政治行为，斯科特认为农民不是因为剥削才进行抗争的，他们在意的不是"拿走多少"而是"剩下多少"。当国家和市场使他们的生存面临危机的时候，他们就希望恢复从前，从而进行抗争，作者在论述斯科特的思想的过程中提出了他的观点带有一定的缺陷：首先，是概念上的错误，斯科特在最初提出的"生存"仅仅停留在了身体上的程度，但是后来对"生存"的概念逐步扩大到了身体需要和社会需求的最低层面上，当然与此同时也扩大到了可以接受的生存的标准上。其次，关于生存型的经济和传统的经济，农民更想要哪种经济模式的问题，存在着斯科特和波普金的争论，也就是道义小农和理性小农的争议，作者认为，农民的抗争是在一定的动员背景下，而不是单纯地对变化的反应。

---

[1] 赵曼婷：《日本德川幕府的禁教与锁国》，《中国校外教育》2009 年第 2 期。
[2] ［美］詹姆斯·斯科特：《农民的道义经济学：东南亚的反叛与生存》，程立显等译，译林出版社 2001 年版，第 10 页。

作者对比了幕府时代早期和晚期农民抗争的异同，指出了以下几点的对比异同：

首先，生存来源。指出了农民后期抗争增加有很大部分原因是市场的参与，农民卷入市场的程度更深，他们的生存依赖于产品的交换而不再是农村精英们的恩惠。

其次，斗争目标。早期的斗争目标集中在政府和官僚，主要斗争方式较为和平，主要原因是政府对地方的控制过于严格，但是农民坚持自己的阶级地位，不断抗争，显示了作为底层农民阶级的一种意识形态：即对自己阶级地位的维护。而幕府后期斗争目标主要集中在富有的农民，主要的原因与幕府统治时期的政治性经济有密切的关系。

最后，政治动员的方式。早期的斗争政治动员主要表现为集中的生产和义务以及共同对抗政府的责任上，而后期的动员主要表现在领导方式上。

本书采用马克思主义的分析方法，将阶级、阶级地位以及阶级之间的矛盾变化，农民阶级与统治阶级的矛盾，农民阶级与地主阶级的矛盾，以及农民阶级内部富农和贫农之间的矛盾贯穿于所有的问题当中，这是本书的主要关节点。通过上述的各类矛盾的联系和变化情况看整个幕府统治时期的日本农民的抗争和起义的全过程，从农民抗争的角度对历史做一个归纳和总结，并把幕府时代早期和后期的比较，得出结论。为此作者曾经去过英国、美国甚至是中国等许多国家的图书馆和博物馆收集历史资料，走遍了日本几乎所有的收录幕府时代文字记录的地方，收集到了宝贵的资料，并进行了分析和阐述，才得此佳作。这为我们了解日本的历史提供了很好的素材。

(张倩)

农民抗争的理性

——波普金《理性的小农》[*] 书评

在探讨小农社会变迁与小农抗争行为的学术研究中，从20世纪70年代末期始学术界就有着理论与分析方法的论争。波普金创新性地将理性选择理论引入对乡村社会变迁中小农经济行为和抗争行动的分析，建立了政治经济学分析方法，认为道义经济学家们的研究脱离了农村的实际情况从而得出了错误的结论，对前资本主义乡村生活变迁的表述误导了科学研究，使研究者对当代农村社会状况做出错误的分析。他认为，要想理解乡村社会的转型并用有效的方法去提高小农的生活水平，需要一种精确的观点去看待小农和他们的制度，将小农作为理性人去分析他们的集体抗争行为。波普金深入越南进行大量、严谨的田野调查、访谈、查阅档案资料数据，完成了《理性的小农》(*The Rational Peasant*) 的写作，从经验上和理论上对道义经济方法进行全面批判。

一 作者简介及成书背景

本书作者萨缪尔·波普金（Samuel L. Popkin）(1942—) 是美国加州大学圣地亚哥分校教授，1969年于麻省理工学院获得政治学博士学位。先后任教于美国耶鲁大学、哈佛大学、德州大学奥斯汀分校、加州大学圣地亚哥分校。同时波普金又先后担任民主党总统竞选顾问、国防部顾问和民主党对加拿大、欧洲问题研究顾问。波普金作为民主党总统候选人的竞选班底成员或编外顾问，多次参与总统竞选过程，并在1980年里根、卡特竞选

---

[*] Samuel L. Popkin, 1979, *The Rational Peasant*, University of California Press.

期间担任卡特的政治辩论陪练。他与前后两位布什总统的交往更是曲折，先是在1992年以顾问身份协助克林顿打败老布什，然后在1999年至2000年作为戈尔的顾问输给小布什。1991年，波普金教授基于丰富的实战经验完成了《选民的推理：总统竞选中的沟通和说服》一书，这本书被克林顿总统时期首席媒体顾问斯奎尔称为"怎样成为总统的指南"。他本人也曾为俄罗斯、德国、英国、加拿大、日本等国家的政治家出谋划策，担任政治选举顾问。他目前的研究主要集中于总统竞选、民意调查、舆论策略、美国外交政策等方面。作品有《候选人，问题与策略》（1971）、《理性的小农》（1979）、《美国对东亚的态度》（1990）、《选民的推理：总统竞选中的沟通和说服》（1991）以及合编著作数本。此外还先后担任过《政治理论期刊》《美国政治科学评论》《公共政策》等学术刊物编委[1]。

波普金最早去越南是在1966年至1970年，时值越南战争，是作为与国防部有合作合同的Simulmatics公司的雇员去进行田野调查的。但是他的兴趣并不在美国入侵越南，而在前殖民时期越南乡村组织的退化和衰败对小农行为和小农抗争的影响及乡村社会变迁带来的国家重建。波普金认为不了解前殖民主义时期的政治历史就无法解释当前发生的变革，所以他花费大量时间作细致的调查来了解当地的政治经济历史，这些在越南的经历为波普金进一步的学术研究奠立了基础。而随后的一批道义经济学家比如斯科特、沃尔夫先后发表了大量对东南亚农村研究的论文著作，波普金敏锐地发现这些道义经济学家的理论并不足以解释他印象中的越南乡村社会，为了对道义经济的观点进行批判，找到更好的解释框架，波普金教授在福特基金会、哈佛国际事务中心等机构的资助下再次去越南进行田野调查，这次他创新性地将理性选择理论引入对乡村社会变迁中小农经济行为和抗争行动的分析，希望用政治经济学的方法回击道义经济学家的论断并揭示小农反抗的真实原因。

二 理论背景和解释框架

（一）理论背景

在介绍这本书之前先进行一下理论追溯，在探讨小农社会变迁的学术

---

[1] www.polisci.ucsd.edu/faculty/popkin_cv.pdf.

研究中，20世纪70年代末期有着道义经济学和政治经济学两种对立的理论方法，即学界著名的"斯科特—波普金争论"[1]。在经典的农民学理论中，农户的经济性质主要指农户在约束条件下追求风险最小或利润最大[2]。由于对生产目标、约束条件和小农行动的理解不同，对现有农户经济性质及小农社会变迁的讨论基本是沿着两条线索即"道义经济"和政治经济学展开的。

"道义经济"概念在乡村社会研究中因斯科特的《农民的道义经济学》而获巨大影响，他的理论起源于著名社会学家恰亚诺夫（Chayanov A. V.）：农民经济是"非资本主义的家庭农场"[3]，即以家庭成员劳动为基础的自给自足的生产单位，农户的生产难以按照成本—收益法则计算回报；同时，农户生产主要不是为了市场交易和获取利润，而是为了满足自身的消费需要，对农户行为的研究，应采用文化人类学和经济人类学的方法进行。顺着恰亚诺夫的这种分析，斯科特通过案例研究指出：比较契合农户行为性质的是"道义经济"，即农户开展经济活动的主要原则是"安全第一"，即具有强烈生存取向的农民更倾向于规避经济的不确定性，而不是冒险追求收益最大化，农户的行为基准是选择回报率较低但较为稳妥的策略[4]。

"道义经济"认为小农主要的生产目的是满足家庭的消费需要而不是利润的最大化，小农的产品是为了满足家庭自身的消费，在生产上只靠农家自己已有的劳力，形成了一个有别于资本主义生产方式的独特体系[5]。农民的抗争与反叛是因为资本主义的入侵打破了传统村社共同体的制度使其失去了福利、安全、生存保障，破坏了传统小农的生存伦理观念，激起小农的义愤而引起强烈的抗争。斯科特通过比较分析深入研究了资本主义的入侵打破传统村社共同体的制度后掌权者与农民之间相互的控制和抵抗。在权力不对等的关系中，农民若公开抱怨自己所受到的压迫通常会受到处罚，但他们却无处不在抵抗，这些抵抗是以微妙、间接的方式进行的，最常用的反抗技艺就是怎样最大限度地违犯规则却又不至于受到

---

[1] Charles Keyes, "Scott Popkin Debate", *Asia disquisition magazine*, April 1983, p. 62.
[2] 高帆：《过渡小农：中国农户的经济性质及其政策含义》，《学术研究》2008年第8期。
[3] 恰亚诺夫：《农民经济组织》，萧正洪译，中央编译出版社1996年版，第12页。
[4] 詹姆斯·斯科特：《农民的道义经济学》，郑广怀译，译林出版社2007年版，第23页。
[5] 恰亚诺夫：《农民经济组织》，萧正洪译，中央编译出版社1996年版，第1—9页。

处罚。

舒尔茨（Schultz T. W.）对小农经济的经验分析成了波普金的理论来源。认为小农的行为是具有理性的，小农作为"理性人"像资本主义企业家一般，行为背后充满了理性的算计。这种理论强调小农的行为方式跟别的经济主体在本质上没有差别，小农自身有理性去实现资源的优化配置来让利益最大化，小农的行为方式天生具有追求效率的资本主义企业家的特征。舒尔茨认为农户在有些要素的配置上是很有效率的，他们从事生产活动的动因是追求利润最大化，且能够对市场与价格、成本和收益的变化做出灵敏反应。[①] 沿着舒尔茨的观点，波普金深入越南农村社会进行田野调查、分析，认为越南小农并不是非理性的个人主义者，小农所组成的村落只是空间概念而缺少利益认同纽带，不同农民往往是在松散而开放的村庄中相互竞争并追求利益最大化，尽管在个别情况下小农会照顾邻里的利益，但一般情况下个人都是自谋其利的。[②] 小农的抗争并不是道义的愤怒，而是经过理性的计算认为抗争能够绕过地主对他们多线条的统治，直接进入市场交易，获得较之顺从更大的利益，这亦是农民抗争的理性原因。

波普金通过大量、严谨的田野调查、访谈、查阅档案资料数据等方式，详细考察了越南东京、安南、交趾支那三个地区不同时期（前殖民时期、殖民主义时期至晚近革命时期）的乡村社会和小农社会行为的异同，试图找到能够有力解释越南小农行为的深层原因。

(二) 理论解释框架

"理性选择"是一个社会科学的经典理论，它所提供的解释框架强调参与者动机和理性决策过程，试图将社会现象解释为在结构环境中选择的理性个体决策的总和。波普金将理性选择论引入对小农社会生活的分析之中，认为乡村社会的各种现象都是小农个人理性选择与决策得出的结果。在乡村社会生活中小农采用何种耕作技术、参不参与公共设施建设、集体反抗地主与否、加入宗教以及共产主义组织与否、进行暴力抗争与否，都

---

① T. W. 舒尔茨：《改造传统农业》，梁小民译，商务印书馆1987年版，第7页。
② Samuel L. Popkin, *The Rational Peasant*, University of California Press, 1979, p. 43. 下文对本书的引用直接标注页码。

被波普金视为小农理性选择的结果，小农经过精确地算计进而努力对上述情况做出选择。

在解释小农的集体抗争时，波普金将集体行动理论引入分析，认为小农因个体理性做出的选择决策造成了越南乡村社会低水平的集体行动，理性的小农在抗争的过程中会由于搭便车现象和各自之间的利益竞争使得群体团结瓦解，最终导致反抗运动的失败。只有当强有力的组织出现进行有效的资源动员并将个体理性有效整合，才能克服集体行动的困境，获得抗争的胜利。

波普金运用的是理性选择—决策的解释框架。用这个框架来分析前资本主义乡村社会和抗争过程中小农的行为，在理性选择理论框架内提出抽象演绎解释，对个体动机的假定强调个人的理性，这种理论框架在解释社会现象中是一种相当犀利的分析工具，但分析中过于强调经济理性，忽视或者说故意忽视文化、价值观等对小农行为的影响。

当然小农社会是一个颇为复杂的社会，小农的政治经济行为在受个人理性控制的同时，不可能脱离社会规范和价值观的影响，特定历史条件下的制度因素以及不同的社会文化因素亦会制约小农理性。因而对理解小农行为来说制度与结构的功能性作用是不应该被忽视的。

尽管写作本书时波普金声称目的就是批判道义经济的理论，但通过下文我们对本书的详细解读，会发现正如李丹（Daniel Little）先生所言"道义经济与理性小农模型并非完全矛盾"[1]，应该说两种观点是互补更为恰当。

三 对本书的解读

《理性的小农》一书分为前言与六个章节，前言中作者开宗明义认为传统的道义经济学对越南乡村生活的分析是浪漫化的、脱离实际的，道义经济学的分析方法无法分析越南乡村社会的历史变迁，更无法对现阶段改善小农的福利、社会保障提供实质性帮助。波普金试图用政治经济学的方法来分析，将小农看作是善于解决问题的理性人，小农会根据自己的利益

---

[1] 李丹：《理解农民中国：社会科学哲学的案例研究》，张天虹等译，江苏人民出版社2008年版，第29页。

相互协商找出最合理的生存之道。按照逻辑结构可将本书分为三部分解读：一是政治经济学对道义经济学的批判；二是理性选择理论对越南小农社会变迁的考察；三是用集体行动理论来分析小农抗争。为了对本书有直观清晰的介绍，在这里对本书进行分章节的解读。

（一）

在第一章中波普金主要讨论市场的扩大、农业社会的转型等殖民主义带来的冲击。作者先介绍了道义经济理论解释现象的方法，然后提出了自己的政治经济学分析方法，用来分析前殖民时期，殖民时期和革命时期的越南农民社会。波普金运用的是理性选择的分析框架，即把各种社会现象解释为个体的理性决策和理性行为的总结果。

波普金首先对道义经济观进行综述：道义经济认为农民抗争通常伴随着国家政策的影响，农产品商品化和殖民主义而来。其核心假设是"安全第一"和"生存伦理"。对于统治者的剥削，农民关注的不是被拿走了多少，而是还能剩下多少。[1] 小农进行反叛与革命，并不是他们主动要求什么，而是由于生存权利受到侵犯而不得已为之。道义经济学家认为，在"安全第一"的生存伦理下，农民所追求的绝不是收入的最大化，而是较低的风险分配与较高的生存保障。贫困本身并不是农民反叛的原因，农业商品化和官僚国家的发展所催生的租佃和税收制度，侵犯了农民的生存伦理道德和社会公正感，这才是迫使农民铤而走险，奋起反抗的原因。

波普金而后叙述了道义经济观的核心概念。首先是"安全第一"：道义经济把安全放到第一位是因为小农贫穷和处在较低生活水平线上，长久地处于一种"水深齐颈"的状况中，差的年景及稍微的粮食歉收就能导致灭顶之灾。作为"道义经济"的核心命题，"安全第一"原则表明，以生存为目的的小农愿最大程度地避免经济灾难而不是冒险去最大限度地增加其平均收益，他们倾向于选择回报率较低却相对稳定的策略，而不会去选择那些收入回报较高却使自己面临较高风险的策略。这一特定的"生存伦理"构成前资本主义农业社会中技术、社会和道德安排的原则和基础。

其次是"庇护关系"：小农社会的另一重要制度是作为被保护者的小

---

[1] 詹姆斯·斯科特：《农民的道义经济学》，郑广怀译，译林出版社2007年版，第9页。

农与作为保护者的地主之间的关系。这涉及一个双重的关系，享有权利的同时承担相应的责任，地主要对小农有父母般的同情心，而小农要表现出子女般的忠诚。主人有义务在荒年为小农免除租金，提供短期贷款等来使小农获得生存的保障。波普金称为主从关系的家长模型。庇护关系强调地主对于佃户家庭有着道义上的责任，而不是单纯的不受个人关系影响的经济交易关系。

根据安全第一的原则，农民希望了解的关于租佃制度的第一件事，就是年成不好时自己能留下多少粮食。如果农作物绝收，谷物分成制会不要求或要求少交租；而固定地租制则要求丝毫不减地如数交租，哪怕是颗粒无收。在这一关系中，为了使权力合法化，地主们必须履行自己的职责，必须在危机来临时给被保护人以生存保障；另外，佃农们则要出让利益和权利以作为得到保护的代价。

道义经济学家们认为这样的传统小农社会是通过共同的道义价值观和村社制度以合作方式组织起来的。强调共同的道义价值观，群体团结以及旨在消除所有村民生存危机的共同愿望。人们塑造出传统的社会制度，用以保护穷苦的农民免于生存危机的影响。小农共同体与村庄各有制度，这些制度能够提供集体福利，消除生存危机以及确保每位村民的最低福利标准。

波普金提出与之对立的政治经济学的观点，开宗明义认为小农是理性的问题解决者：一方面是其自身的利益，另一方面是他需要与其他人讨价还价以达到相互可接受的结果。他希望读者既不是去怜悯农民，也不要企图重新找回假设的天真与简单，而是尊重农民在实践中解决资源分配、权威、冲突等复杂问题的智慧和能力。① 其基本假设是把农民看作理性的善于解决问题的人，农民会根据自己的利益并相互协商找出大家共同接受的方法。其决策是以其最大利益为目标。

理性的农民也在进行投资与赌博，波普金并不同意"道义经济学家"将农民定义为不愿冒险的人。作为政治经济学派的他虽然同意小农自身的理性会使其极力反对任何的冒险，但尽管贫穷和接近生存边缘，农民还是有很多机会有所剩余并做出一些有风险的投资：他们贫穷而且拒绝冒险并

---

① 郭于华：《重读农民学经典论题——"道义经济"还是"理性小农"》，《读书》2002年第5期。

不意味着他们不做任何投资。农民在作物生长周期和生命周期中都有理性的计划和投资，例如他们把对老年的投资放在一个优先位置。除了决定长期的或短期的投资外，他们还必须选择公共的或私人的投资。在是否将其剩余用作保障、福利和改善村庄环境的项目上他们也需做出抉择。(pp. 18–25)在村庄制度中波普金否认公地与农村财政制度能抚平实际的不平等。公地带来的利益都被掌权者即乡村中的地主攫取了，普通的民众根本无法享受到任何利益，只有老人、寡妇、孤儿能够获得微小的保障。

　　波普金对庇护关系的考察是：他们之间的交换通常由二者的权力平衡产生，在保护者能有效地增加其生产份额时他们当然会这样做，保护者在任何时候都一致地努力消减其佃户的抵抗能力，波普金声称自己以更广泛的视角看待庇护关系，他认为二者并非一种自我强化的、对双方都有益的二元关系。这种由规范所支配和为弱势一方生存需求所制约的交换，实际上是建立在双方相对的讨价还价能力基础上的，是一种动态的函数关系，而不是由文化所确定且固定不变的。具体而言，农民会尽其努力改善其传统的生活水准；而保护者则尽其所能地将此关系保持在个体层面，即防止农民的集体性讨价还价能力的增强，并将他们排除在市场交换关系之外从而保住自己的经济控制权。在波普金看来，在不同的制度背景下，农业的商业化对于农民可能有益也可能有害。农民进入市场和与地主之间的契约关系完全有可能增加农民的生存保障和获利机会，即市场可使农民减少对保护者的人身依附和增强其讨价还价的能力。

　　我们可以从中得到结论，道义经济学家认为在农业商品化和资本主义市场化过程中农民的生活水平、安全福利等受到损害。他们解释暴力是作为反抗资本主义的一种防卫手段，小农试图回到能保证福利的前资本主义时期。认为社会福利变化的关键是制度的变化，包括村落和庇护关系的变化。假定农民是反市场的，倾向一般的财产私有，不喜欢买卖交易。同样假定农民福利依靠封闭的村庄间的合作。波普金对斯科特的分析在方法论和具体论点两个方面提出了挑战。首先，传统的村庄并不是一幅"浪漫的画面"，地主以高额地租剥削贫苦农民，氏族和村庄首领也不惜牺牲农民的利益利用分派用地和征税权力牟取私利。总之，传统的村庄体制绝不像斯科特描绘得那样美好。其次，波普金不认为农民的思维方式如何独特。农民并不比任何其他阶级更倾向集体主义，也不抱有迥然不同的正义观念。波普金作为"理性选择"派的学者,坚持主张所有的人都会以追求最大利益为目标来作理性的决策,认为在这个基本问题上,农民与商人并没有什么不同,都是为了谋利致富。至于农民宁可交付高额地租以及乐于在集体性的机构投资等,对波普金来说完全没有什么神秘的特殊性可言,任何面对高风险的人都会愿意首先控制风险。小农社会展现了理性个人甚至不惜牺牲村庄福利和共同福利来争取个人福利。

(二)

第二章波普金用政治经济学的方法详细地分析了前资本主义时期、资本主义入侵时期、晚近的革命时期越南小农社会的总体政治经济情况,波普金主要分析考察了村社的政治安排、土地使用、耕作方式及税收系统、课税、村民身份、保险与福利、乡村财政、资源分布、领导阶层、庇护关系。否认公地与农村财税制度能抚平实际的不平等。共同的农业安排即使对潜在的所有人都有利,也会因小农的互不信任和利己主义而崩溃。小农社会内部存在着严重的不平等,合作方案面临着重重困难,公共设施问题、搭便车、囚徒困境等问题都困扰着乡村社会,前殖民主义时期的乡村制度是脆弱和无效的。这些乡村生活的典型特征与道义经济学家的论述恰好相反。

因此,波普金认为斯科特及其他道义经济学家大大高估了亚洲小农社会中的团结一致和互助制度,相反地,传统农村并不能保障小农的生存、安全和福利。传统乡村的制度安排受到掌权者的控制,他们通过多线条全方位的手段残酷地统治着小农,小农同样是相互的竞争者,因而无法形成合力来提升自己的地位。

通过对越南社会的详尽考察,波普金认为在前殖民时期、殖民时期、后殖民时期,越南乡村社会并不具有道义经济学家所谓的再分配和福利保障制度;道义经济关于乡村制度的平衡作用假设在经验层面被驳倒了。小农是使其个人福利或家庭福利最大化的人,他们主要是基于个人或家庭福利的考虑而不是被群体利益或道义价值观驱使。传统农村并不能保证集体行动为共同利益而进行,甚至村民认识到的共同利益,如水利工程等,由于存在着搭便车、偷窃集体资源以及相互怀疑等问题,而不能创造出有效的生存保障。

（三）

第三章是对前殖民时期的越南的考察，两种不同的理论方法考察得出了相互对立的结论。波普金认为传统的农村并不具有保障小农安全、福利的作用，地主与小农之间立体的、多线条的联系是对小农更残酷的统治，因为在这样的状况下小农的一切行为都被地主掌控，更无自由可言。

波普金详细介绍了越南的概况：越南在地图上看是一个狭长的国家，东北部和南部是适宜种植的耕地，中西部是高原，人口聚集区主要在北部红河三角洲的东京，南部湄公河三角洲的交趾支那，中部高地的安南。三个地区的政治经济制度较为相似，因为在历史上它们都是受中国的统治，前殖民主义的越南农村文化和宗教都是很同质化的，经历了中国近千年的统治，官僚体制等政治制度受中国影响较大。占主流地位的思想是儒家和佛家思想。晚近阶段天主教传教士取得了很大的成功，部分原因是儒家有着等级秩序很深的精英观念，这抑制了社会阶层的流动，越南的小农阶层很少有机会能够进入社会的上层；而天主教传教士宣称所有人在上帝面前都是平等的，激起了小农阶层很强烈的认同意识，并且天主教拥有天文学等现代科学知识和先进的武器装备，能给加入的小农以安全的保障，因此天主教在越南传播速度极快。

波普金在本章中考察了前殖民时期的乡村的大量政策，如地租的缴纳等，认为在前殖民时期的越南乡村，贫富差距分化；富人和显贵充分利用他们的权利优势以增加其财富，提高其地位；集体福利保障安全的制度是狭隘的，有限的援助只限于老人、寡妇和孤儿三种人，小农必须缴纳赋税，即使交税意味着出卖或抵押土地、欠债为奴或家破人亡；（p.41）如果符合其利益，村内权力会借助村外权力来压榨小农。

村庄的公共财产有着严格的限制，通过婚嫁进入本村的外村人不会得到任何公共资源的分配，在东京与安南公地的比例一般占到20%—25%，但是这些公地都是由村中有地位的地主显贵来支配，他们必然照顾自己的利益而不是倾向于平均财富，所以公地的再分配并不是像道义经济学家所宣称的那样倾向于穷人的生存需要。

道义经济学家对前殖民时期越南农村的考察后认为，农民处于恶劣生存环境中使他们格外重视风险问题，这就形成了传统村庄经济制度中的集体主义倾向。例如，农民常常为同村村民及远方亲戚提供帮助，这并不是说农民是乐于助人的，而是这样一来，当他们自己身处危难之时就可以指望从氏族亲戚或邻居那里得到援助。斯科特认为东南亚地区常见的"公村"现象，将整个村庄作为一个纳税单位并共同管理土地的制度也是一种分散风险的策略。波普金则指出，传统乡村内社会生活的典型特征与道义经济学的主要观点是相矛盾的，有限而具体的互惠、低水平的福利与保险、外来者、市场决定的贷款利率的盛行，所有这些都挑战着道义经济学关于农村福利和保险体系观点的基础。只有把小农看作是理性的、利己的，才能合理地解释乡村的政治经济现象。

（四）

第四章主要描述了法国殖民者对越南小农更残酷的统治。法国殖民者的入侵，使得原本就存在着矛盾的乡村社会对立愈发尖锐，包括村庄与中央权力、村庄内部阶级的对立。小农进行抗争原因并非传统社会的道义联系的衰退，因为传统小农社会本身就不具有资源公平分配、安全与福利被公村保障的现象。而是由于法国殖民者在越南的税制和官僚统治对殖民地人民构成了更大的负担，现金征税的直接负荷、在灾荒年月不加抚恤的政策比传统情况下更加残忍，再加上官僚机构强有力的渗透能力、官员为非作歹等无不损害小农的利益。甚至同样受到侵害的乡村地主贵族们将所有的负担全部转嫁到小农的身上，使得小农不得不进行革命抗争，但是在决定抗争前，农民会理性地计算中央政权的处理能力。

"为了追求在东南亚诸国的商业利益，帝国的冒险和远征于1859年开始，至1885年交趾支那，安南东京先后沦为法国的殖民地。"（p.133）传统的越南公元10世纪前都属于中国的附属国，因而深受中国儒家传统统治的影响，如费正清所言："儒家是'仁慈的专制主义'，有着独特的等级秩序：尊重老人甚于尊重青年人，尊重过去甚于尊重现在，尊重已经建立的权威甚于尊重革新。"但是信奉儒家思想的统治者还属于一种弱势控制，相比之下随着法国殖民者而来的就属于一种资本主义的强力控制，农民必须面对残酷的农产品商品化和社会化大生产的市场经济，而市场经济的风险远非是单个的小农能够控制的。先前租佃形式转变成现金支付，农民不得不面对国际市场的农产品价格波动；并且殖民政府相对于前越南政府有着更强的控制深透能力，这一点全面地体现在税务征收上。传统政府能力较弱，对村庄作为一个整体进行征收，整体的村社有着一定的讨价还价权利，而强力的殖民政府能有效地抽取税收，因此乡村地主们将公地利益都转化成他们的，这无疑将负担进一步转嫁到小农身上；同时，乡村各阶层对公地、公共设施等稀缺资源的竞争更加激烈。虽然法国殖民者同时进行着建设，如2000公里铁路，2万余公里公路电报系统，修整运河，将土地耕种面积扩展近十倍，建立了初具规模的橡胶业、矿产业、轻工业。（pp. 133 – 136）但这并未使底层越南小农获得利益，只有殖民者及有一定地位的地主显贵能从中获益。法殖民者在三个地区实行的政策并不完全相同，所以三地人民根据理性考虑的反抗形式也略有不同。

殖民主义政策及公共资源分配的不公引起了尖锐的矛盾。重税、基础设施、安全和个人财产的保护较以前更差，道义经济学认为的美好的传统公村中本来就存在着无止境的抗争，所以不是旧的道义联系凋谢，而是法国殖民者的政策、税收和官僚体系对农民造成了过大的负担，小农通过对比得出反抗能得到较不反抗更多的利益的结论，才此起彼伏地进行抗争。症结并不是殖民主义的侵入和市场交易的冲击，而是统治者与被统治者的矛盾。小农的抗争是为了摆脱掌权官僚的盘剥，自由地进入市场获取利益，这是小农抗争的理性。

（五）

第五章详细介绍了越南三大宗教组织（天主教、高台教、和好教）以及共产主义组织的发展史和运动史。宗教组织和共产党能够给生活在社会底层、身份无法变动的小农以团体的认同和保护，小农依托这些组织来获取安全、福利上一定程度的保障。这四种组织的出现，使得小农的反抗有了组织，能够动员起更多的资源。并且强有力的组织能够将目标分割、具体化，解决搭便车的问题，使得抗争运动获取成功。

1. 天主教：较早传入越南，具有强大的组织力量，有很强的资源动员能力。组织结构有大主教，地方传教士。天主教吸引了越南大概20%的人口加入。天主教传教士们有着先进的近代科学知识，如天文、地理、物理、化学等，属于先进生产方式的代表，传入越南后虽前期受本土宗教的排斥，但发展速度很快，让小农找到了坚实的精神依托和强烈的认同感，在安全、生存保障方面使小农有了寄托，小农意识到依托天主教强大的组织，能够抵制地主对自己的侵犯。

2. 高台教：原本是越南的一支秘传宗教，在发展的过程中融合了其他宗教的大量教义，大致在1926年成立完善的组织，教义中包含很多的中国儒家思想。成员几乎包含越南的所有阶层，有较强的精英主义倾向，依靠组织内部精英领导，声称要改变乡村中地主对小农的全方位控制，为小农争取福利。高台教的成功，很大程度上在于依靠组织内精英有效地动员组织起小农反抗不公平的待遇。

3. 和好教：前身是越南佛教秘密社团，约于1939年建立起正式的组织，以湄公河三角洲为基地，教义有着强烈的平等主义倾向，没有严密的组织结构，依靠克里斯玛型领袖 Buuson Ky Thuong 的个人能力领导，影响力主要集中于交趾支那。

4. 共产党：这与中国有着千丝万缕的联系，因为共产主义思想主要由中国介绍进入越南。共产党组织在越南小农反抗中最为活跃，吸收了大量底层农民（佃农、小土地者、无地劳工）在越南乡村各地组织暴力革命，武力攻击地主，烧毁地契、债契。由于越南基本上处于农业社会，所以反抗主要集中于乡村，工人阶级革命性较低。波普金分析认为，这些无地劳工理性地计算小农与地主的力量对比，当地主力量强大时一定程度上希望佃农的革命失败，这样他们便能够取代参与反抗的那些佃农的地位，获得地主土地的耕种权；而反抗者力量强大到地主无法抵抗时，劳工才会积极参与革命。

波普金分析小农政治运动所能依靠的组织资源——天主教会、高台教派、和好教派以及共产党组织。这四种组织在运动中要依托自己不同的组织架构，天主教是各级传教士的动员与组织；高台教依靠内部不同级别的精英进行动员；和好教主要靠领袖的个人魅力号召；共产党依靠的是自己的中层、基层干部。成型而有力的组织在动员小农支持和发动重大的反殖民集体斗争中取得成功。波普金在解释这些运动取得成功的过程中，把组织性资源作为主要的因素，认为这些组织都有着强大的组织能力和资源动员能力，并且能够将大的目标切分为小块，用分散的基层组织去完成各个小的目标，通过这种手段可以有效地解决集体行动中的搭便车问题。

（六）

第六章讨论农民运动与集体行动，分别论述了道义经济和政治经济学对小农运动的看法。波普金通过分析发现不同地区不同阶层农民对集体行动有着迥然不同的态度和作为。小农的行动都是建立在个人利益的算计之上，所以集体行动时不可避免地会出现搭便车的情况，而集体行动的资源只有在解决了搭便车问题后才是有效的。波普金将小农看作是政治企业家，他们进行理性的算计，做出选择，究竟抗争还是不抗争能获得更大的利益。农民的反抗并不是为了抵制市场的兴起，而是为了直接进入市场。正是为了摆脱那些妨碍他们直接进入市场获利的障碍，农民才奋起反抗，这才是越南小农革命的根源。

道义经济学说提出假设：传统农业社会的种种制度、规范和习俗在资本主义的兴起中被瓦解，这种冲击严重威胁了农民的生存保障，侵犯了农民的正义感，从而导致现代农民革命的爆发。在市场和利润的诱使下，地主和其他精英纷纷抛弃传统的经济约定，要求小农接受更为"理性"和有效的现代型协议。与此同时，殖民政府拥有远比以往政府更强大的警察和军队力量，借助殖民政府的支持，精英们得以强制农民接受新的经济制度。例如，地主自己不必再留守村庄，他们可以雇人收租，并依靠警察力量来贯彻实施。凡此种种使传统的村庄体制被侵蚀，农民处于极度的经济风险之中，这就不可避免地导致饥荒、抵抗和革命。感到公平受到践踏的小农比那些曾经认为乡村关系基本上是公平的小农更容易起义。

而波普金考察越南小农集体抗争行为后认为：

1. 反抗运动是反封建的，小农不是试图回到传统中去，也不是想毁灭市场经济，而是要驯服市场经济；

2. 没有直接的迹象表明生存威胁与集体行动有必然联系；

3. 个人理性与集体理性之间存在着冲突。

波普金分别对交趾支那、安南和东京三地进行详尽的调查后认为：

1. 同样的地区在不同的时期抗争形式不同，这主要是组织在其中发挥的作用，没有组织强有力的资源动员和组织能力的反抗会因遵从个体理性的小农搭便车而归于失败；

2. 无地的劳工有政治热情，但难以有效组织动员，反而不如佃农、小土地拥有者这些有基本收入的阶层敢于反抗，政治意识未必能转化为能力；

3. 小农抗争与否都是建立在个人利益的算计之上，只有解决了搭便车的问题之后，集体行动的资源才能有效动员。

在分析过程中波普金详细介绍了集体行动逻辑，认为没有强制或特殊的机制，理性、利己的小农是不会为了集体利益去抗争的。

在波普金的政治经济学视角下，提出了政治企业家的概念。农民参与集体行动像资本主义企业家一样也是一种投资行为，因而他必会计算反抗的可能代价与收益。(p.259) 自利的农民是否为一次集体行动贡献力量，取决于个体而不是群体的利益。如果存在个人计算，仅从群体或阶级利益出发就不足以对政治反抗提供充分的解释。只要有产生集体利益的共同行动，个体都会计算他们不做贡献的好处。只要他们相信不参与行动也能得到利益和保障，就存在潜在的搭便车者。而集体行动的资源只有在解决了搭便车问题后才是有效的。总之，在集体行动中的农民也可以被视为一种政治企业家，即使在政治反抗过程中农民也不是一个道义者，而是一个理性投资者。

在传统社会中，小农并不信任传统的村庄首领或者地主，只是不得已才与他们打交道。小农抗争恰恰是为了直接进入市场，市场带来了新的赚钱机会，农民和地主权贵一样都热切地想要抓住这些机会，作为理性人的小农不只希望安居，也想要更好的生活。但问题在于那些农民必须通过村庄首领作为中介才能达到市场，而首领们却从中盘剥了最有利可图的机会。为了摆脱阻障农民奋起反抗，这才是现代农民革命的根源。

斯科特把小农的集体行动大多看作是反抗性的，是针对传统生存权利所遭受的攻击的回应，波普金则把小农抗争看作是政治企业家的理性算计结果，因为小农行动时会预估各种行动对他们将来利益产生的效果，从而做出有关其政治行为的决策。波普金经过详尽的论述指出，有关越南的资料不能支持道义经济的观点。而应用理性选择的框架进行分析。

四　波普金思想探讨研究

(一) 关于斯科特—波普金论争

以斯科特为代表的道义经济学者认为，由于生存环境、社会环境使得小农生活一直停留在糊口水平，这种小农社会特有的规范体制，塑造了小农的行为。小农的生存伦理，包含一系列的权利义务关系，小农用这种伦理观看待他的同乡、地主或官僚对其资源的索取，能够维持其生存伦理的索取就是被认可的，反之则会激起小农的义愤甚至反叛。

传统农村的税收租佃制度、公地制度等保障了小农基本的生存和福利，道义价值观也约束着地主权贵对小农的压榨。这种道义经济观假设乡村的这些传统制度能够提供集体福利,保护穷苦的小农免于生存危机的影响。传统乡村的保障手段(见下表)使得财富在一定程度上得到了重新分配,保障了小农的生存。

波普金则持有截然相反的论断,认为传统乡村制度并不能保障小农的生存,而是拉大了小农与地主之间的差距,福利保障、财富的再分配在乡村是极不常见的,因为它无法得到掌权者的支持,传统村庄中贫富分化严重,富人和显贵充分利用他们的权势来增加财富提高地位,只有少数的老人、寡妇和孤儿才能获得救济。而高利贷盛行,集体行动由于搭便车而失败,这些现象只有假设小农是理性的,自私利己的才能解释。

下表是两种理论对传统村社保障功能的争论:

表1

观点	斯科特为代表的道义经济学者	波普金
1	公地和资源定期在村民家庭之间重新分配	少数的老人、寡妇和孤儿才能获得救济
2	主人有义务在荒年向小农免除租金;提供短期贷款	小农必须缴纳赋税,即使交税意味着出卖或抵押土地、欠债为奴;高利贷盛行
3	互惠互助,分摊出工以及强制性施舍	集体行动由于搭便车而失败
4	有利于穷人的税制	地主充分利用他们的权势来增加财富提高地位

波普金认为乡村的管理和制度有着相当高的适应性,随着殖民主义和资本主义市场经济的到来,乡村精英敏锐地意识到市场化和商业化能够带来直接的现金利润,作为掌权者的他们会调整制度参与进去。小农也会意识到像现代化市场机制和殖民政府的出现并不影响自己的福利,并且自己能在这种变化中获益,但是小农直接进入市场的道路被这些地主权贵堵死了,因而小农进行抗争希望直接进入市场。小农的起义是自己理性算计的结果。

(二)波普金小农集体抗争思想探讨

波普金在小农抗争分析中引入集体行动的理论概念,认为在集体行动中一个核心的论题是个人理性和集体理性之间的冲突。个人理性并不总是聚合为一种集体的理性结果。传统的思维认为群体和组织会共同行动追求群体利益，然而集体行动理论的经典作家奥尔森认为这一假定犯了一种逻辑的错误，因为群体由理性的、独立决策的个人组成，一个群体通常无法有效的行动以追求其共同的利益，每一个成员都会有理性去"搭便车"，也就是自己不去作贡献并希望有足够多的其他成员去作相反的选择。[1] 尽管群体内所有成员在获取这一项集体好处时有着共同利益，但是在为集体行动的进行支付成本时，他们并没有共同利益，每一个成员都希望他人支付所有成本，而通常情况下每一个人都会得到集体提供的好处，无论他是否已付出成本。这一推理遵循着以下两点：理性的、利益最大化的决策基于参与者的个人利益；公共物品具有非排他性的事实。按照这个逻辑，每个人都会搭便车进而导致集体行动的失败，理性个体成为个体理性的囚徒。

在学界集体行动的逻辑得到很大程度的认同。裴宜理（Elizabeth J. Perry）同样认为集体行动有两个不可避免的问题：组织和搭便车。一种集体行动的成功或失败在很大程度上受到现有组织效力的影响；反叛者可利用组织资源和组织形式来对搭便车行为进行克服[2]。

因而集体行动的成功需要完善的制度形式，例如集体行动需要大量参与者之间的协调，需要大规模的筹资，需要纪律制度以及基层和中层领导接受上级领导的指导和指挥等，没能建立这样的制度形式和组织形式的集体行动，一般会失败。领导和组织要素在小农集体行动中起着关键的作用，缺少这些因素集体行动会倾向于瓦解。在集体行动中，小农反抗的有效制度形式是，利用组织以选择性激励、凸显个人贡献、信息沟通处理、目标分割等手段来克服搭便车现象。

波普金观察到小农抗争者所利用的组织资源对抗争活动的成败起着重要作用，通过这种形式活动的领导者能够利用追随者的私人理性算计，来动员并控制大量的追随者。因此他很看重集体行动中组织的作用，认为历史上越南小农集体抗争的失败很大程度上是因为缺少组织的原因，无法克服个人理性造成的搭便车等行为而使反抗归于失败。而近代以来的反抗运动，依托了宗教运动组织——天主教、高台教、和好教——共产党组织因而取得胜利，强调这些组织的组织能力、筹资与策划能力、资源动员能力

---

[1] 奥尔森：《集体行动的逻辑》，陈郁等译，上海人民出版社1995年版，第44页。
[2] 裴宜理：《上海罢工》，刘平译，江苏人民出版社2001年版，第43页。

能有效地带领小农的抗争走出集体行动的困境,取得成功。如果没有外部的力量,农民一般很少具有那种颠覆意义上的革命精神,他们可能会意识到现有政治制度的缺陷并强烈要求改善,但是无法形成推翻整个制度的计划蓝图。

在分析小农抗争的具体细节时,波普金认为在一种特定的经济中阶级关系可以分析得多少更细微一些,在农村社会,贫困的小农所有者,贫困的佃农,以及贫困的无地劳工之间存在着显著的差别,他们的福利和安全水平或许是相似的,但是他们在社会中承担着不同的关系,并且经常会对相同的情况做出不同的反应,较为明显地表现在集体抗争时各个地区不同阶级对革命的不同态度与行为。

例如波普金在交趾支那考察发现,那里无地劳工力量分散,地方各个阶层的农民会团结在一起抗争,争取胜利;但是在北部安南地区,因为无地劳工较为集中,他们就不去参加反抗运动,而是希望佃农、小土地拥有者等的抗争失败,这样自己便能够取代先前佃农的地位获得地主土地的租种权。无家庭负担的年轻人较之中年人易于加入集体行动。(pp. 249 – 258) 上述这两种选择都是小农基于理性考虑的结果。他们仔细地计算成功或失败的概率,以及后果会给他们带来什么样的影响,权衡利弊之后进而行动。

五 对理性选择—决策框架的评价

波普金的理性选择—决策分析模型在解释小农生活及抗争行为时受到很多社会科学家的批评,例如美国密执安大学社会学教授李丹认为经济理性概念作为自立的算计,过于狭隘,不能作为解释社会行动的基础[①]。

其他持批评态度的学者大都持这样一种观点:不同文化之间人们的自我认知具有根本的区别,人们按照各自的价值观、信念来理解自我并建构各自的世界,所以以个人理性为核心的假设,从根本上就是无法成立的。理性选择框架狭隘地将经济理性作为核心假设,抛开了文化上独特的规则和价值观,但实际上理性选择本身所论述的利益就是被文化界定的,个人

---

① 李丹:《理解农民中国:社会科学哲学的案例研究》,江苏人民出版社2008年版,第198页。

的决策不可能不受到信念和价值观的影响。在分析乡村社会系统时，制度与惯例在功能上对村庄共同体施加一定的影响。

郭于华认为："理性小农"还是"道义经济"的区分并非一个真问题，不管是形式主义还是实体主义，他们所说明的都是小农的"理性"，只不过前者是"经济理性"而后者是"生存理性"而已。由于传统农业社会农民仍然处在"水深齐颈"这样一种危机边缘生存状态之下，以谋生为目的的生存理性不仅具有合理性，而且是一种"生存的智慧"。对农民行为的分析必须放在其特定的、具体的生存境遇、制度安排和社会变迁的背景中进行[1]。

巴林顿·摩尔（Barrington Moore）曾说过："在特定的历史背景下，一个被剥削群体所具有的公正感对理解其政治行为至关重要。"[2] 所以从狭义的个人理性个人利益去观察个人行为的理论是不充分的。或许只有政治文化在驾驶集体行为之时才能解决个人利益和集体利益之间的冲突，一个地方独特的政治文化可能激发个人采取行动，并提出有利于集体利益的策略，即使这些策略可能使个人遭受损失。

这说明在小农集体行动中，大多数政治行动包含规范成分，不能简化为狭义的理性自利。因此自利理性的解释框架理应扩展，应当将诸如地方宗教信仰、对亲情的忠贞、道义责任和政治责任、意识形态等引入才更为恰当。毕竟在考虑小农参与者的理性决策之时，我们无疑要考虑小农的个人利益，但是不应忽视另一个方面即群体的利益和价值观。有的学者认为这种争论意义不大，如赵鼎新甚至认为波普金运用理性选择理论对斯科特的批判是一场意义不大但又无法解决的先有鸡还是先有蛋的争论[3]。

接下来的问题是，波普金的理性小农理论认为小农是理性的决策者，主要关心自己的家庭福利和安全，小农的反抗行为很大程度上出于私人利益的计算。那么进一步的经验研究在多大程度上能够解决他和道义经济观点的争论？现有的或潜在的经验数据在多大程度上能支持他的论断？这些都还需要更翔实的经验数据来支撑。

---

[1] 郭于华：《重读农民学经典论题——"道义经济"还是"理性小农"》，《读书》2002年第5期。

[2] Barrington Moore: *Injustice, The Social Bases of Obedience and Revolt*, Random House Inc, 1978, p. 76.

[3] 赵鼎新：《社会与政治运动讲义》，社会科学文献出版社2006年版，第11页。

斯科特曾在《支配与反抗的艺术》(Domination and the Arts of Resistance)一书中指出，由于农民实力较弱，因而自身不会硬斗，刚开始不会就去鸡蛋碰石头。自下而上的抗议都是循规蹈矩的，都是以"申诉""请愿"和"反映情况"来争取在上者的善待。"农民上诉往往是动乱和闹事的先声"，只有在完全走投无路的情况下，他们才会铤而走险，犯上作乱[1]。其实在这个过程中，他们无疑就是波普金所说的那种经过理性的算计，衡量出究竟要不要去抗争。农民日常生活中通过各种各样的回避、拖延、嘲讽、作弄及抵制等不合作和抗拒行为的反抗，是小农不得不采取的、成本最低的手段，在波普金的分析中这些"不合理"行为恰恰是一个理性农民的合理选择和理性行为。

其实就本质来讲，尽管波普金一书为批判道义经济而作，但通读此书会发现，双方的逻辑冲突只是体现在：道义经济学家认为在解释小农政治经济及反抗行为中，道义规范和公正感比小农对个体利益的算计更为重要，而波普金则否认这一点。从逻辑上讲双方的观点是一种互补的关系，可能双方描述的情况会同时出现，但是双方都只选择了一个侧面描述，详细的数据或许对二者的描述都支持：如某些地主在小农困难时减免地租，有的地主不这样做；某些集体行动、暴力抗争表达了某种义愤，而有的不是；小农是精打细算的，但他们也可能服从于道义经济的规范；这些情况中每一种理论都有着数据支撑。进一步讲，与其说数据严格检验了作者的理论，不如说数据服务了各自的观点；作者提出自圆其说的理论，用有利于自己的数据来论证自己观点的合理性。

(申金鑫)

---

[1] James C. Scott, *Domination and the Arts of Resistance*, Yale University Press, 1990, pp. 93 – 95.

《农村的权力与抗争》* 研究述评

1980年1月24日至25日，在约翰·霍普金斯大学召开了关于农民抗争的学术交流会，这次研讨会提交了七篇论文，由古根海姆·斯科特（Guggenheim E. Scott）和罗伯特·韦勒（Robert P. Weller）将这些分散的论文整理成了一本书——《农村的权力与抗争》（Power and protest in the countryside: studies of rural unrest in Asia, Europe, and Latin America 1989），并在第一部分为本书作了一个框架的梳理。本书于1989年编辑出版，在全世界376个图书馆均有收藏。

本书的主编指出："这些被收集整理的论文并不局限于农民或者仅仅局限于抗争，读者要全面地理解农民，就必须要知道农民与其他哪个阶级联合，同时要理解农民的抗争，就要知道农民的抗争是怎么样区别于其他阶级的抗争……在过去的三个世纪以来，随着经济、社会的发展和转变出现了许多关于农民的抗争，本书的各篇论文就是来检验这些农民暴力抗争的方式。"[1] 从形式上看，整本书中的七篇论文都是独立的，分别涉及法国、墨西哥、缅甸、委内瑞拉以及中国等多个国家，分析的方法和内容上有一定的独立性；从内容上看，各篇论文又具有一定的规律和联系，主要

---

* Guggenheim E. Scott & Robert P. Weller, 1989, *Power and Protest in the Countryside: Studies of Rural Unrest in Asia, Europe, and Latin America*, Durbam, N. C.: Duke University Press.

[1] Guggenheim E. Scott & Robert P. Weller, *Power and Protest in the Countryside: Studies of Rural Unrest in Asia, Europe, and Latin America*, Durham, N. C.: Duke University Press, 1989, p.3. 下文对本书的引用直接标注页码。

围绕"道义经济"①"资本主义的发展"②"国家的影响"③这三个共享理论展开,相互补充并完善了三个共享理论的早期定义。

本书各篇论文的作者包括人类学家、历史学家、政治科学家和社会学家,他们将自己的社会科学理论应用于历史事件当中加以阐释,所以这本书是跨领域的,并且试图挑战一些关于农民抗争的传统理论。

一 编者简介

古根海姆·斯科特(Guggenheim E. Scott,1955—),擅长用人类学的分析方法来研究政治和社会。主要代表作品除本书外还有《再安置的人类学方法:政策、实践和理论》(*Anthropological Approaches toRresettlement*: *Rolicy,Practice,and Theory*,1992)、《北菲律宾的无产阶级和政治转变》(*Proletarianization and Political Change in the Northern Philippines*,1984)等。

罗伯特·韦勒(Robert P. Weller,1953—),主要研究中国大陆和台湾地区,研究领域包括文化、宗教、公民生活等,主要代表著作有:《中国无序的神与社会》(*Unruly Gods Divinity and Society in China*,1996)、《中国宗教的一致性和多样性》(*Unities and Diversities in Chinese Religion*,1986)、《中国的抵抗、混乱与控制》(*Resistance,Chaos,and Control in China*,1994)、《正在被发现的自然:全球化和中国和台湾的环境文化》(*Discovering Nature:Globalization and Environmental Culture in China and Taiwan*,2005)、《当代华人城市的民间社会组织:台北、香港、广州、厦门的比较分析》(香港中文大学香港亚太研究所,2002)等。

---

① 道义经济理论在本书中主要描述了在特定的历史背景下,农民使用了一种普遍认同的抗争形式,在书中具体体现是:农民的生存环境改变,一种互惠原则和生存权利被打破,农民认为自己的传统权利被侵犯而爆发的抗争或者革命。

② 资本主义的发展,在本书对资本主义发展的论述,主要是放在世界资本的扩张、殖民统治建立这样的大背景下,世界市场逐渐被渗透,原有的生产方式被打破,新的阶级逐渐产生,旧的阶级在日渐消亡的过程中为反对新的阶级的建立而进行的斗争。

③ 国家的影响,殖民主义的掠夺,资本主义的入侵,世界市场的渗透,国家在这一过程中所扮演的角色对于农民的抗争或者不抗争产生了极大的影响。

二 本书的主要结构和理论要素

本书共收录了8篇论文:古根海姆和韦勒的《农村抗争中的道义经济、资本主义和国家力量的介绍》、蒂利的《17世纪法国的日常冲突与农民叛乱》、沃塞斯特罗姆的《西班牙殖民主义之下的印第安人的起义:1712年的北墨西哥》、米格代尔的《19世纪资本主义的渗透:为社会控制的新模式创造条件》、阿达斯的《1826—1941,缅甸殖民地农民抗争的模式》、罗斯伯里的《1875—1975,委内瑞拉的农民、无产者以及政治》、萨克斯顿的《毛泽东,红色革命以及近代中国农民反抗的道义经济》、斯考切波的《什么导致了农民革命的产生》等。

(一)全书主要框架理论

在本书的主编所写的首篇论文中,作者提出了三个共享理论,即:道义经济、资本主义的发展以及国家的影响,作者认为"全书的每一篇论文都是为了完善这三个共享理论",全书的论文都从不同程度不同层面达到了这个目的。

1. 共享理论之一:道义经济

全书关于"道义经济"的一个中心定义是"在一个特定的历史时期内,人们使用一种大家都普遍接受的标准进行抗争"(p.3),这种标准是在长期的生存过程当中形成的一种权利和义务的关系,一旦这种农民普遍认同的权利和义务的关系被打破,他们就认为自己的权利受到了侵犯,就会奋起反抗,哪怕暴力流血,这种导致权利和义务的模式改变的因素可能是国家政策的改变、殖民主义的入侵、资本主义市场的渗透等多种因素,农民实施反抗并不一定是因为生活水平的降低,而仅仅是因为这种生存的道义被打破。斯科特在《农民的道义经济学:东南亚的反叛与生存》一书中所指出的"贫困本身并不是农民反叛的原因,农业商业化和官僚国家的发展所催生的租佃和税收制度,侵犯了农民生存的伦理道德和社会公正感,迫使农民铤而走险,奋起反抗"。[①]

[①] 参见詹姆斯·C.斯科特《农民的道义经济学:东南亚的反叛与生存》,译林出版社2001年版。

斯科特和他的学生对什么是"道义经济"进行了阐释,他们认为:"不管在常态社会还是在暴力社会,道德共享体系都是存在的。由于道义传统的存在使得农民在抗争时会选择特定的对抗目标,这时的集体行动是出于道德的愤怒。"(p.4)斯科特认为存在两个道德原则,即:互惠原则和生存权利,这两个原则与农民的需求息息相关。

全书贯穿的对于"道义经济"的态度存在着正反两方的观点,主张用"道义经济"的理论来论述农民抗争行为的主要以斯科特为代表,还包括蒂利和沃尔夫的某些观点;批判"道义经济"理论的主要代表为波普金、斯考切波等。

(1)赞成派

主张"道义经济"的理论当中包括强硬派和温和派之争。强硬派(strong wersion)有阿达斯、萨克斯顿、沃塞斯特罗姆;温和派(mild wersion)有蒂利、沃尔夫和 Heige。

强硬派认为:"农民的意识形态和惯例使他们不易发生革命,但是一旦这种结构改变了,地主不再满足农民的期望时,农民会极力地主张传统的道义,这种传统道义可能成为抗争性组织的一个有效的意识形态,这种意识形态促进了他们的革命性,因为他们要求改变这种新的结构形式。"(p.4)阿达斯认为在地主和农民之间已经形成一种权利和义务的系统,地主保护农民的最低生活需求,农民按时交纳地租。萨克斯顿在后面的论文中分析了道义经济的几个方面,指出:"中国共产党领导的农民革命能够成功是因为党提供了一个全新的权利与义务系统,所以比其他国家的组织形式更能够取得胜利。"(p.133)沃塞斯特罗姆在论文中的观点也符合道义经济理论,他分析了墨西哥的印第安人在18世纪使用基督教来保护他们的生活方式,事实上他们保护的正是一种传统的道义经济,沃塞斯特罗姆总结说:"并不是经济上的剥夺本身,而是生活方式的改变使农民举起武器反抗殖民统治。"(p.43)

持温和派观点的道义经济理论学家则站在相对的立场上来探究农民抗争的理论(p.5),认为农民没有强硬派说得那么团结和具有阶级意识,但是同时他们也赞成在农民之间长期的生产过程中形成了一种普遍认同的抗争模式,比如沃尔夫,在另外一本书中写道:"因食物而引发的骚乱不太可能发生在饥饿的地区,而是发生在那些以为别人利用了不正当的手段剥夺了他们的食物的地区,也就是剥夺了他们的道德和政治权利。"蒂利和阿达斯在论文中均对这种认同有所介绍和倾向。

(2) 批评派

对于"道义经济"进行批判的理论是建立在资本主义商品化的立场之上的，认为道义经济是浪漫的、理想的，比如波普金，他认为："道义经济学家主张推动农村进行财富的再分配事实上是强调分层，长远看来，在资本主义之下的商品化并不会威胁农民最基本的生存，农民反而会从资本主义扩张的过程中获利。"(p.5) 他把农村形容为一个公司，把农民形容成股东。

还有一些学者对道义经济进行了相似的批判，主要集中在强硬的道义经济理论方面，这种对强硬道义经济理论的批判主要有斯考切波、阿达斯、罗斯伯里等。他们的主要观点是：道义经济太过于浪漫化，资本主义的冲击是造成某些地区农民抗争和起义的根源，与道义经济无关，那些认为农民中存在的团结和阶级意识为主要内容的道义经济并不是总能够解释农民抗争的原因。另外一些学者认为：农民和农村精英之间的连接是建立在剥削关系之上的，所以很难相信传统的"道义经济"中所存在的权利和义务。

对于"道义经济"的赞同和批判应当站在客观的立场上，而不应该一地的肯定和否定，对于"道义经济"，本书主编认为最主要的可取之处便是这种"共享理论"，是农民在面对各种剥削和压迫时自我保护的一种方式，同时，这种共享的规则不是一成不变的，在新的环境中可以灵活应对。对于这一点，蒂利在后面的文章中也表示赞同，他认为："法国的一系列抗争不仅仅是传统道德经济的一部分，更是对新结构环境的应对。"(p.16) 本书支持这一观点的还有沃塞斯特罗姆、罗斯伯里、阿达斯等。

2. 共享理论之二：资本主义

全书的论文都围绕同一个历史背景，即资本主义的入侵，市场经济的渗透，沃勒斯坦说过："资本主义使世界逐渐整合成了一个整体，世界贸易的转变同时影响了世界一些地方的抗争形式"，资本主义之下的经济商业化导致了市场取向的不稳定性，殖民主义的冲击使越来越多的农民面临新的市场不安全性的威胁，在传统农业产量波动的风险之外，又加剧了农民收入的变动性[①]。

米格代尔分析了19世纪晚期世界商业化的扩展，提出了三个转变：

---

① [美] 詹姆斯·C. 斯科特：《农民的道义经济学：东南亚的反叛与生存》，程立显等译，译林出版社2001年版，第73页。

首先，土地保有权的转变增加了土地种植经济作物的面积，巩固了大土地经营。其次，税收从实物地租向货币地租的转变，迫使农民进入市场并且使农民的负担加重。再次，铁路的修建使市场进入了从未到达过的地方。(p.8)阿达斯和萨克斯顿在后面的文章中也指出了这一时期农民战争的一个重要的目的就是抵制市场的入侵。

在资本主义商业化的影响之下，农民的斗争面临三个方面的转变：

(1) 斗争基础的转变

书中是这样描述这一时期的具体情形的："工业化和商业的扩展动摇了社会的根基，使人们从一直以来的社会关系中脱离出来，产生了新的社会群体，但是又不能确定他们的社会地位和利益，这种失衡迫使他们去调整。传统的旧的权威已经建立，新的权力竞争者正在寻找新的支持者以进入空缺的政治领域，所以当农民举起抗争的火把时，社会大厦已经准备好燃烧。"(p.8) 这种工业化和商业扩展的形式主要是：土地的集中、地租由实物地租向货币地租的转变以及农民商品化的出现，迫使农民参与进市场的进程，有地的农民可能转变为无地的雇佣劳动者，或者成为工厂的生产工人，最初的土地耕作者不同程度地参与了资本主义市场的进程。

(2) 斗争的策略转变

在抗争过程中，市场的扩展影响了农民抗争的策略：以前传统的土地所有制形式提供了农民抗争的资源，而新的土地所有制形式使农民失去了土地，没有了可以利用的资源，而且铁路的修建使原本政府统治不到的边缘地区的农民抗争更加困难。

(3) 斗争同盟的转变

农村经济的商业化使农民间的同盟分化，并形成了新的阶级同盟——新的经济精英，他们是依靠市场上升起来的人，对前资本主义时期的经济有更大的冲击和瓦解作用。权力范围影响斗争形式的转变：蒂利在论文中验证了这一过程，地方地主和农民组成了联盟以对抗中央政府和国王，但是这种联盟在特殊的情况下是会转变的，因为国王在有些时候会向地方地主寻求军事上的帮助，但是农民在有些时候则对抗军队。同时还有沃塞斯特罗姆也举例说明了南墨西哥的1712年的抗争，导致一个新的联盟的出现，同时阿达斯在论文中描述缅甸面对外来殖民者组成了一个由传统政府和农民结成的联盟，这一联盟在这个特殊的时期反对外来的统治者和国外的种族团体而不是反对阶级的剥削。由此，农民并不总是反对国家，国家与国家之间的战争或者国家与其他政治团体之间的斗争都有可能使国家和农民之间形成联盟。

马克思认为资本主义破坏了农民的阶级自主性,认为农民如果作为联盟的话是最不可靠的阶级,具体原因:首先,是财产的问题;其次,农民的社会结构阻碍了他们的行为。农民很少作为一个牢固的阶级行动,凡是有效的农民抗争必须依靠非农民阶级的领导,这就限制了抗争的方式。对于资本主义之下农民是联合还是分离的问题,学者们提出了不同的意见,以米格代尔为代表的学者认为传统的农民连接逐渐淡化,家庭连接加强;但是许多学者反对这种观点,尤其是强硬派的道义经济学者,他们认为资本主义使农民联合起来,为农业革命创造了条件。萨克斯顿分析了中国革命取得胜利的原因正是在资本主义之下农民凝聚力增强,最终革命取得了成功。阿达斯虽然事实上不赞成道义经济学家的观点,但是他仍然强调缅甸传统的团结方式和抗议目标;另外还存在第三方的观点,阿瑟斯·斯汀康博(Arthur Stinchcombe)最早提出并由佩奇对其进行发展,他们更加仔细地观察了资本主义之下的耕作者和非耕作者,最后提出耕作者和非耕作者在土地上都是独立的,而资本和工资最终决定了农民抗争的形式。本书的主编认为,资本主义可能并不会破坏农民的阶级性,甚至可以创造出一个农民阶级出来,罗斯伯里正是这样的观点。

3. 共享理论之三:国家和政治

在国家理论视角下,本书主要讨论国家的形成以及农民暴力抗争情况下国家的角色,国家的角色是:控制反抗活动,垄断国家机器。这就决定了国家在任何社会运动中的重要性,另外国家还需要大规模的组织、支持国家发展的资源,这些都来源于税收,同时税收又是造成农民不满的原因。对于国家,本书存在一些争论。

在国家利益和阶级利益的问题上,认为国家是独立的学者主要有斯考切波和蒂利[①]。其中斯考切波强烈主张国家是一个独立的机构,马克思指出国家经常保护经济和阶级的结构因为这是加强权力的最好途径。但是事实上,国家也有自己的利益,尽管国家和阶级在利益的很多方面有交叉,比如从属阶级的管理方面以及保持经济运行方面发挥作用,但国家自己最

---

① 斯考切波和蒂利作为摩尔的学生,是回归国家学派的主要代表人物,主张使用国家自主性和国家能力来分析国家和社会的关系。

基本的利益则是保证经济发展和政治和平。蒂利也指出了国家是独立的，17世纪法国抗争的原因不是资本主义也不是大量使用无地劳工，他认为这一时期发生大规模起义的原因是国家军队的建设，这意味着对钱财、粮食和其他资源的需求，这种需求来自于农民，因而造成了农民抗争的发生。沃塞斯特罗姆同样也举了一个相似的例子，认为对资源需求的增加为农民抗争创造了条件。罗斯伯里则举了一个与前两者相反的例子，认为在有些国家对资源的需求反而减弱了冲突的发生，例如委内瑞拉。

在资本主义和国家的关系方面，有几篇论文就论述了在资本主义发展的过程中国家的影响作用。蒂利指出法国国家支持商业的发展是为了获得税收。米格代尔重点强调了资本主义对国家的依附是为了对原材料的获取。国家和资本主义的目的是相互交叉的，比如国家修建铁路是为了军事行动而不是为了市场的扩张，所以罗斯伯里强烈地反对将国家和资本主义看作独立的实体。

从本书的结构来看，它回答了一个中心问题：农民抗争形式变化的根本原因。有人认为是道义经济，它提供了一个农民普遍接受的反抗的标准，是环境的变化导致了他们所认为的生存权利被侵犯，进而导致抗争的出现；一些抗争是因为国家力量的压迫，比如缅甸和委内瑞拉的抗争是维护地方自治权；资本主义的扩张和国家的运营造成了道义经济学家所指的一系列的不稳定和各种形式抗争行为组织的建立。本书的论文都是在历史、社会和经济的大背景下完成的，为了得到一个全面的总结，反对用一个阶级原因来分析农民抗争。

三 本书的主要内容

（一）蒂利：《17世纪法国的日常冲突与农民叛乱》

作者在本文中一直探究一个问题：什么样的农民反抗模式才算是真正意义上的农民抗争？作者分析了20世纪学者对农民抗争的定义，对照17世纪60年代法国的农民抗争，进行分析。

这篇论文追踪了1662年7月15日发生在法国的一起历史事件的报道，作者首先对这起事件进行历史重现：在17世纪60年代，在马萨林死后，路易十四不断扩充自己的军事权力并且制定出一些政策来控制他自己的领地，法国东南部经常出现农民对抗国王的斗争，为这个时期内的法国农民抗争埋下了伏笔。拉斯塔克鲁（Lustucre）战争是10年之内的三四个农民抗争中最大的一次，与其他的战争一样也是由于国王的增税行为以及财政保护的完全丧失最终导致了战争的发生。1662年的春天，农民抗争出现了，他们组建了多村庄联合的临时军队，并且找到了一个当地贵族作为他们的领袖，他们袭击征税人员，从后方袭击巡逻的少部分军队，并进行掠夺。然而法国军队对其进行了镇压，迅速地绞杀了四个革命者以示警告，农民的叛乱最终被镇压下去。

然后，作者对这次战争进行了详细的分析。拉斯塔克鲁认为此次战争的发生在很大程度上是由于新的税收的出现而导致的，但这并不能算是一场真正的农民抗争，或者说它是农民抗争的定义是有缺陷的。作者考察了学者对"农民"的界定，其中包括阿拉维和辉兹对农民的定义。最后对农民运动的定义得出结论：农民运动是无地的农民积聚起来反对控制当地土地的人。如果如此定义农民抗争的定义，那么17世纪法国的农民抗争并不能算是典型意义上的农民抗争，因为农民很少袭击地主，并且包含耕作者的抗争与土地无关。如果法国的农民抗争不能算是典型意义上的农民抗争，那么这种判断农民抗争的标准是不是错的，或者太过于狭窄，法国17世纪的农民抗争与其他的日常反抗以及大的革命的不同并不在于个人行为的形式和内容，而在于当地组织之间的联合和联盟。作者在此讨论各种小型冲突以及法国建国者在这一时期是如何扩张自己的权力的。战争的不断发生，几乎所有装备军队的资源包括人力、动物、粮食、布匹和钱都是来源于农村，当时法国大部分的人居住在农村，在农村进行各种贸易的往来，国家需要农村提供的战争物质，所以在理论上农民掌握着价格，但是事实上由于道义的各方面原因，农民其实并没有从中获得收益，反而由于对货币的需求，农民不得不卖出他们事实上并不应该卖出的物品，甚至借高利贷，这导致了农民更加贫困。战争中壮丁被抓去服兵役，给家庭带来了负担，对耕牛的侵占降低了家庭耕作的能力，以货币为主要形式的重赋的征收使农民被强行地拉入了市场体系之内。作者在论文中的目的是追踪国王的贪战、战争的扩大与农民抗争方式之间的关系。作者将对这一部分进行重点分析，虽然抗争的形式不符合20世纪对于农民抗争定义的标准，但也是至关重要的。

17世纪的国家面临着"战争→军队→税收→货币→贸易"这样一个完整的链条，战争加重了国家的负担，在这一时期，不但是战争，而且天主教以及以此为首的追随者也进行了与国家的对抗斗争，国家面临着内忧外患的处境，于是不断地增加税收，加重农民的负担，所以国家的战争在这一时期对农民的抗争影响巨大，这一时期的斗争主要有以下形式（p.29）：

1. 在军队对抗的战争中农民的参与；
2. 农民与军队的抗衡；
3. 对抢占珍贵的资源包括肉、酒、面包等军队行为的抵抗；
4. 对政府提高税收以支持军队政策的抵抗，政府抢夺劳动力、武器、马和食物行为造成了人们的不满；
5. 对政府官员，非政府官员的抵抗；
6. 作为战争附属品的冲突，平民和士兵关于军事走私和偷猎的冲突；
7. 对政府官员想要通过特权获得更大收益的抵制；
8. 地方个人实施针对违背日常道义者的报复，包括建立商品化的市场规则；
9. 不同宗教教义追随者之间的冲突。

农民参加了抗争行为，但是这种行为并不符合社会学家关于农民抗争给出的模式，或许我们不应该责怪农民，而应该责怪模式，因为那种农民和地主关于土地控制对抗的模式忽略了17世纪法国具体的环境特征，而且农民也处在一个极端的时间和地域内，在这种情况下必须达到一种各方的平衡，包括劳动力、土地和资本，多方人员参与，包括变化的政府、商人、宗教人员以及地主等，这些因素都煽动着农民进行抗争。事实上，在农业社会的国家，政府和资本主义的扩张是相互推动的，当两者联合在一起，这时的抗争就不是地主和农民关于土地控制的抗争，而是地主和农民联合对抗中央政府和资本主义的抗争。17世纪法国的农民抗争就是农民抗争中普通模式的一个特例。

（二）沃塞斯特罗姆[①]：《西班牙殖民主义之下的印第安人的起义：1712年的北墨西哥》

本文作者主要介绍了1780年在墨西哥秘鲁高地发生的反对西班牙殖

---

① 沃塞斯特罗姆（Wasserstrom），美国基金会政策研究的特约顾问，主要研究方向在于拉丁美洲经济发展所产生的社会效应，农业技术发展的非预见性，主要著作有《西班牙人和印第安人：种族关系的历史》《危地马拉的革命：阿尔本兹政府下的农民和政治》等。

民主义的抗争行动，资料主要来源于报道和政府的报告，这次抗争行为使整个帝国面临危机，因而引起了学者的密切关注。墨西哥成为学者研究的焦点，因为这里在1712年出现了一个组织，这个组织既反对王权的统治又反对僧侣的统治，它有自己国王和地方的宗教礼堂。究竟是什么使他们奋不顾身地反抗，是什么让他们开始挑战存在于两个世纪的潜规则？这也许可以用农民社会运动的理论和殖民主义来进行解释。

作者详细介绍了这个发生在恰帕斯的农民抗争，恰帕斯与其他地区一样遭受了两个大的灾难，一个是被殖民国家征服，另一个是人口的大幅度减少，人们开始转向了基督教，重新建造他们被毁坏的家园。到了1620年，人们的生活变得极其困难几乎到了无法维持生计的地步，与此同时，他们还要承担传教士不断增加的税收、费用等。在恰帕斯，外国传教士成了这里的债主，他们对这里的人们进行了最残酷的剥削和压迫，不断使用新的方法来剥削农民的生活，并且随着人口的减少，牧师的增多，农民的负担日益加重，人们的生活达到了最低生活水平以下。在这种情况下，他们建立了自己的"道义经济"，这是一种在基督教信仰和集体传统之下的美好愿景，当地方官员和传教士的剥削和压迫不断加重的时候，他们就用这种美好的愿景来安慰自己。直到1690年，宗教管理部门尽全力破坏当地的宗教信仰，这导致了恰帕斯地区的印第安人再也无法忍受，可以想象，这种对于信仰的干涉造成了神圣的宗教战争。不仅仅是经济的剥削和压迫，而是这种对于农民生活方式的彻底毁灭使他们举起武器反对殖民主义的统治。

这次战争所显示的恰帕斯高地上的普通环境，包括困难和剥削并不是真正意义上激发当地人们反抗的原因，而是像其他地区的反抗一样，是由于人本身，是保卫一种文化防止其灭亡的生活方式，暴乱的真正原因并不是经济上的剥削而是对于意识形态的无情压制。

（三）米格代尔：《19世纪资本主义的渗透：为社会控制的新模式创造条件》

作者在开篇就提出：农民不反抗不是由于没有事情发生，也不是由于农民的某些特征，而是由于他们的生活方式已经被组织化。农民不知不觉已经成为组织的一员，这些组织可以是正式的也可以是非正式的，包括：家庭、部落、村社、国家，这些组织规定着农民的生活，获得了农民的一致性认同从而保证农民的基本生活,在这种情况下,农民获得能够保证基本生活和养老的"酬劳"以及对处罚和撤销的"同意",这两者即为对农民进行社会控制的方式,同时被看作农民的生存策略。

农民抗争的发生虽然没有某一个特定的原因,但是,对这种农民生存策略的破坏就会成为农民反抗的一个主要背景,环境改变时这种"酬劳"和"同意"并不能满足农民的需求。这种生存技巧的失败可能导致农民的抵制和抗争。

随着资本主义的扩张,农民的反抗加剧,对于两者的关系,可以归结为存在于农民之间发挥社会控制功能的社会组织的迅速解体,新的社会控制形式建立。而这篇论文就是分析国家应对世界市场进入农村的一系列政策,以及这种新的社会控制形式对现存的社会控制形式的冲击。国家政策和资本主义扩张之间的结合影响了19世纪的后半个世纪,但是如果这两者分开的话并不能造成农民抗争的发生,因为两者结合可以使得一个地区旧的社会控制形式迅速瓦解,国家政策和市场的力量共同推动政策的推行,营造了一个政治和社会发展的环境。

新的社会控制的形式是通过以下几种方式进行的:

1. 世界经济的渗透;
2. 土地占用制的改变;
3. 实物地租向货币地租的转变;
4. 铁路的修建;
5. 社会转型和社会控制。

旧社会控制模式的社会组织和社会控制形式不同于其他地方性的组织模式,但是有一个相同点就是都反抗资本主义的渗透,作者认为,旧的社会控制模式衰弱不是标志一个浪漫、和谐的非资本主义时代的消失,事实上,旧的社会控制模式降低了人的身份,充满了剥削并且使人类衰弱,而且,新的较为深入的资本主义的渗透对于旧的社会控制模式的摧毁不是一蹴而就的,人们会逐渐发现旧的组织模式并不能真正适应他们的需求,旧的生存技巧不再提供一种令人信服的生活方式。

对于农民来说,生存市场需要的商品,有一个附加的力量保证农民的生产满足市场的需求,这就是国家。国家有军队和警察,可以出台一系列政策,这些极大地推动了市场的力量。同时国家政府和资本主义的企业家有许多相互交叉的利益，尤其是在19世纪的世界进程中，比如说国家修建铁路是为了以最快的速度去平定叛乱，而与此同时适用于商品进入边远的地区。虽然有交叉，但两者的最终目的却并不相同，国家致力于动员资源实现政治目的，而企业家是为了增加财富，使国家政策推动资本主义的扩张和对现存社会组织造成危机。

这种新社会控制模式和新生产技巧的寻找过程夹杂着农民的抗争，国家政策和资本主义的渗透两者共同起作用是农民中旧社会组织和政治生活解体的关键因素，而单独一方是无法完成这一过程的。

（四）阿达斯[①]：《1826—1941，缅甸殖民地农民抗争的模式》

分清了资本主义社会和前资本主义社会，是我们研究欧洲对亚洲和非洲国家的人们进行殖民统治的一大进步，在这一殖民统治的过程中伴随着农民的不断抗争，作者认为，大规模的农民抗争和国家内某些政党的抗争活动不能脱离前资本主义时代的抗争传统。当英国殖民主义扩张到了缅甸，一个贫困、落后并且封闭的地区突然面临世界经济的力量。这一地区殖民主义的影响比任何其他地区都要严重得多，土地的迅速扩张，税收的迅速增加以及产品的出口，缅甸被很快地拉入进了世界市场。殖民统治使缅甸的某些地区成为好的统治区和经济发展区。接着而来的就是一段时间的稳定局面，经过了几十年的繁荣发展以后，要求民族解放的煽动者点燃了农民抗争时代。

不连贯性和传统影响力的下降成为导致一系列剧变的根本原因，这些剧变打破了20世纪20年代到30年代殖民统治之下表面上的平静和繁荣，而且可以被看作是缅甸重新回到了殖民主义之前封闭、落后的原因。在缅甸，尤其是缅甸的低地地区，尽管大量的农民在出口贸易中得到了发展，但是根据税收报告、警察报告、经济方面的特殊资料以及社会不稳定的事件显示了大多数农民阶级从未与英国殖民统治达到过和谐，他们期望回到以前的君主国家中，重续他们宗教方面的信仰，礼仪和象征。所以，不管

[①] 米歇尔·阿达斯（Michael Adas），美国罗格斯大学的教授，是美国著名历史学家，他专攻历史，全球范围内反殖民主义的历史。主要著作包括：《缅甸三角洲：亚洲稻米边境线的经济发展和社会转变：1852—1941》《倡议抗争：持续千年的反抗欧洲殖民主义的抗争》，近期的研究集中在一战期间殖民地的联系。

从宗教方面还是从政治方面，他们都想要跟缅甸曾经出现过的一样。而英国的殖民者把不安定的因素归结为对佛教徒的压制，于是，佛教伦理学成了英国殖民者认为的影响社会安定的关键因素，于是加强了对佛教的学习，这种方式在开始的时间里对于持续进行的农民抗争有一定的作用，但是随后却成了农民反对的对象，而农民抗争的真正原因在于经济和政治环境的转变。

作者在文中是想说明农民对于传统的坚持以及当面对社会经济和政治的转变时，农民是怎么样应对的，作者强调不仅是当时的环境和一些特殊的原因使他们参与抗争，而且抗争的传统也是塑造集体抗争方式的一个因素。

就抗争的方式来说，当地一些地主和土匪主要采用边打边跑的方式，通过埋伏和突击以及一些陈旧的游击队式的战争形式来对抗殖民者的统治。而英国忽略了地方的影响，无法运用火力，游击战争一度占据上风。但是很重要的一点，地主和土匪头子的游击战争所需要的资源来自个人和互惠的交换，这并不能维持长期作战的需要，所以从经济上为地方抗争的失败埋下了隐患。他们不断建立自己的政权对抗外来侵略者的入侵。规模化和组织化的扩大，抗争的领导者就更易于使用王室的象征来给予自己的政权以合法性，他们不断利用王室象征同时对抗那些与外来入侵者合作的人，包括政府。

抗争失败的原因一方面是经济方面的因素，另一方面则是在抗争队伍中大量农民的存在。农民内部有时是敌对的并且又是未被训练过的，所以，当与经过严格训练的士兵发生交锋时，就极容易被英殖民者击倒。尽管1852年佛教的僧侣加入了抵抗的斗争当中，在19世纪80年代的后期承担过对抗英殖民统治的主要角色。

在分析缅甸农民阶级发生抗争的原因时，作者强调，农民阶级发起针对殖民主义国家的抗争行为不是因为英国殖民统治破坏了斯科特所提到的在前资本主义时代建立的道义或者伦理，而是在缅甸境内经济良好运行而他们却得不到酬劳，农民开始意识到英国殖民统治存在的不合法以及异教徒对本国传统文化的致命威胁。事实上，抗争群体针对的是经济方面对人头税的不满而不是对高额土地税的不满，他们组织动员农民反抗针对的是合法性而不是经济上的剥削。（p. 105）

（五）罗斯伯里[①]：《1875—1975，委内瑞拉的农民、无产者以及政治》

这篇论文主要描述了在19世纪到20世纪之间委内瑞拉农民的政治行为。在本文中，作者把农民当作一种阶级，在此基础上研究农民阶级内部关系以及农民阶级与其他阶级的关系，同时研究农民阶级成员政治行动是如何被引导出来的。

文中主要通过两个角度进行分析，即，资本主义发展的角度和国家形成的角度。通过这两个角度来分析农民阶级。在委内瑞拉，资本主义的发展，商品经济的进入对于理解这个国家是非常重要的，与此同时，对国家的分析也更加有利于对资本主义的理解。在委内瑞拉的这一时期内两者是相辅相成又相互影响的，作者强调了整体的重要性，认为它们不能作为单独的因素来进行理解。这种整体性正是作者关注的重点：社会也是一个整体的蓝图，但是这并不等于是一个没有任何差异性的整体，这种观点来源于马克思和卢卡奇的整体论，而不同于人类学的整体论。一个差异的整体不能够分解成整体的每个部分，或许可以用有机整体来形容，比如说不能把社会看作一个由经济、政治和文化组成的整体，所有事物的关键在于我们怎么样构思整体与部分。马克思认为要研究一个国家的政治经济，应当首先把人口看作整体，然后研究阶级，人口是一个阶级存在的社会基础。

这篇论文用整体理论来分析委内瑞拉的社会。一方面，对农民阶级的分析占据了主要位置，即农民阶级的结构。这种分析对于研究农民有很大的作用，虽然集中于一个阶级，但是会以一个阶级与其他阶级的关系来呈现；另一方面，对委内瑞拉的历史进行分析和研究，也脱离不了农民，因为农民的历史即为委内瑞拉的历史，这包含了资本主义发展的政治和经济过程。在本文中对农民阶级的分析认为不应把阶级和阶级意识分开，而且阶级意识不是自动产生的，这就要求我们在了解历史的整体性过程中来把握，阶级意识终究应当归结为它所在的主体之上，并且对其做一个整体的把握。

---

① 罗斯伯里（William Roseberry），大学社会研究的人类学教授的助理，他的主要研究领域在拉丁美洲，主要研究关注资本主义的发展以及与殖民国家之间的关系。主要著作包括：《委内瑞拉资本主义的发展》《无产阶级的农民》《十九世纪委内瑞拉的资本和阶级》《拉丁美洲的咖啡、社会和权力》《人类学和历史学：文化、历史和政治经济的论文》等。

作者对委内瑞拉的农民进行分析，认为农民并不像斯科特所说地站在齐颈深的水中，资本主义剥削的浪潮随时都会把他们淹没甚至致命，文章描述了在资本主义市场侵入以后，委内瑞拉的农民参与进了资本主义的发展进程当中，他们的角色和他们的政治是相互分离的。在作者的分析当中，没有把问题归结为利用实证的描述分析人们在特殊时刻事实上的想法和感受，而是试图加深我们的总体理解以便于我们去评估特殊阶级的对立结构和对立视角。

（六）萨克斯顿[①]：《毛泽东，红色革命以及近代中国农民反抗的道义经济》

农民在中国革命中发挥了极大的作用，这引起了西方学者的普遍关注，关注焦点主要在于农民的革命动员以及在农民中建立领导权的问题。在中国革命胜利的过程中，中国共产党的领导作用不可忽视，毛泽东的战争策略不同于马克思主义的斗争形式。毛泽东领导的精英政党是通过抓住农民的不满情绪来发动和发展起来的。西方学者认为中国共产党在对中国进行意识形态的再教育方面发挥了很大的作用。但是中国共产党不接受西方的政党政治理论，因为他们认为西方的政党政治理论并不能解决外敌入侵和大量贫困存在的问题。

在文中，作者描述了中国共产党在抗日和国民战争中发挥的作用以及所遭受的打击（包括国共两党从合作到分裂对于中国党员的屠杀）。查摩·约翰逊（Chalmer Johnson）认为中国共产党对于广大农民的动员是在日本野蛮入侵中国这个大背景下展开的。同时，中国共产党充分利用了战时的形势，站在农民的立场上，动员农民进行抗日战争。并且，中国共产党作为为农民介绍马克思主义的老师，建立了一种普遍的意识形态，同时以对抗日本侵略者的姿态出现。但是理论并不能解释中国抗日战争以前在湖南和河南地区农民拿起武器反抗中国军阀的行为。这支队伍在20世纪初发起了抗争动员，在抗日战争中与中国共产党结盟，并不是因为日本的

---

① 拉尔夫·萨克斯顿（Ralph Thaxton），布兰迪斯大学政治学助理教授，主要研究比较政治学、比较革命以及比较民主运动，研究区域在东亚和中国，他的主要理论志趣包括：农民的抗争、革命理论以及中国的政治。曾获得最高荣誉：Research Grant United States Institute of Peace, 2007—2008 他的著作包括《中国权利结构的转变》《农民革命：传统道义的坚守》等。

侵华，而是因为日本侵华以后，军阀统治更加活跃，所以酿成了反抗的斗争，这次反对军阀的抗争为农民抗争奠定了基础。

中国共产党领导的中国农民运动主要集中在日军相对薄弱的地区，农民运动的生产和发展依赖于当地农村并视作避难所，这成了中国共产党理论的主要部分。笔者认为西方学者对中国的研究不够深入，因为很少有人能够深入中国的农村，能够了解中国的农民，他们很难发现中国农民一直以来的价值观以及与中国共产党之间的关系，了解了这层关系，我们或许可以抛弃政治动员理论转向农村革命行动的来源和合法性，革命是抗争的延伸，因此中国共产党的合法性的起源不能被理解为脱离当地抗争的社会科学理论。

（七）斯考切波[①]：《什么导致了农民革命的产生》

作者在本文中的中心观点是：革命是发生的，而不是制造的，革命并不起始于革命领导阶级的主观努力，而是发生在特定的结构性情势之下。[②] 本文认为既有的政治结构对改革、革命行动有一定的限制，而原有的结构决定了各国后来的革命与社会变迁的路径。所以，研究应从社会结构入手，而不是泛泛地从意识形态、思潮、观念或"社会情绪"等方面来解释革命的发生。作者用结构整体的分析方法来分析革命爆发的原因，同时在文中援引了摩尔的观点[③]，回归国家学派兴起[④]。

[①] 西达·斯考切波，女，1947年生于美国底特律州，1969年获得美国密歇根州立大学文学学士学位，1975年获得哈佛大学博士学位，现为哈佛大学政府与社会学教授。斯考切波在研究中提倡历史制度主义和比较研究的方法，在政治学研究中则以"国家自主性理论"而闻名。2007年斯考切波获得政治学界最有影响力的Skytte Prize。主要著作：《国家与社会革命：对法国、俄国和中国的比较分析》（1979），《保护士兵与母亲：美国社会政策的政治起源》（1992），《飞去来器：医疗改革与反政府》（1997），《缩水的民主》（2003）。

[②] 作者的这一观点引自《革命》一书，作者在许多次著作中都阐述了这一观点。

[③] 摩尔的作品在20世纪50年代和70年代早期的准备过程中，已经引起了社会科学的学者的注意，他们的注意力集中在农民阶级在现代世界的塑造过程中发挥的作用，农民阶级被认为是一个保守和传统的代名词，需要被革命性的资产阶级和无产阶级或者现代精英改变。

[④] 以斯考切波、米格代尔为主要代表的西方回归国家学派兴起于20世纪六七十年代，1985年，埃文斯等人编辑出版了《找回国家》一书，标志着国家回归学派的正式形成。该学派主要从两个方面，即国家自主性和国家能力来分析国家与社会的关系问题。回归国家学派强调了"国家在政策制定和社会变迁中的角色"，却忽视了国家的另一个重要方面，即其在社会中的合法性问题，或者视国家合法性为当然，批评者认为这不免有失偏颇。

作者的三个分析原则分别为：

1. 结构性视角，反对意志和主观因素的理论对革命发生过程中人为因素作用的夸大。

2. 国际与世界历史背景。作者指出：跨国性关系不但会促成所有社会革命危机的出现，而且必然会有助于塑造革命的过程和后果。国家间的不平衡发展，尤其是战争失败、入侵的威胁和反殖民控制的斗争，有助于损毁现存的政治权威和国家控制，因此也就打开了基本冲突和结构转型的通路。

3. 国家的潜在自主性。所谓国家的自主性，"指的就是国家机器所拥有的权力能够在某种程度上独立于组成生产关系的社会权力。专门研究国家能力发展的要属米格代尔，他直接受到了阿尔蒙德等人国家能力理论的影响"。[①] 任何国家都要首先并主要是从社会中抽取资源，并利用这些资源来创设和支持强制服从者的服从。

对于革命是如何发生的问题，作者提出了两点：

首先，革命与国家在国际竞争中处于弱势或失败者地位有直接关系。革命情势的出现，并非革命者鼓动或者意识形态传入的结果，而是国家在国际竞争中处于弱势甚至失败者的地位，导致国家崩溃，引发革命性政治危机，为社会革命打开道路的结果。因此，斯考切波强调，必须考虑到国家在国际结构中的位置，而只有处于失败位置的国家才会发生革命。用斯考切波的话来说就是革命"总是发生在经济发展相对落后于竞争对手的国家里"，若一个国家在国际上处于强势地位，则一般很难发生革命。

其次，革命是国内政治、阶级和经济结构的结果。斯考切波所谓的阶级和政治结构主要包括以下两个方面：国家和支配阶级的关系；支配阶级与被支配阶级的关系。如果说国家在国际竞争中处于落后地位是社会革命发生的必要条件。那么革命发生更与国内的阶级结构、政治结构有着直接关系。光有必要条件（即国家在竞争中严重失利）不一定发生革命，革命的发生还与国内的阶级和政治结构密切相关。作者认为必要条件具备后，如果这个国家同时还存在支配阶级强大并与国家利益相悖，且被支配阶级（主要是农民阶级）易于团结和自主，则社会革命容易发生。

（张倩）

---

① http：//www.tianya.cn/publicforum/Content/no01/1/174284.shtml.

底层政治的"对话者"

——对斯科特代表著作及思想的评述

政治是描述的斗争,以何为描述的视角是建构一个政治理论的基础。在思想派系林立、知识理论庞杂的今天,美国政治学家斯科特的底层政治视角虽不是独树一帜,但他在农民底层政治行为研究这一领域的卓越成果仍然得到了越来越多中国学者的关注。斯科特的研究视野集中于对底层政治群体的精神世界和政治行为选择的探索。通过阅读斯科特的代表作品,我们可以清晰地了解他在这一研究领域的实践层次上的不断推进。本文旨在通过对斯科特的代表作品的评述,试对其思想历程做一个简要的分析和总结。

一 斯科特其人及代表著作

詹姆斯·C. 斯科特(James C. Scott)教授(1936—)是耶鲁大学政治学和人类学斯特林(Sterling)教授,农业研究项目主任,曾任普林斯顿高等研究院研究员和柏林高级应用科学研究所的古根海姆研究员。他是美国艺术和科学研究院以及东南亚研究会成员。1997—1998 年斯科特被选为亚洲研究协会主席。1998—1999 年,他在高级研究所从事行为科学研究。[1]

斯科特教授主要从事的是东南亚问题研究,特别是从事印度尼西亚、马来西亚和缅甸问题的研究专家。他的研究兴趣包括政治经济学、无政府

---

[1] [美]詹姆斯·C. 斯科特,《国家的视角:那些试图改善人类状况的项目是如何失败的》,王晓毅译,社会科学文献出版社 2004 版,第 1 页。

主义、意识形态、农民政治学、革命、东南亚和阶级关系等。斯科特不是纯粹的理论家，也很少援引他人的纯粹理论，其研究工作主要建立于个案分析的基础之上。从东南亚的村庄，到都铎王朝的英格兰，到社会主义中国，都是斯科特研究案例的发生地。他的研究案例虽然不少是取自别人的第一手材料，但相当多的案例来自于亲身的实地考察；其丰富性、多样性和地域的广阔性，在社会科学研究领域几乎无出其右。正是通过大量个案的精辟分析和独到把握，他对当代社会科学中的若干关键问题做出了创造性的理论贡献①。

斯科特教授的主要著作包括《马来西亚的政治意识形态》（Political Ideology in Malaysia, 1968）；《精英的现实与信仰》（Reality and the Beliefs of an Elite）；《比较政治腐败》（Comparative Political Corruption）；《农民的道义经济学》（The Moral Economy of the Peasant）；《弱者的武器》（Weapons of the Weak）；《统治与抵抗的技术》（Domination and the Arts of Resistance）；《国家的视角》（Seeing like a state）等。此外他在《亚洲研究》《社会与历史比较研究》《比较政治学》《美国政治学评论》《理论与社会》和《政治学与社会》等杂志上发表了大量的文章。②

西方学界和出版界对斯科特教授的这些著作评价颇高。爱德华·W. 萨义德对《弱者的武器》评价："一部卓越的著作……斯科特以其出色的工作展示了人种学报告不能也无法展现的农民反抗外来侵犯的'全貌'……是对反抗霸权的日常形式的精彩理论和经验阐释"；《亚洲研究杂志》评价道"任何想要了解东南亚社会的人都不能错过此书"；《泰晤士报文学副刊》更是称赞这是"一部可能成为经典的令人难忘之作"。③此外，对于斯科特教授的最新著作，于2000年获得美国比较研究学会马特·达根奖"最佳比较研究书籍"的《国家的视角》，美国各主要媒介更是给予了高度关注。《纽约时报书评》的约翰·格雷认为这是"近几十年来出版的、在这个世纪中最有意义和启发的研究之一……对现代国家成长最优吸引力的解释……斯科特提供了反对滥用国家权力来重新塑造整个社

---

① [美]詹姆斯·C.斯科特：《农民的道义经济学：东南亚的反叛与生存》，程立显等译，译林出版社2001年版，第321页。

② [美]詹姆斯·C.斯科特：《国家的视角：那些试图改善人类状况的项目是如何失败的》，王晓毅译，社会科学文献出版社2004年版，第1页。

③ 同上书，封底。

会的最有力的理论";《纽约客》的评论是"富有启发意义和文采斐然的作品,这部著作呼吁要拯救我们现在所居住的这个世界";《混合语》的罗伯特·海布罗纳（Robert Heibroner）也认为这是"一个有说服力的,在很多方面很有洞察力的解释,说明为什么社会改革的巨大项目总以灾难结束,更不用说革命了——苏维埃的灾难是一个对充满幻想的国家规划的重要批评"。[1]

中国学界对斯科特及其思想的关注是新近不久开始的。从2001年开始引进并翻译出版第一本斯科特的著作至今已陆续出版了他的三部著作,包括《农民的道义经济学》《国家的视角》和《弱者的武器》。近年来,随着这些著作的刊印发行,越来越多的中国学者开始接触和了解斯科特的研究理论。在《农民的道义经济学》的译后感言中程立显先生这样认为:"斯科特对'东南亚农民的反叛与生存'的精致研究,对于当前正处于市场经济变革过程中的广大中国读者来说,对于始终强调'农村、农业、农民问题'之重要性的中国社会决策者来说,对于强烈关注'社会公正'和'经济伦理'问题的中国理论界来说,无疑具有深刻的启发意义。"[2]郭于华先生在《弱者的武器》的译后记中称"……斯科特教授的这部著作堪称博大、精彩而深刻,以人类学细致入微的田野实证材料与关于支配与反抗的宏大理论紧密结合,论述方式铺陈细密,纵横捭阖……"[3] 值得一提的是,斯科特教授本人与中国的渊源远不止近年来的著作和思想交流。事实上,他最初曾计划成为中国问题的专家,但由于他开始研究生学习的1962年,访问中国是不可能的,更不用说从事研究了,由此斯科特教授转而学习马来语,后来在马来西亚从事田野工作。用他的话说就是"非常想在农村从事田野工作,而不想成为'扶手椅'的图书馆学者"。斯科特与威斯康星大学的爱德华·弗里德曼是同事和教学伙伴,同时弗里德曼还是斯科特知识上的良师。正是通过弗里德曼,斯科特一直与中国农村的最新研究成果同行。另外,斯科特还培训了许多学生,他们现在也在

---

[1] [美]詹姆斯·C. 斯科特:《国家的视角:那些试图改善人类状况的项目是如何失败的》,王晓毅译,社会科学文献出版社2004年版,封底。

[2] [美]詹姆斯·C. 斯科特:《农民的道义经济学:东南亚的反叛与生存》,程立显等译,译林出版社2001年版,第323页。

[3] [美]詹姆斯·C. 斯科特:《弱者的武器》,郑广怀等译,译林出版社2007年版,第482—483页。

从事中国农村研究，并且与昆明可持续发展与地方性知识研究所合作进行地方和俗语的识别工作。①

二 小农三部曲

斯科特教授的"小农三部曲"是指《农民的道义经济学：东南亚的反叛与生存》(1976)、《弱者的武器》(1986)和《统治与抵抗的艺术》(1992)，这三部著作为我们提供了理解农民反抗和农民政治的洞见。在以下的叙述中，我们将以著作写就的时间为序，简要介绍这三部著作的内容、思想及相关理论。

(一)《农民的道义经济学：东南亚的反叛与生存》(1976)

《农民的道义经济学：东南亚的反叛与生存》一书是詹姆斯·C.斯科特于1976年出版的著作，它集中体现了斯科特理论的阐释与个案分析相结合的实证主义研究特色。作者在书中指出，在"安全第一"的生存伦理下，农民所追求的绝不是收入的最大化，而是较低的风险分配与较高的生存保障。随后，作者从东南亚的缅甸和越南农业社会的历史发展轨迹，特别是农民的反叛和起义入手，探究了市场资本主义的兴起对传统农业社会的巨大冲击。作者据此认为，贫困本身并不是农民反叛的原因，农业商品化和官僚国家的发展所催生的租佃和税收制度，侵犯了农民的生存伦理道德和社会公正感，迫使农民铤而走险，奋起反抗。②

我们将该书的叙述结构分为三个部分进行介绍，这样的安排有助于我们较清晰地理解本书的概要。

首先，东南亚自身的自然条件如小片土地、古老的耕作技艺、变幻莫测的气候以及国家强征的徭役、贡金、贡品使大多数生活在这里的人们处于长期性的潜在饥荒中。应运而生，在农村传统社会结构解体前，前资本主义农村社会的体系内部处于一种平衡状态——在共同体内的互助和分担

---

① [美]詹姆斯·C.斯科特:《国家的视角：那些试图改善人类状况的项目是如何失败的》，王晓毅译，社会科学文献出版社2004年版，序言第1—2页。
② [美]詹姆斯·C.斯科特:《农民的道义经济学：东南亚的反叛与生存》，程立显等译，译林出版社2001年版，封底。

风险。这种类似于"安全阀"的社会风险分担体系的深层核心是基于对食物短缺的恐惧而产生的"生存伦理"。而前资本主义社会的东南亚农村的传统正是围绕维护这一生存伦理建立的。它是在一个以分层租佃制为基础、地主承担农业风险的村落中,最低道德稳定性通过大多数村民的支持或默认而发挥作用,地主与佃农之间存在着"保护—被保护"的人身依附型关系,佃农得到了一个维持生存的地位,却失去了平等收入的机会,但农民能够维持生存,生存伦理也不至消亡。另外,以可靠和稳定的方式满足家庭生存的最低需求,是农民做出选择的关键标准,由于这一标准是最低标准,一种用来评价地主和政府盘剥农民剩余物的标准,所以它具有"道德红线"的作用。这些传统经验提供了培育农民的习俗和道德标准的温床,农民正是用这些习俗和道德标准判断自己和别人的行为。由此可以看出,农民的生存问题既不是取决于市场价格、收入或卡路里,更不是市场理性或风险评估,而是取决于"政农—道义"关系,取决于农民与政府之间关于"生存伦理"的拉锯与论战。[①]

其次,进入 20 世纪后,伴随殖民化的深入,东南亚各地资本主义的兴起对传统农业社会的冲击,主要是农业商品化和官僚国家的发展所催生的租佃和税收制度,逐渐破坏了农民的收入稳健性,造成了农村传统道义和社会互助结构的解体并最终引起农民猛烈的反叛。斯科特在论述这一巨大社会变化和冲击过程的时候,着重分析了殖民地经济的结构性变革如何缩小了许多农民的生存空间,同时使他们面临生存危机的新的更大的风险;殖民地政府对农民的财政盘剥的结果;根据生存伦理准则和"安全第一"原则,考察了越南和缅甸的两次较大规模的起义的成因、结果和最终的影响。在斯科特看来,是农民的生存道德和社会公正感受到侵犯而非贫困是农民反叛的原因。而农民的社会公正感及其对剥削的认知和感受,根植于他们具体的经济实践与社会交换中,并同生存策略和生存权的维护密切相关。[②]

最后,斯科特在该书的后两章对剥削和农民的反抗问题进行了学理上的反思与总结。他为了更全面地努力把生存道德的政治经济学运用于分析

[①] [美]詹姆斯·C. 斯科特:《农民的道义经济学:东南亚的反叛与生存》,程立显等译,译林出版社 2001 年版,第 3—8 页。

[②] 同上。

农民的政治生活，从政治哲学方面论述了关于什么是剥削以及与此相关的公正问题，同时着重叙述了从农民利益出发的相对剥削和"相对正义"的价值标准。而在书的末尾，斯科特把所有相关的思考指向我们去对农民如何、为何、怎样反叛的进一步思索和警醒。

(二)《弱者的武器：农民反抗的日常模式》(1986)

斯科特通过对马来西亚农民反抗的日常形式——偷懒、装糊涂、开小差、假装顺从、偷盗、装傻卖呆、诽谤、纵火、暗中破坏等的探究，揭示出农民与榨取他们劳动、食物、税收、租金和利益者之间的持续不断的斗争的社会学根源。作者认为，农民利用心照不宣的理解和非正式的网络，以低姿态的反抗技术进行自卫性的消耗战，用坚定强韧的努力对无法抗拒的不平等，以避免公开反抗的集体风险。[1]

正如此书中提到的，"弱者的武器"是研究农民政治的底层视角，而与这一视角相对的是左翼学术界对民族解放战争的迷恋。[2] 在左翼学术界绝对以国家利益为中心的视角下所关注的是公开的、有组织的、正式的政治运动，如暴力革命。而小农作为农业社会的人口主体，在各种公开文本的宏大历史叙事中，小农本身及其行为是被忽视的无声者和无名者。左翼学术界对农民的关注是围绕着一种"农民的生存状况过于恶化会影响整个社会的安定"的危机意识，这种意识的核心是如何掌控农民的大规模行动使之符合自己政治系统发展的需要。毫无疑问，在这里农民是被作为从属阶级、治理对象和防范对象。

斯科特反思并批评了关于这种对农民革命的研究只对那些在国家层面造成大规模结构性变迁的运动感兴趣。他认为对于从属阶级来说公开的、有组织的政治行动对于多数从属阶级来说过于奢侈了，因为那即使不是自取灭亡，也是过于危险。有鉴于此，他认为更为重要的是去理解农民反抗的"日常形式"，即一种相对于农民革命研究中所谓的真正的反抗而言的"非正式"反抗。这种阶级斗争形式的共同特点是，它们几乎不需要协调或计划，它们利用心照不宣的理解和非正式的网络，通常表现为个体的自助形式，它们避免直接地、象征性地与权威对抗。斯科特认为正是这种农

---

[1] [美] 詹姆斯·C. 斯科特：《弱者的武器》，郑广怀等译，译林出版社 2007 年版，封底。
[2] 同上书，第 481—482 页。

民与剥削者之间的平淡无奇的却是持续的不断的斗争而非象征性的、偶然的甚至附带性的反抗行动,是长期以来最有意义和最有成效的农民抗争。了解这些平凡的反抗形式更有利于理解农民长期以来为保护自己的利益和反抗统治秩序所做的一切。①

"弱者的武器"根植于农民的社会结构和社会特点,即散布的广阔区域和缺乏正式组织和纪律的阶级。适应这一特点的日常的反抗形式是一种没有正式组织、没有正式领导者、不需证明、没有期限、没有名目和旗号的社会运动。② 如果说这种社会运动缺乏构成某种"正式的"政治运动的元素特征,那么解释或许就在于,这种正式特征的缺乏往往是运动本身所期望的伪装。因为公开的政治活动代价和成本过高,在很多方面多与农民的利益不符。在境遇不至于低到生存的底线以及面对过于强大的统治阶级时,发动一场公开反叛所面临的潜在成本,譬如反叛失败后所面临的打击、反叛是否能得到足够的支持力量、建立和维护组织等,都会使农民望而却步。所以,通常他们会出于自身利益的默不作声,共同造成一种"合谋的沉默"。但是这种沉默、匿名的反抗行动不可小觑。因为正如斯科特所说,大量微不足道的小行动的聚集,就像成百上千万的珊瑚虫日积月累地造就的珊瑚礁,最终可能导致国家的航船的搁浅或倾覆。③

斯科特以一个人类学家深入精微的眼光,将来自村庄研究的本土经验与关于阶级的社会经验和典型的阶级斗争语境联系起来,通过深入分析象征性反抗的日常形式和经济反抗的日常行动,达到对于阶级意识和意识形态霸权的理解。斯科特继承并试图超越马克思的意识形态研究和葛兰西的"霸权"理论,为此他把自己的研究视野关注在对于日常形式的反抗与统治意识形态之间微妙关系的探究上。在斯科特笔下,处于强大的经济压迫、政治统治和意识形态支配情境中的农民,运用属于他们自己的"弱者的武器"和"隐藏的文本",以坚定而强韧的努力对抗无法抗拒的不平等,在这一过程中,我们看到的是避免最坏的和争取较好的结果的一种精神与实践,而这恰恰构成了支配与反抗的历史极其复杂而微妙的互动关系与持久张力。

---

① 周陆洋:《抵抗的边界——评詹姆斯·斯科特〈弱者的武器〉》,来源自:社会学视野网。
② [美]詹姆斯·C.斯科特:《弱者的武器》,郑广怀等译,译林出版社2007年版,第479页。
③ 同上书,第3—4页。

最后值得一提的是,斯科特为了此书的写就,亲身在马来西亚的一个被称为"塞达卡"(Sedaka)的村庄里度过了两年(1978—1980)时间。其间走访、观察、搜集了许多详尽的第一手的当地社会结构、人际关系、风俗习惯、经济政治构成及变革等的诸多资料信息,并运用人类社会学、农业学、政治学的视角对这些资料进行分析。其著作中所包含的丰富知识量、大量的风土人文图景等是其他同类著作所不能比拟的。另外,本书的前一部分属于人类学的民族志,后半部分则是他的理论贡献。斯科特不是"专业的"人类学家,但他的写作采取了"经典的"人类学的叙述方式:以讲故事的方式提出问题,随后进入田野,用翔实的田野资料进一步论证有关命题,并在论著的结尾同相关理论进行对话。[①] 从这一角度来讲,《弱者的武器:农民反抗的日常形式》,为读者提供了理解农民抗争与农民政治的灼见。

(三)《统治与抵抗的艺术:下层团体的隐藏文本》(1992)

以农民的眼光来注视,以农民的立场来思考,已有的农民社会经典研究无疑不能忽视。詹姆斯·斯科特继《农民的道义经济学:东南亚的反叛与生存》之后,又以《弱者的武器》和《统治与抵抗的艺术:下层团体的隐藏文本》两部著作为我们提供了理解农民反抗与农民政治的灼见。事实上两者存在互为引证和发展的关系。在前著中斯科特认为任何一种农民政治学的历史或理论若想证明农民作为历史行动者的正当性,必须掌握农民所使用的日常反抗形式"弱者的武器"。继此之后,斯科特又推出了"隐藏的文本"这一概括农民行为选择和意识形态的分析性概念。从属者的话语在支配者在场时是一种"公开的文本",那么"隐藏的文本"则用以说明发生在后台的话语,它避开掌权者直接的监视。"隐藏的文本"因而成为由后台的言说、姿态和实践所构成的确定、抵触或改变了"公开的文本"所表现的内容。与"公开的文本"不同,"隐藏的文本"是为不同的观众和在不同的权力限制下被生产出来的。斯科特在《统治与反抗的艺术》中分析了权力关系中的各种表演(权力本身的表演、利用权力的表演、讨好权力的表演、糊弄权力的表演、展示权力的表演等),他将这些表演称之为"公开的文本",以对应于私下的"隐藏的文本"。通过

[①] 郇建立:《"弱者的武器"及其意义》,《二十一世纪》2007 年第 6 期。

隐藏文本这一概念斯科特进一步阐述底层群体的意识形态特征，并以此解释和理解底层群体的难以捉摸的政治行为。这种在统治者背后说出的对于权力的批评是千百万人日常的民间智慧的重要部分，他们与"公开的文本"的比较为理解支配与反抗提供了根本性的新方法。[1]

作为底层政治（infrapolitics）意识形态的"隐藏的文本"，不仅是一种话语、姿态和象征性表达，也是实践的依据。斯科特通过对东南亚底层社会的研究表明了底层生活者的反抗实践与反抗话语的相互依存与相互维系。而且，支配与占有的紧密联系意味着不可能将从属的观念和象征从物质剥削过程中分离出来。同样，也不可能将对统治观念的隐藏的象征性的反抗从反对或减轻剥削的实际斗争中分离出来。从这一个意义上讲，"隐藏的文本"不仅是幕后的恼怒和怨言，它也是为减少被占有而在实际上被实施的计谋（偷窃、装傻、偷懒、逃跑等）。所以，"隐藏的文本"不仅阐明或解释行为，它还有助于建构行为[2]。

斯科特对"隐藏的文本"的主要特点予以阐明：首先，"隐藏的文本"对于特定的社会场所和特定的表演者来说是特殊的。每一种"隐藏的文本"在一个有限的"公开"当中都是专门制作的，它排除或者说藏匿于特定的他者。其次，"隐藏的文本"至关重要而又未足够强调的方面是，它并非仅仅包括语言行为，而是包括整个的实践过程。对许多农民来说，诸如偷猎、盗窃、秘密地逃税和故意怠工都是"隐藏的文本"的组成部分。对统治精英而言，"隐藏的文本"的实践可以包括不露声色地奢华和使用特权，暗中雇用暴徒、贿赂、操纵土地产权等。这些实践与其公开的文本相悖并且尽可能地保持在后台和不予公开。最后，显然，公开的与"隐藏的文本"的交界处是一个支配者与从属者持续斗争的地带——但并不是一堵结实的墙。统治者在定义和建构何为公开的何为"隐藏的文本"方面的获胜能力——尽管不会是全胜——与其权力同样重要。而有关这一界限的不懈斗争或许是日常冲突和阶级斗争日常形式的最重要的舞台。[3]

---

[1] 郭于华：《"弱者的武器"与"隐藏的文本"——研究农民反抗的底层视角》，《读书》2002年第7期。

[2] [美]詹姆斯·C.斯科特：《弱者的武器》，郑广怀等译，译林出版社2007年版，第480页。

[3] 郭于华：《"弱者的武器"与"隐藏的文本"——研究农民反抗的底层视角》，《读书》2002年第7期。

三 国家的视角

《国家的视角：那些试图改善人类生存状况的项目是如何失败的》获得了 2000 年美国比较研究学会的马特·达根奖"最佳比较研究书籍"。

这本书的中心问题在于就是那些具有良好用意的领袖为使其人民能够现代化而设计出种种项目。这些项目是如此巨大，如此忽视生态和社会生活的基本事实，甚至当其致命的结果已经显现出来以后，仍然被不顾一切地推行。这已经成为斯科特所关注的占主导地位的问题。斯科特的结论是，作为宗教信仰的极端现代主义、独裁的权力以及软弱的市民社会为社会灾难和自然灾难的泛滥提供了条件。斯科特从科学林业、社会主义意识形态、巴西利亚的城市规划、坦桑尼亚的"村庄化"（乌贾玛）、苏联集体化和工业化等多个案例中都得出了这一结论。在每一个案例中，斯科特都指出了所谓的规划者对其所要改变的社会或生态的所知甚少，而地方上流行的知识，及其在压迫下的适应和逃避在许多时候是如何成功地避免了完全的灾难。[1]

正如本书的标题所示，以何为视角，对于一个问题所得出的结论和答案可能相差甚远。现代国家由于技术手段的进步和统治技艺的纯熟，使得国家对其统治对象及其环境的控制逐渐加强，国家权力的触角意图同时也有能力伸向国家公共生活，甚至私人领域的各个角落。然而，现代巨型民族国家无论地域范围还是内部的层次结构，通过人类社会多年来的积累演变，其复杂多样的程度都是单一的国家机器及其政府代理人的智力边界所不能达到的。由此，为了使中央权力更好地控制、领导和驾驭地方势力，同时使中央的决策命令更好地在地方实践，国家机器需要对统治对象及其环境加以改造。在《国家的视角》中，斯科特列举了固定姓氏的创建，度量衡的标准化，土地调查和人口登记制度的建立，自由租佃制度的出现，语言和法律条文的标准化，城市规划以及运输系统的组织等一些看来完全不同的政府行为，他认为这些行为的目的都在于"清晰化"和"简单化"。在所有这些过程中，国家机器都将极其复杂的、不清晰的和地方

---

[1] [美]詹姆斯·C. 斯科特：《国家的视角：那些试图改善人类状况的项目是如何失败的》，王晓毅译，社会科学文献出版社 2004 年版，第 1—9 页。

化的社会实践取消，而代之以他们制造出的标准格式，从而可以集中地从上到下加以记录和监测。简单地说，国家政府使它的疆域、产品和它的劳动力更为清晰，是为了更容易自上而下地加以控制。另外，从"国家的角度"看，通常是自上而下的俯视即如斯科特所比喻像上帝一般审视。经过人为设计和改造的社会工程在外观上和功能上呈现出单一的几何式的美感，它们的判断标准是指向中央，指向权力核心的工具性需求。在这一原则之下，许多社会工程的实施是成功和有效率的。

然而，在"底层的视角"看来，当各式各样的个体，被国家简化为抽象的主体，他们没有差别，没有特点，没有价值观念和自己的选择，当国家发展以人性和具体生活被忽略为代价，而使国家获得了管理上的方便和美学上的统一的时候，同时也失去了准确把握真实的能力。[1] 斯科特这些认为，在文中分析的许多案例都是20世纪人类巨大的悲剧，无论是生命的丧失还是生存秩序无可逆转地被破坏。那么，为什么这些乌托邦似的大型社会工程会失败呢？作者在文章的论述中回答到，国家精英及其主导的发展工程忽视了地方知识的"特殊性"。地方性知识或称为"本土技术知识""民间智慧""实践技能""技术知识"是对不断变动的自然和人类环境做出反应中形成的广泛实践技能和后天获得的智能。[2] 地方性知识自身的复杂性、多样性、多变性特征使得它抵制将其简化为可以通过书本学习获得的演绎规律，因为它所起作用的环境是非常复杂和不可重复的，不可能应用任何的理性决策程序。斯科特进一步论述，由于忽视实践知识、经验、随机理论的推理；由于把特定环境的地方知识等同于一般性的规律；由于不顾地方特质，如特定的空间、特定的时间、特定的目的；正是基于忽略这些特殊性，机械地应用一般的规律只能导致实践上的失败和社会理想的幻灭。[3]

在分析了两种视角的差别之后，斯科特对乌托邦国家发展计划失败背后所隐含的逻辑进行了论述，他认为那些国家发起的社会工程带来的巨大灾难产生于四个因素的致命结合。第一是重塑社会的国家简单化，这是一

---

[1] [美] 詹姆斯·C. 斯科特：《国家的视角：那些试图改善人类状况的项目是如何失败的》，王晓毅译，社会科学文献出版社2004年版，第428—429页。

[2] 同上书，第433—436页。

[3] 同上书，第4—6页。

种对自然和社会的管理制度。第二是作为宗教崇拜的极端现代化意识形态，这是一种强烈而固执的自信，一种相信基于随着科学地掌握自然规律，人们可以理性地设计社会秩序。第三是存在一个独裁主义的国家。它有愿望而且也有能力使用它所有的强制权力来使那些极端现代主义的设计成为现实。第四是软弱的公民社会，这样的社会缺少抵制这些计划的能力。① 斯科特进一步认为，现代国家内部一直存在着发展大规模社会工程的动力，这或许源自人类天然的对乌托邦社会的崇拜。在走向道路的时候，国家机器隐蔽的工具就是清晰化和简单化，而真正深藏在工具之内的逻辑是科学主义和理性主义膨胀了人类在判断自己的理性控制能力上的某些幻觉。这些幻觉即哈耶克所说的"致命的自负"，对社会人为的设计既是一种"致命的自负"也是一种狂热的"极端现代主义"心理，不管设计者们当初是出于何种高尚的动机。②

值得称道的是，面对这样的困境，斯科特并不是仅仅简单去分析这些项目的失败，还提出了解决这些问题的方法。他提出了四点建议：一、小步走，及时反思自己的计划，通过实践不断发现问题，适时调整进程。二、鼓励可逆性，对一些项目在实践中出现的问题，主张倒退回来，在一些问题上走不到终点回到原点，再去审视整个计划，这样会有一个比在进程更加清晰的视角。三、为意外情况作计划，因为你永远不知道在你计划实施的过程之中，会出现意外情况，包括自然的事件和社会事件。四、为人类创造力作计划，发展主体应走出标准化的圈子，让人们个性发展。③

四 作为"对话者"的斯科特

在结束对斯科特教授主要作品的巡回旅行之前，让我们在此稍作停留，对这位从事政治学和人类学研究近 40 年的学者的知识视野作一个简短的梳理，同时也兼把同时期的其他学者的相关理论与斯科特作一个横向的比较，由此更好地理解作为底层政治"对话者"的斯科特。

---

① 黄岩：《乌托邦工程何以崩溃——评詹姆斯 C. 斯科特的〈国家的视角〉》，转自爱思想网（http://www.aisixiang.com/data/11312.html）。
② [美] 詹姆斯·C. 斯科特：《国家的视角：那些试图改善人类状况的项目是如何失败的》，王晓毅译，社会科学文献出版社 2004 年版，第 473—476 页。
③ 同上书，第 3—5 章。

（一）无政府主义还是保守自由主义

在斯科特的作品中，他从未强调自己是保守主义的代言人，甚至在《国家的视角》导言中他表示自己不主张哈耶克和弗里德曼所推动的政治上自由的市场合作。然而，在斯科特作品的各个角落保守主义和古典自由主义的影子仍是随处可见的。最为典型的代表，是在《国家的视角》一书中，斯科特与以勒布库西埃和列宁主义为代表的极端现代主义的对话中，用以自身立论并用于反驳前者的知识体系和文中所用的案例。在这些论述中，斯科特直接援引或间接转述如哈耶克、简·雅各布斯、罗莎·卢森堡、杰弗逊、阿马蒂亚·森等人的相关思想。他强调理性的有限性，认同经验的重要性，反对集权制度和不可流动的精英统治，反对对环境的自发秩序的人为控制和干预，反对一步到位的彻底改造等，这些理论的思想痕迹无一例外地源自古典自由主义和保守主义。很多人或许会认同，斯科特上述思想中更多包含的是无政府主义的思想，如来自克鲁泡特金、巴枯宁、马拉特斯塔、普鲁东，因为斯科特同无政府主义者一样强调在创造社会秩序的过程中，与强制的和分等级的阶层的协调所不同的相互性作用。虽然我们并不否认这一点，但当我们的目光扩展到斯科特更广的作品中，或许就会发现保守主义对斯科特思想的深刻影响。当斯科特在论述现代化如何摧毁传统的平稳的社会结构时，所表现出的对旧有传统的认同；当举例讽刺几个中央的国家精英为制订一个地区的生产计划而在一个宾馆里构想数日；当对列举苏联农业公社改造中对农民的压迫和一意孤行时……从斯科特这些具有代表性的文字中，无论是树立反面的角度还是自己用以加以对比而进行论述，几乎都体现出他的思想中的保守自由主义的倾向。

（二）道义小农与理性小农之争

目前国际学术界比较流行的有五大基本农户经济理论，即恰亚诺夫的"劳动消费均衡"理论、舒尔茨和波普金的理性小农追求利润最大化理论、黄宗智的"内卷化或过密化"理论、斯科特和利普顿的"风险厌恶"理论、巴纳姆和斯奎尔的"农场户经营模型"理论。[①]

---

① 张新光：《小农理论范畴的动态历史考察》，《贵州社会科学》2008年第1期。

詹姆斯·斯科特的《农民的道义经济学》出版不久便引发了一场颇有影响的"斯科特—波普金争论"。斯科特认为小农的抉择行为围绕着生存问题展开，包括规避风险、"安全第一"，为在饥荒年间能得到地主或者国家的庇佑而认可剥削的合法性，除非剥削的程度危及小农的生存伦理时，才会反抗；而波普金的观点则偏向政治经济学，认为小农的一切抉择都是经济理性计算的结果，在这个理论基调中，农民之间、农民与保护人之间的关系都是利益计算权衡的结果，不存在斯科特所谓的温情脉脉的道义伦理，即便是农民参与暴动也是其计算利益得失之后的抉择。"道义经济"与理性小农之争各有其理论根源，前者来源于恰亚诺夫关于农民经济组织的论述以及博兰尼的市场仅为嵌入社会方式之一的论断；而后者则吸取舒尔茨《改造传统农业》理论和施坚雅关于农村基层市场体系的观点。

如果仅把这个论争简化为"理性"和"非理性"之辩，则正好滤去其中重要的意涵，因此更恰当说是"生存理性"和"经济理性"之别。两种理性抉择分别作用于不同的场合，诸如商人能够有"次于最佳"的选择，相比之下，在生存线上挣扎的小农只有"次于最糟"的选择。不过，任何模式的总结都基于一定的现实类型，或者强调其中一个方面。正如斯科特的研究建立在东南亚小农社会的基础之上，基于此，他是否看到更多是小农生存伦理的一面；而波普金研究可能更专注于农场主或富裕农民，这样的人在生存无忧之外能有更多风险投资计划，也更能推动传统农业的变革。因此，对于两种小农理论之辩，我们并不能在解释力上做出一个清晰的评判，而更可行的是基于农民阶层内部也存在于类似其他群体的分层来适用不同的小农理论进行对应。毕竟模式的总结都基于一定的现实类型，或者强调其中一个方面。除此之外，波普金和斯科特二人对于伴随殖民扩张而兴起的市场经济制度也持有不同的价值判断，他们的另一个重要分歧是：资本主义市场究竟给农民以及其他贫困人口带来了机会使其得以逃出封建藩篱，还是不道德的瓦解了传统社会，是富贵强权者得以进一步强化对贫穷弱势者的盘剥？"在今天全球性的拥抱市场的潮流中，很容易接受波普金的观点而拒绝斯科特对传统社会'过于浪漫'的描绘。但是，在彻底摒弃斯科特之前，我们也许仍然需要仔细思索这样一个问题：在市场不断产生胜者与败者的'游戏'中，为什么那些旧体制中的强势者往往又会在市场的新体制中成为赢家？在当代经济体制中，有许多人虽然渴望但无力在市场中成功。摧毁曾为贫穷者提供生存庇护的旧体制也许的确促进了经济效率,但也会使那些失去了生活保障的人们相信,他们为此承受了极度的不公。"①

(三) 解释传统与解读传统的分歧

社会科学研究有两个传统,即解释传统与解读传统。解读传统的目的不在于寻找事务的逻辑关系,而在于理解和厘清特定人类活动在特定文化条件下的内在含义或意义;而解释传统的目的则是寻找具体事务或事件的内在机制以及与之相应的因果、辩证、对话型或历史性关系。② 作为解释方法的支持者,赵鼎新先生认为解释传统的认知基础是比较,其优势在于通过比较而得出的结论和理论可以被经验事实证伪。而斯科特为代表的学者,其工作是以提出一个或若干个解读性概念为起点和最终目标,这样的解读性的研究至少有若干弊端,如在解读的方法、议题与结论上都有局限。③

(王成立)

---

① 刘擎、麦康勉:《政治腐败·资本主义冲击·无权者的抵抗》,《读书》1999 年第 6 期。
② 赵鼎新:《社会与政治运动讲义》,社会科学文献出版社 2006 年版,第 7 页。
③ 同上书,第 7—12 页。

民变与传统国家崩溃

——对孔飞力一个经典议题的分析性叙述

在中国传统社会，民间的叛乱、起义、反抗（以下简称民变）等政治行动，对于传统中华帝制时代的国家和社会政治生态产生了什么样的影响？在特定的时期，民变的社会政治影响又会呈现出什么样的特殊形态？这样的发问，常常归属于"抗议结果"的研究题域，即探讨民间抗争行动引发的诸种影响或效应的问题。老百姓为什么会反叛、如何行动起来，这在世界范围内的民众抗议研究中是长期受到关注并有丰富理论成果的，然而对于民众反抗结果的研究作品，却始终不多。[①] 著名汉学家孔飞力教授对晚清时期农民起义及其引发的地方军事化和社会结构变动的研究，某种程度上可以看作该题域覆盖下所做出的经典理论研究作品之一。虽然孔飞力对此项研究的宗旨并非直指民变结果的问题，但如果我们从他的论述结构及其理论逻辑来考察，会发现该研究对于抗议结果问题有着重要的启发意义。

本文对孔飞力该经典命题的分析，将作如下安排：第一部分简单介绍孔飞力生平和基本履历。第二部分对孔飞力学术研究按照时间段进行一个历时追踪，展示其研究兴趣的轨迹及变动。第三部分围绕孔飞力的一本经典民变研究书籍——《中华帝国晚期的叛乱及其敌人：1796—1864年的军事化与社会结构》，以社会抗议结果的理论资源为理论支撑，重点剖析

[①] 社会抗议结果相关理论述评可参见 Marco G. Guigni, "Was It Worth the Effort? The Outcomes and Consequences of Social Movements", *Annual Review of Sociology*, Vol. 24, 1998, pp. 371 - 393. 等。关于该命题的国内外研究现状可参见孔卫拿《当代中国农民抗争性表达行动结果的阐释——基于四例农村抗争事件的比较分析》，西南政法大学硕士学位论文，2011年3月，第1章第2节。

孔飞力所发展的经典民变议题。文末附有孔飞力主要作品清单及国内孔飞力研究的重要文献。

一　生平与基本履历

孔飞力 1933 年 9 月 9 日出生于英国伦敦[①]。1950 年毕业于美国华盛顿特区的威尔逊高级中学，同年考入哈佛大学，1954 年获学士学位。1954—1955 年，在英国伦敦大学东方与非洲学院学习日语与日本历史。1955 年夏，回美国应征入伍，开始了为期三年的军旅生涯，期间曾在加利福尼亚蒙特利军队语言学校学习中文。1958—1959 年，在乔治城大学攻读研究生，获硕士学位。随后，孔飞力考入哈佛大学，师从费正清教授、史华慈教授学习中国近代史，并攻读博士学位，读博期间他担任过福特基金会外国研究员，并在 1963 年开始在芝加哥大学历史系担任讲师。1965—1966 年，作为富布莱特研究员前往日本京都大学从事研究。1970—1971 年，担任 ACSL（美国学术团体协会）中国文明研究员。1971—1974 年，担任芝加哥大学远东研究中心主任，并于 1974 年升任芝加哥大学正教授。1971—1976 年，担任当代中国联合委员会委员，曾在 1974 年夏随 ACSL 组织的美国生物学家代表团到中国大陆访问，并参观了北京、上海、西安、广州、南京等地。1975—1978 年，担任美国历史评论编辑委员会委员。1975—1977 年，担任芝加哥大学远东语言文明系主任。1977 年担任美国艺术与科学院研究员。1978 年秋，回到哈佛大学，接替费正清担任希根森历史讲座教授。1979 年 6—7 月，随美国明清史专家代表团访华，参观了中国六所著名大学历史系、图书馆，以及中国第一、第二历史档案馆。1980—1986 年，担任哈佛大学费正清东亚研究中心主任。1984 年，担任美中学术交流委员会研究员，受美中学术交流委员会的资助，到北京第一历史档案馆从事研究工作，接触到了 1768 年乾隆年间发生的"叫魂"案清宫档案。1990 年以来，孔飞力学术活动愈加频繁，各种学术演讲不断。2002—2005 年，任哈佛大学东亚系主任，

[①] 该部分的资料主要来源于龚咏梅：《孔飞力中国学研究》，上海辞书出版社 2008 年版，第 328—330 页；林满红：《美国著名汉学家孔飞力》，《文史哲》1996 年第 6 期；百度百科—百度名片："孔飞力"，http://baike.baidu.com/view/975103.htm，2011 年 1 月 20 日访问。

2007年从哈佛退休。

二 研究历程与代表性作品

孔飞力是一个饮誉国际和中国学界的著名大家，以研究晚清以来的中国社会史、政治史著称。从20世纪60年代起，孔飞力开始致力于中国近代史的研究，以其新颖的视角、精当的方法、独到的见解，在美国中国学界奠定了学术地位。他关于太平天国时期的社会史研究，关于"叫魂"案的社会心理学、人类学、政治学研究，关于现代中国政治体制的观念形态研究，都成为美国大学中国近代史专业研究人才的必读书。被公认为是费正清之后，引领美国近代中国史研究前沿走向的重要学者[1]。国内有人将他与史景迁、魏斐德并称为"美国汉学三杰"[2]。

学者龚咏梅认为，孔飞力关注的核心命题就是中国近代社会如何"脱胎换骨"的问题。她以时间为线索，以问题为专题，对孔飞力不同时期的主要著作进行个案研究，将孔飞力的研究历程做了一个四个时期的历时性划分[3]：

第一阶段，20世纪60年代中期到80年代中期，研究1796—1864年中国地方军事化、清王朝衰落及太平天国运动、清末及民国时期地方自治等问题。这一时期孔飞力还参加了费正清《剑桥中国晚清史》和《剑桥中华民国史》若干章节的编撰。当然，最主要的作品当属《中华帝国晚期的叛乱及其敌人：1796—1864年的军事化与社会结构》（暂略，后文另述）。

第二阶段，20世纪80年代中期到1990年，对清宫档案解读，出版闻名遐迩的名著《叫魂：1768年中国妖术大恐慌》。"叫魂"是术士们通过作法于受害者的名字、毛发或衣物，便可使其生病甚至死去，并偷取他

---

[1] 龚咏梅：《脱胎换骨的近代中国——孔飞力与他的中国近代史研究》，华东师范大学博士学位论文2004年，第2页。

[2] 顾思齐：《本土视野的美国"汉学三杰"》，载易文网，2006年2月13日。

[3] 参见前引龚咏梅《脱胎换骨的近代中国——孔飞力与他的中国近代史研究》华东师范大学博士学位论文2004年，又可见其在此基础上修改而成的《孔飞力中国学研究》，上海辞书出版社2008年版。

的灵魂精气,使之为自己服务的一种妖术①。孔飞力通过对发生于清代1768年的这起剪辫妖术及其引发的恐慌事件的解读,以多学科的研究方法深入挖掘了妖术恐慌背后的社会、经济、文化和政治根源,精彩地再现了民众、官僚、君主三方在叫魂事件中的态度及行为。"叫魂"事件体现了那个时代社会"紧密联系的文化网络"下(主题)不同社会主体的不同反映(变奏)②。此外,孔飞力还把叫魂案当作对传统中国"官僚君主制"政治运作的极佳审视样本,叫魂案与作为一种社会制度的官僚君主制之间,有着紧密的内在联系,前者使后者作为工具和制度两个侧面各自因对方而具有意义,后者中君主与官僚的动态关系在前者之中汲取养料③。

第三阶段,20世纪90年代以来,分析"现代国家的起源",围绕政治制度变迁要解决的问题,探讨近代中国社会"脱胎换骨"的问题。代表著作是《现代国家的起源》。该书系孔飞力对中国近代社会政治转型问题一系列看法和观点的合成之作。孔飞力开篇提出三个重要问题,即政治参与的拓宽如何与增强国家权力和国家合法性相一致?政治竞争如何与某种公共利益相协调?国家财政需求如何与地方社会需要相一致?④孔飞力认为现代性的制度性因素、国家特征是由中国内部的历史潮流所塑造的。带着这种"中国中心观"⑤,孔飞力探讨了从清末至20世纪50年代农业集体化运动的历史走向,把中国现代政治制度面临的问题加以概括,他认为这些问题通通可以追溯到19世纪20年代改革派思想家魏源那里,从魏源出发,经由冯桂芬、康有为、梁启超、章炳麟,一直到毛泽东,中国现代国家制度要解决的问题和答案,既在重复,又在深化⑥。现代中国的起源,需要从中国自己传统思想中寻找,传统与现代的简单对立在孔飞力独

---

① [美]孔飞力:《叫魂:1768年中国妖术大恐慌》,陈兼、刘昶译,上海三联书店1999年版,第1页。以下注释若提及简称《叫魂》。

② 同上书,第292—303页。

③ 同上书,第9章。

④ Philip A. Kuhn, *Origins of the Modern Chinese State*, Standford University Press, 2002, p. 2.

⑤ 有关孔飞力的"中国中心观"以及之前传统的"冲击—反应"模式理论等相关问题,请参见柯文《在中国发现历史——中国中心观在美国的兴起》一书,林同奇译,中华书局2002年版。

⑥ 龚咏梅《脱胎换骨的近代中国——孔飞力与他的中国近代史研究》华东师范大学博士学位论文2004年,又可见其在此基础上修改而成的《孔飞力中国学研究》,第158—169页。

特视角的论证下不攻自破。

第四阶段，20世纪90年代中期以来，孔飞力开始关注海外华人移民研究。代表性作品为《他者之中的华人：近代以来的移民》，此外还有演讲、论文若干。孔飞力认为，海外华人历史是中国近代史一个特别重要的部分，内容丰富，涉及人类学、经济学、政治学、社会学、宗教学以及民族学和国际关系等，非常值得研究[①]。《他者之中的华人：近代以来的移民》一书横贯世界五大洲、纵览1567年以来近五个世纪的海外华人移民史，对不同历史时期移民产生的国内外因素、华人内部的社会组织结构、华人与祖籍地的关系以及近现代移民史的延续性进行了翔实而深刻的分析[②]。

三 晚清农民起义与传统帝制国家的崩溃

《中华帝国晚期的叛乱及其敌人：1796—1864年的军事化与社会结构》一书，是孔飞力在其博士论文基础上修改出版而成，这是他的学术奠基之作，也是对中国近代社会问题提出一系列重要理论问题的学术专著，在美国与国际中国学史上有深刻影响，对现代化进程中的中国亦有历史忠告的意义。如果我们换一种视角，即在社会抗议结果理论视野下来讨论本书观点，或许有另一番收获。根据孔飞力该书的内容和观点，我们可以发现，在晚清民众抗议的浪潮冲击下，帝制国家渐趋衰微，传统体制无法继续维持[③]。当然，这并不意味着传统国家的崩溃仅仅是民变的结果，从魏斐德的论述中我们至少可以看出，中华帝制衰落的解释应建立在强调中国内在发展动力的基础上结合内外两方面因素进行[④]。但是，传统国家

[①] 当然，孔飞力也坦称，作为美国移民社会的一分子对移民史的敏感和兴趣，也是研究海外华人移民的另一个重要原因，参见吴前进《孔飞力教授与海外华人研究——在哈佛访孔飞力教授》，《华侨华人历史研究》2005年第2期。而龚咏梅则认为，孔飞力对海外华人移民史的研究应该有着三个因素，分别是回应"中国的冲击"言论、超越"中国中心观"的局限和延续他历来重视人口问题的学术思路，参见龚咏梅《孔飞力90年代中期以来的新课题——关于海外华人移民史研究》，《探索与争鸣》2004年第5期。

[②] 参见李爱慧《一部大视野之作——孔飞力新著〈他者之中的华人：近代以来的移民〉评介》，《华侨华人历史研究》2009年第2期。

[③] 参见孔飞力《中华晚期帝国的叛乱及其敌人：1796—1864年的军事化与社会结构》，谢亮生等译，中国社会科学出版社1990年版，第6章。

[④] 魏斐德：《中华帝制的衰落》，邓军译，黄山书社2004年版。

衰微的总体性历史过程中，来自内部的反抗力量及其对国家、社会的影响，在这样重大的社会历史巨变考察中是难以忽视的。孔飞力的这项研究就为我们窥视这一巨变的历史及其内在逻辑提供了一个难得的视角。

按照我们的解读思路，孔飞力的这个命题最值得考察的，就是在"民变"与"绅权扩张"这两个变量间建立联系。因为孔飞力认为绅权扩张标志着传统国家的崩溃，所以取得了民变与绅权扩张之际的联系，就等于取得了民变与传统国家崩溃的联系。以下我们先看抗议与被抗议方的回应，再看这个抗议互动中最关键的绅权扩张的结果，最后我们提出影响这一结果的一些推测性解释。

（一）抗议行动：以两波农民起义为主

第一波农民起义是白莲教起义（1796—1805）。从教义来看，白莲教原本是大乘佛教的一个苦行的救世军式的派别，始于5世纪左右。在元末时期，白莲教吸收弥勒教和摩尼教的中国变种明教的二元论的、潜含革命性的教义及偶像崇拜，在推翻元朝建立明朝政权中有过历史作用，之后在新政权镇压下转入地下。1775年，山东、河南的起义复活了这一运动的千年太平信仰和公开的政治特征。教派领袖宣称弥勒佛转世以及明代的合法继承人出世。到1796年年初，湖北西部受压迫农民在白莲教领导下再次揭竿而起[1]。从规模来看，白莲教起义蔓延于黄河与长江之间多山的分水岭地区，即陕西、四川和湖北边界交会的一个边缘地区。该地区在清代中期流入的大量人口补充了起义军的力量。而且，白莲教还将他们的组织扩展到了地方政府本身的低层组织中。

第二波农民起义是太平天国运动（1850—1864）。实际上第二波中并非只有太平天国运动，同时期的抗议活动还包括捻军起义（1853—1868）、西南回教起义（1855—1873）、西北回民起义（1862—1878）[2]，只不过以太平天国起义最为壮观、对清廷震动也最大。从太平天国的教义或理念来看，柯文认为太平军的意识形态是一种由福音的基督教、原始共

---

[1] 孔飞力：《中华晚期帝国的叛乱及其敌人：1796—1864年的军事化与社会结构》，谢亮生等译，中国社会科学出版社1990年版，第38—39页。

[2] 李侃如：《治理中国：从革命到改革》，胡国成、赵梅译，中国社会科学出版社2010年版，第22页。

产主义、性的禁欲主义与儒教乌托邦主义熔冶而成的奇特的混合物。他们要建立的朝代不论在名义上还是实质上都是新的。从规模来看,太平军从金田到永安直至定都南京,50年代中期一支北伐军曾直逼天津,60年代初期,上海也曾几度遭受威胁,其战争影响波及了全国大部分地区。

(二)被抗议方回应:镇压与地方军事化

对于这种想要争夺帝位的"叛逆运动",清政府历来是要严厉镇压的,白莲教起义和太平天国运动也均被镇压下去。只不过,在这段特定的历史时期中,镇压往往没有想象得那么容易,而且还产生了相当的非预期历史效应。

镇压白莲教起义过程中,清朝的军事体系就已经显现出虚弱的窘状,驻防部队缺乏训练和勇敢的精神,在白莲教机动灵活的山区小队型游击战面前,朝廷正规军在技术与组织上都难以应付,清政府遂勉强第一次以民兵为主力去镇压[①]。但是这些早期的团练并没有对国家政治产生多大威胁,国家的军事垄断还没有被突破,还是一种在国家监督下把自发的地方武装纳入全面的、官僚化的管理机构的办法。早期提议建立团练的人,"并不是对新出现的地方势力的让步,而是重申对农业地区控制的一种办法"[②]。

然而,到了19世纪中期,"团练已成为清代国家机器的边缘的、可以明确辨认的部分"[③]。伴随着中国社会内部危机的不断加重,尤其是太平天国运动的爆发,中国中部和南部的军事化进程也逐渐加快,孔飞力展现了一个从时间和空间上、密度和强度上不断扩大的军事化规模。他详细

[①] 孔飞力指出,民兵制度是介于"平民的"与"军事的"两级之间的某一位置上的制度。他将民兵划分为两类,一是国家倡导的民兵制度,即国家民兵,包括府兵制、军事农业移民、世袭驻军制和保甲;二是从地方社会自然结构中自发而起的民兵组织,如11世纪的地方护粮团、红枪会等。第二类民兵组织不可轻视,"如果国家不吸收它们或引以为助,国家就必须或是控制或是消灭它们"。孔飞力的这种划分是"国家—社会"分析框架的灵活运用,他这种划分与探讨,就是要搞清楚"这种地方军事化如何导致与国家之间建立一种稳定关系的问题"。由于中国社会尤其是农村社会始终是潜藏着暴力的溪流,应对暴力就必须要求地方社会的军事化。所以,民兵制度是地方军事化的产物,各种民兵制度都需要调整国家利益与社会利益的关系,因此,团练(集结并训练)制度在晚清地方军事化中扮演主要角色。见《叛乱》,第14、15、32、36页。

[②] 孔飞力:《中华晚期帝国的叛乱及其敌人:1796—1864年的军事化与社会结构》,谢亮生等译,中国社会科学出版社1990年版,第63页。

[③] 同上书,第64页。

分析了正统军事化集团的组织规模，如当时几个著名的地方武装——江忠源、胡林翼、曾国藩、刘于浔等人的地方武装实践[1]。剖析了不同规模、特点的军事化组织原则，强调构成军事化组织的三条原则是宗族、市场与私人关系。他还把这些地方武装进行了正统与异端的区分，各自划分为三个纵向等级[2]，并指出它们之间是可以相互转化的。1796年至1864年中国社会与军事化的交织历史进程表明，清朝在这一时期由于社会问题丛生，叛乱是其中一个突出问题，太平天国运动危及清朝政治统治，但其统治政权在军事力量与行政能力方面都无法应付急剧的社会动荡，传统士大夫利用他们的社会资源，组建地方武装，发展团练，与清军合力镇压太平军。

（三）溢出效应：绅权扩张与传统国家崩溃

这一迅猛发展的地方军事化过程，正是绅权扩张的过程。在传统体制下，绅士虽然是通过非正式渠道来行使权利，[3] 但绅士在传统社会中作用非常重要，"植根于名流的官僚政治制度，作为一个整体，能够平安度过上层国家事务所经历的风暴时期"。[4] 在旧制中，团练对于清政府来说不是一种常规性地方组织。虽然绅士在地方上有很大的社会功能，但毕竟有保甲制度的制约。[5] 由于清朝无法抗衡汹涌的太平天国起义，政府不得不采取这种临时性社会动员手段。在这一过程中，孔飞力认为存在一个最重要的问题，那就是，士绅借举办团练之际扩展了自己的势力，士绅和名流成为控制地方团练的主体力量。像他所说的，"保甲旁落到地方绅士之手的趋势成了咸丰朝及以后农村中国的共同特征"[6]。这些士绅所领导的团练逐渐转变成地方政府正式机构。"名流取得胜利是以中央政府权力缩小为代价的"[7]。

因而，清朝地方控制的衰落始于19世纪40年代和50年代的地方军

---

[1] 孔飞力《中华晚期帝国的叛乱及其敌人：1796—1864年的军事化与社会结构》，谢亮生等译，中国社会科学出版社1990年版，第4章。
[2] 同上书，第171页。
[3] 同上书，第221页。
[4] 同上书，第5页。
[5] 同上书，第26页。
[6] 同上书，第219页。
[7] 同上书，第8页。

事化。"地方的军事化过程向帝国提出了尖锐的问题；因为如果非正规的军事力量不能正规化并被置于控制之下，如果范围广泛的地方村社军事化的过程不能纳入可以预知的对国家关系之中，国家自身的安全将立即受到威胁"①。绅权的扩张造成的地方主义又与20世纪的"地方自治"、传统名流的彻底解体存在深刻的历史联系，总之，"这样一种进程不同于朝代循环，其不同之点在于中国的政权和社会再也不能按照老的模式重建起来了"②。基于此，孔飞力提出了一个颇具"中国中心观"的中国近代史划分。他认为，清王朝的衰落不能代表旧制度的崩溃③，事实上，太平天国运动中地方绅士与官方合力镇压农民起义，就说明制度的韧性和能量在持续发挥作用。"旧秩序衰落的开始期不会早于1864年，即太平军被扑灭的那一年。"④ 孔飞力主张把这一界限划在光绪二十年（1894）。⑤

（四）解释

那么，民众抗议是如何引起绅权扩张的？换句话说，绅权扩张这一非预期结果可以从哪些方面得到一些解释呢？

1. 抗议的规模

抗议结果解释中，抗议方的规模是经常被提到的。在衡量的时候，既可以考察抗议运动的规模，也可以考察抗议组织的动员规模，这样就有许多衡量指标，如参与运动的人数、运动支配的人力物力资源总量、运动组织的数量、运动总体过程中的抗议事件数量以及运动过程中冲突的激烈程度等。⑥ 我们稍微比较一下孔飞力笔下的两波农民起义就会发现，太平天国起义的抗议规模要大大高于白莲教起义。仅从战况来看，1852年9月当太平军围攻湖南省会长沙时，队伍已壮大到12万人左右，袭击武昌之后，人数已增至50万。占领南京和镇江之后，200万以上的人口落入了

---

① 孔飞力《中华晚期帝国的叛乱及其敌人：1796—1864年的军事化与社会结构》，谢亮生等译，中国社会科学出版社1990年版，第10页。

② 同上书，第3页。

③ 同上书，第2页。

④ 同上书，第8页。

⑤ 参见孔飞力《美国清史研究的若干问题》，《广东社会科学》1984年第2期。

⑥ 谢岳：《抗议政治学》，上海教育出版社2010年版，第191—192页。

太平军组织之中①。此外，太平军不仅有相对稳固的根据地和后方堡垒南京，而且还颁布了《天朝田亩制度》，规定了在两司马管辖下的由 25 户组成的社会基本单位，两司马全面监管这个集团的宗教、经济和军事生活。②

太平天国起义在规模、烈度上绝对超过了白莲教起义，这也可以理解为什么白莲教起义可以在清朝自身力量下被镇压，而太平天国起义则是在清廷与西方列强联合绞杀下才被扑灭的。③ 白莲教起义开始显现清廷军事体系的衰弱，但还没有腐朽到要完全放开对地方军事化的控制的程度，而到了洪杨起义之时，满八旗兵力已彻底无法应对汹涌的农民战争。太平天国农民起义的规模，是清朝在无奈的情况下开启地方军事化的有力冲击因素。

2. 抗议的目标

一个抗争运动树立什么样的目标，对于产生特定的抗议结果也是有着重要的影响的。在这里比较白莲教起义与太平天国起义，就非常有意思。按照西方抗争政治理论界新近的研究发现，抗议目标的两个方面与抗议结果存在联系，一是抗议所涉政策的类别，是高调的还是低调的？二是国家的自主性程度，是国内的还是国外的。因此，越是涉及国外的且越是高调的抗议，越是难以有所收获，而越是涉及国内的且越是低调的，越是容易有所收获。④

我们上面已经介绍，白莲教起义的最终目标至多是朝代轮替，因为他们宣称的合法继承人仍然是明朝的。这是典型的中国传统帝国官僚社会的农民起义目标，所进行的只不过是王朝循环的简单再生产。而太平天国则不同，它的教义中已经吸纳了一部分西方宗教因素。"太平天国不是为了复明或复宋；他们是为了建立新秩序，反对儒家，反对绅士（尤其是在 19 世纪 50 年代早期）。这不是双方争夺王权的斗争；而是一场要摧毁儒

---

① 《太平军叛乱》，《剑桥中国晚清史》上卷，第六章（网络电子书），第 183 页。
② 参见孔飞力《中华晚期帝国的叛乱及其敌人：1796—1864 年的军事化与社会结构》，谢亮生等译，中国社会科学出版社 1990 年版，第 195 页。
③ 关于西方列强（主要是英法）对太平军从不干涉介入的过程及行动，请参见前引《剑桥中国晚清史》，第 199—202 页。
④ Felix Kolb, 2007, *Protest and opportunities*: *The political outcomes of social movements*, Frankfrut/New York: The University of Chicago Press, p. 48.

家文化的社会革命运动与维护儒家文化的王朝之间的斗争。"① 因此，同样是要争夺清朝的统治权，但太平天国的意识形态与教义目标在革新旧制度的道路上，要比一般农民起义走得更远，在反对绅士的程度上要更深。焚毁孔庙、改信洋教，这些都为一般士绅所不齿，绅士根本没能被纳入太平天国的抗议队伍之中，而是死死地与清王朝站在一起。所以，皇帝正是考虑到绅士的处境，才对他们的督办团练感到放心。

3. 政治机遇结构

社会抗议或反抗的特定结果，无法脱离特定政治机遇的作用。但要谨慎对待的是，这里说的政治机遇，并非是在解释抗议如何发起的动力学意义上的政治机遇，而是解释在抗议互动过程中如何塑造特定抗议结果的政治机遇。这里认为，孔飞力积极阐述的"绅权扩张"这一结果，可以从两个变量中得到一些解释。

（1）国家镇压能力下降

塔罗曾指出，"一旦制度性的途径敞开……国家镇压力衰退，挑战者就要机会提出他们的要求"②。国家镇压能力的衰退，的确是民众集体抗议发起的一个重要政治机遇，但在我们这里，也是产生"绅权扩张"这一结果的一个重要条件和因素。

通过前面的论述我们已经能够看到，18世纪末期清王朝表面看似强大的军事体系已经出现了衰退迹象。白莲教起义镇压过程中开始启动团练已经铁一般地证明了这一点。遇到席卷近半个中国、迅猛异常的太平天国起义，清廷绿营腐朽到了极点，已经不堪一击。在这种情势下，只能再起团练。团练制度化的背景下，地方组建武装的步伐大大加快，其领袖人物产生于省和国家的名流。③ 清朝正规军军事防御和镇压能力的下降，是地主阶级兴办团练发展的最直接因素。

（2）官僚精英联盟非稳定性

士绅、名流兴办团练并逐步扩大自己的权力，还有一个非常重要的促进因素，那就是存在于清朝帝国政治制度中的满汉官僚不平等问题。自清

---

① 魏斐德：《中华帝制的衰落》，邓军译，黄山书社2004年版，第160—161页。
② 西德尼·塔罗：《运动中的力量：社会运动与斗争政治》，吴庆宏译，译林出版社2005年版，第95页。
③ 孔飞力《中华晚期帝国的叛乱及其敌人：1796—1864年的军事化与社会结构》，谢亮生等译，中国社会科学出版社1990年版，第107—108页。

朝建立伊始，满汉官僚在帝国统治制度内的地位是不平等的。满族在征服汉族入主中原后，清朝统治者往往是两手兼备，"既必须从普世主义的角度又必须从种族的角度来表现自己高人一等的优越性"[①]。钱穆先生干脆把清代的政治称为一种属于私心的"部族政权"，指出清朝的衙门中满汉夹用，而外省督、抚，则多用满人，少用汉人，此外还有怀柔藩属压迫、羁縻中国知识分子以减轻抵抗、压迫知识分子而讨好下层民众等多种控制策略[②]。汉族士绅与官僚，在这种非均衡的政治体制安排下常感到不满。

清朝八旗、绿营兵的腐朽，恰恰遂了汉族士绅的心愿。汉族士绅在兴办团练的过程中大显身手，他们还获得了新的司法权和财政权，官僚系统的满汉平衡从此打破，至太平天国起义被扑灭后，绝大多数重要的总督都是汉人。[③] 如果官僚系统中不存在满汉精英的分殊，那么这一联盟至少不会像在太平军起义冲击下表现得那么脆弱。很显然，这一精英联盟是存在不稳定性的，这也就能解释为什么汉族地主、士绅在兴办团练镇压起义以及此后的豢养地方军队中，表现得那么积极和投入了。

四　结论

在积极关注中国近代社会如何"脱胎换骨"这一宏大命题里，孔飞力近半个世纪以来，充满研究激情，视野纵横不同的历史阶段。在这块研究领域中，他见微知著，具有对问题较强的敏感性；善于精细的概念分析，治学严谨；拒绝先验的本质主义，提倡历史主义。但同时，孔飞力对中国社会类型及现代政治制度的某些分析和论述，往往由于文化背景的差异存在一些偏误或绝对化，研究工作也还带有不少第一代美国中国学家的痕迹，此外对于档案与地方志的利用方面过于偏重官方记录的史料。[④]

本文在简略介绍孔飞力学术历程与代表性作品思想后，主要是分析和

---

① ［美］孔飞力：《叫魂：1768 年中国妖术大恐慌》，陈兼、刘昶译，上海三联书店 1999 年版，第 78 页。

② 钱穆：《中国历代政治得失》，生活·读书·新知三联书店 2001 年版，第 127—146 页。

③ 魏斐德：《中华帝制的衰落》，邓军译，黄山书社 2004 年版，第 161—164 页。

④ 龚咏梅：《脱胎换骨的近代中国——孔飞力与他的中国近代史研究》，华东师范大学博士学位论文 2004 年，又可见其在此基础上修改而成的《孔飞力中国学研究》，上海辞书出版社 2008 年版，第 6 章。

阐释他的一个经典的民变或叛乱研究命题,体现在《中华晚期帝国的叛乱及其敌人:1796—1864 年的军事化与社会结构》一书中。这个命题就是民间反抗与传统帝制国家崩溃之间的联系问题。民变与传统国家的崩溃之间,存在一个"绅权扩张"的中介性联结,理论的总体逻辑表现为"民变"—"绅权扩张"—"传统国家崩溃"的联结架构。由于绅权扩张及其所带来的地方军事化实际上标志着传统国家的崩溃,所以在解析过程中,我们的重点就是找出民变与绅权扩张之间的联系。本文认为,在这一因果链条中,存在着几个重要变量,分别是民间抗议的规模、抗议的目标和政治机遇结构,其中政治机遇结构又包括国家镇压能力的下降和官僚精英联盟的不稳定性。政治机遇结构是影响这场空前民变及最后帝制崩溃至关重要的因素,满汉官僚精英联盟的非稳定性本身就是对国家维持疆域稳定能力的冲击,清朝八旗的腐朽更是让国家镇压能力雪上加霜。随着天灾、残酷汲取、外族入侵等社会经济矛盾的发酵,民间抗议风起云涌。太平天国起义的规模已经大大超过此前的白莲教起义,并且抗议目标上也超越了传统中国社会农民反叛的目标循环,甚至将绅士也纳入抗议敌对阵营中。国家—社会两端这两组变量的综合作用的结果是,若要平定叛乱,则必定会放任非稳定联盟中的具有相对镇压潜力、并且坚守儒教价值体系的行动集团的壮大,以维持帝制国家的存续。然而,历史的非预期结果发生了,绅权扩张及其导致的地方军事化极大地削弱和分化了官僚帝国的中央军事管控能力,逐步将这个看似巨兽的官僚帝国推进不可逆转的解体过程。

在结束本文之前,笔者想对本文的分析方法作一个简要阐述。应该说,抗议结果的研究问题异常复杂,尤其是针对像社会历史这样的令人难以捉摸的问题。我们根据孔飞力民变研究的文本所作的解析和梳理,的确有一种单单基于文本的推测性解释或建构意义上解释的嫌疑。但并不能因此说这种建构性评估就是假命题,它也是有方法论依据的。罗伯特·贝斯等人提倡的分析性叙述就是这样一种方法,分析性叙述既是叙述性的,也是分析性的,它既要回到丰富、定性和描述性的材料中去,也要力图对描述的事件作一个逻辑清楚严密的解释[1]。因此,分析性叙事遵循严格的推

---

[1] 罗伯特·H. 贝斯等:《分析性叙述》,熊美娟、李颖译,中国人民大学出版社 2008 年版,第 9—11 页。

导和对实际细节的仔细审视，它其实比其他形式的解释更容易受到批判，因为它们是受逻辑和实际材料限制的[1]。我们对孔飞力民变议题逻辑和过程进行了梳理，同时将这种逻辑和过程纳入抗争政治理论的框架下，并尝试给予这种逻辑以理论解释。这符合分析性叙述的研究方法，从某种程度上说，抗议结果理论解释的这一运用过程，实则也是理论解释的检验过程。这样一种分析性叙述，或许能够为品读、欣赏孔飞力的作品及其魅力提供一种另类的可能。

（孔卫拿）

---

[1] 罗伯特·H. 贝斯等：《分析性叙述》，熊美娟、李颖译，中国人民大学出版社 2008 年版，第 15 页。

《华南农村革命：海丰县的农民及其历史形成（1570—1930）》[*] 述评

一 作者简介

罗伯特·麦克斯（又名马立博，Robert B. Marks, 1949—），美国洛杉矶市惠特学院德尔历史学讲座教授，环境史学家，主要研究中国环境史。在西方学界关于明清中国社会经济史的研究中，与王国斌、彭慕兰、李中清和金世杰等人一起，成为"加利福尼亚学派"的早期代表人之一。1993 年参加了在香港举办的中国生态环境历史国际学术讨论会。麦克斯同时还兼任中国历史地理信息系统项目的顾问委员会成员之一。

麦克斯的著作除了《华南农村革命：海丰县的农民及其历史形成（1570—1930）》（*Rural Revolution in South China: Peasants and the Making of History in Haifeng County*, 1570-1930, University of Wisconsin Press, 1984）以外，其他学术代表作有：《老虎、稻米、丝绸与淤泥：帝制中国晚期华南的环境与经济》（*Tigers, Rice, Silk and Silt: Environment and Economy in Late Imperial South China*, Cambridge University Press, 1998）；《当代世界的起源：一个全球性的和生态学的故事》（*The Origins of the Modern World: A Global and Ecological Narrative*, Rowan & Littlefield Publishers Inc., 2002）；《世界体系历史和地球环境变化》（*World System History and Global Environmental Change*, Lund University, 2003）等著作。

麦克斯发表的学术论文有：《清代前期两广的市场整合》（陈春声译，

---

[*] Robert B. Marks, 1984, *Rural Revolution in South China: Peasant and the Making of History in Haifeng County*, 1570-1930, University of Wisconsin Press.

载叶显恩主编《清代区域社会经济史研究》,中华书局1992年版);《南方"向来无雪":帝制后期华南的气候与收成(1650—1850年)》("It Never Used to Snow": Climatic Variability and Harvest Yields in Late-Imperial South China, 1650 - 1850),载《时间的沉淀物》(Sediments of Time)1995年;《中国区域的国家:或中国区域及国家》(The State of the China Field: or the China Field and the State),载《现代中国》(Modern China),1985年10月;《中国为何》(Why China?),载《环境史》(Environmental History)2005年第1期;《亚洲四小龙》(Asian tigers);《中国明清时期的人口规模》(China's Population Size During The Ming and Qing: A Comment On the Mote Revision)等。

二 本书具体内容介绍

根据作者写作结构及内容来看,本书大体可以分为三个主要部分。第一部分包括本书中的前言和导论部分,作者介绍了有关华南农民集体行为已有的研究途径和解释理论,并提出了自己在本书中所采用的相关研究方法和理论解释框架:采取地方性研究的方法从历史分析的视角对海丰县进行总体考察,并用马克思关于集体行为分析的阶级理论和詹姆斯·斯科特的"农民道义经济学"的理论框架来分析华南农村的革命问题。第二部分也就是本书的正文部分,作者从历史分析的视角,详细介绍了从1570年到1930年近三个多世纪期间华南农村的具体社会经济结构,并着重考察了海丰县农民的反叛、起义、暴动、革命等集体行为以及各种农民组织形式等的具体情况。第三部分为本书的结论部分,作者的主要结论是:海丰县农民通过自己的行为(包括诸如反叛、暴乱、起义、革命等类型的集体行为)塑造了农村的社会经济结构,是农民自身创造了自己的历史。

(一) 前言

在本书的前言部分,麦克斯主要做了两个方面的交代。第一,说明写作此书的缘由——作者对关于中国农村革命已有研究途径的不满。作者认为,从对研究中国农村革命的已有途径来看,学界往往是从意识形态、共产主义组织、精英动员、民族主义等类似的方面来对中国农村革命进行研究或解释的。然而,已有的研究却忽视了对农村自身的社会经济变化过程的考察和研究。由此,作者对此表示了不满,并说明了此书的研究路径就是以历史分析的视角从农村自身的情况考察入手,以此达到对中国农村革命的正确把握。第二,说明此书的研究途径与方法——从历史分析的视角进行地方性研究。

作者的研究对象是中国第一个农村苏维埃的诞生地——华南地区的海丰县。之所以选择海丰县作为本书的研究主体,并不是作者有什么特殊的革命理论需要检验,而是因为海丰县本身的特殊革命历史发展过程。海丰县的农民为什么会如此热衷于破坏,其社会因素是什么?农民如此憎恶的社会秩序究竟是什么?带着类似种种疑问,作者把答案引向了海丰县近几个世纪的社会历史轮廓,从历史的角度来详细考察海丰县农村自身社会经济情况,并将重点考察财富、权力支配者与农村创造者(农民)之间的社会关系,以进一步了解同时期中国社会历史变化的风貌。

(二) 导论

在导论部分,作者一边回顾或批判已有的解释理论或研究方法,一边说明了自己所采用的理论解释框架和研究方法,并对本书正文各章的内容作了简要的概括。

作者指出,在对中国农村革命已有的解释理论中,很多研究都是只注重强调革命精英、革命政治、革命理念以及共产党组织的作用而忽视了对农村自身社会结构的考察,比如在解释20世纪20年代海丰农民运动时,几乎都主要归因于知识分子彭湃(外部组织者)突出的政治才干和组织才能。在作者看来,已有的这种从领导和组织的角度进行的自上而下的解释方式虽然具有一定的说服力,但是这种解释方式由于忽视了农民及对农民生活方式具有培育作用的社会结构而无法从整体上正确地了解中国革命和海丰农民运动。另外,虽然也有研究农村社会经济结构的著作出现,但它并没有和革命运动相联系起来讨论,所以作者的研究就是致力于从农村社会自身的视角来认识和解释农村的革命行为。

关于历史分析的方法,作者罗伯特·麦克斯首先介绍了历史分析的两大流派:"结构主义",即从结构的角度来看待历史;"唯意志论",即从人的意图角度来看待历史。针对这两大流派之间非此即彼的激烈争论,作者采取了和费尔南·布罗代尔一样的温和立场,认为应该将它们作为一个进行理解和研究的重要工具,而不是用来制造持续不断地学术论战。作者然后介绍了费尔南·布罗代尔对历史时期的划分——"地理时期",或称人与环境相互关系的历史;"社会时期",或称社会团体及社会结构的历史;"个人时期",或称那些由历史潮流所引发的泡沫高峰和表面上动乱的事件的历史。作者在本书中主要关注的是后两个时期,也就是从培育农民生活模式的社会经济结构入手,总体考察海丰县从16世纪中后期到20世纪20年代这段时间的农村具体情况。

作者介绍了费尔南·布罗代尔的著作中关于查尔斯·蒂利对19—20世纪期间的集体行为理论的划分——以约翰·斯图亚特·密尔为代表的功利主义理论,即把产生集体行为的原因归结于个人对自身利益的追求;以埃米尔·迪尔凯姆(又名涂尔干)为代表的,往往把集体行为解释为是对社会分化的个体性反应;以马克斯·韦伯为代表的信仰体系理论,即把集体行为看作存在于克里斯马式领袖幻想中的、并对其进行了详细阐述的、普通信仰的必然产物;以卡尔·马克思为代表的马克思主义理论,即认为集体行为是由基于社会阶级的利益共性所决定的。作者在本书中采用的是马克思主义的集体行为分析理论,即把阶级和阶级关系置于中心地位来考察中国的农村革命问题。

作者对詹姆斯·斯科特的"道义经济学"给出了这样的定义:是指一种基于阶级之上的,关于公正价格、正义行事、恰当社会规范(这种社会规范为农民提供了一种令人印象深刻的内聚力以抵抗生存的外部威胁)的普遍信仰的价值体系。[1] 作者在第4章及后面的一些章节将使用到詹姆斯·斯科特的"道义经济学"的理论分析框架,把农民的思想方式置入特定的结构和历史之中,以描述出农民自身所形成和反映出的"农民道义经济学"的具体内容。

关于帝国主义与中国农村革命的关系方面,作者先是介绍了两种主要的理论倾向。一种理论倾向(现代化理论)认为,帝国主义从整体上来说是有利于中国的,它能够促进中国在国家间竞争中处于相对优势地位并加快中国的经济专业化和现代化进程;从这种观点出发,中国在现代化进程中所面临的问题,都要归因于其自身内部,中国对西方的反应是失败

---

[1] Robert B. Marks, 1984, *Rural Revolution in South China: Peasants and the Making of History in Haifeng County*, 1570–1930, University of Wisconsin Press. p. xx. 以下对本书的引用直接标注页码。

的,是中国自身内部的不利因素中断了中国通过借鉴西方的文化、政治体制以及技术而走向现代化的进程;中国在面对帝国主义的时候,理性的选择应是改革,而并非革命。另一种理论倾向则相反,认为帝国主义对中国来说是不利的,它并没有导致中国的相对优势,相反却导致了中国的发展停滞不前,随着帝国主义的不断入侵,中国在资本主义体系中的不断分化使中国更加依赖于西方;中国对西方的反应并不是失败的,理性的选择就是设计一种发展的全新策略——革命,而这就要求通过夺取国家政权来实现。在作者来看,以上的这两种理论倾向都属于彻底的唯意志论。本书的研究主要是把社会阶级关系作为理解帝国主义的核心问题,讨论帝国主义并不是要追问帝国主义是否促进或阻碍了中国的发展,而是要探究帝国主义是如何影响到农村的阶级关系的。

关于对1911年华南革命的研究问题,作者认为很多的研究,要么是关注孙中山及其同盟成员,要么是关注城市知识分子和城市社会经济结构,其结论是,1911年的华南革命是一场与农村没有多少联系的城市革命。作者认为,若要比较全面地了解革命,这种只偏向于研究城市的方法就产生了两种障碍:仅仅持续关注"城市改革精英",容易掩盖了其他正在发生或可能发生的革命;这种只偏向于研究城市的方法,在理解革命的动态性方面弱化了城市之外社会结构的重要性。事实上,1911年爆发的华南革命,虽然"城市改革精英"在革命过程中起着领导的作用,但是就参加革命的人员来说主要是以农民占大多数,这场革命实质上是一场农民的革命。因此,如果要说有什么结构性现象影响了1911年革命结果和之后的广东省权力结构的话,那就是农村与城市之间的敌对和分化。

作者指出,在研究20世纪20年代海丰革命时,传统的观点认为是外部领袖即彭湃和中国共产党推动的结果,农民在农民运动中只是作为外部组织者政治战场中的一枚普通棋子而已,农民在创造自己历史的过程中是无足轻重的。在作者来看,这种传统的观点是站不住脚的。作者认为农民在认识自身利益的过程中,在与革命精英或外部组织互动的过程中,是主动影响而非被动接受,也就是说,农民在创造自身历史的过程中具有不可替代的作用。

(三) 正文部分

本书正文共有9章,以下是对各章主要内容的整体性介绍:

第一章：明末土地占有关系。在本章中，作者主要从宏观历史的角度，对中国明末时期（16世纪初期—17世纪中期）农村的社会现状进行了描述，特别是当时农民与地主之间的社会关系及土地占有关系。

在作者的笔下，当时的农民包括中农、自耕农、佃农、雇农以及农奴；处于社会阶层顶上的则主要是贵族、地主以及官员。朱元璋在1368年建立明朝之初，就把地产分给了新贵族和官员，而且后期颁布的大明律规定了贵族和官员可以接收农奴而不受惩罚，产生了类似于欧洲中世纪的庄园经济发展形式。贵族和官员享有免除交纳税款和服劳役的权利，并且他们享有的地产十分巨大，有的高达几万亩，其享有的农奴也高达上千名。对于中农来说，他们享有一定的地位，大明律禁止中农接收农奴，违者受罚，但是却以"投贤"或"投靠"的方式接收农奴为"义子""义女"，从而躲过了处罚。自耕农处于一个不稳定的随时可能受支配受奴役的边缘之上，他们因无力支付税款及建房开支、无力偿付个人债务、祖墓在地主土地之上以及与世代是佃农的人家子女结婚，不得不走上"投贤"的道路，沦为佃农或农奴。佃农和农奴依附于地主：农奴地位最为低下，他们为地主提供劳动服务（包括耕地、哭丧、奏丧乐、抬轿等）而享有一定的衣食住保障；佃农从地主那里租赁土地耕种，不仅要向地主交纳租税，还要为地主提供一定的劳动服务（一年一般为10—20天），其对土地耕种的具体的权利（如种植何种农作物）也被地主掌控；农奴和佃农都不能使用与地主相同的名字，要说他们之间有什么不同的话，那就是他们受奴役的程度有所不同而已。（pp. 4–14）

作者还在文中批判了罗斯基（Rawski）"地契的存在表明在明朝时期农民与地主之间的关系主要是自由平等的"这一观点，其理由有三点：（1）地契不能独立于政治、社会、经济结构而起作用，当时的政治、社会、经济结构对地主更为有利；（2）地契在实际的运行过程中变相地使农民依附于地主；（3）地主在很大程度上掌握了对土地生产权的控制，如种子、农具及肥料都由地主提供，农民几乎只有耕种和交租的权利。由此可见，在作者所描述的明末农村社会里，农民与地主之间的关系是极为不平等的。

从整体上介绍了农村的社会阶级、社会关系、土地占有等情况之后，作者在本章末尾部分简要描述了明末时期的农民起义问题。土地占有的不同加剧了社会关系的紧张，导致了包括长江三角洲和珠江三角洲等在内的明末全国性的农民起义,他们对地主施行烧、杀、抢以及亵渎地主的祖墓等,这同时也加速了明朝的最终覆灭。在起义之中,农民要求诸如离开土地的自由、在自己的耕地上种植自己愿意种植的农作物、废除附属关系等平等主义权利。

第二章:农民、地主及国家——清朝土地占有关系。作者首先介绍了有关海丰县在明末清初时的自然环境和政治环境。自然环境方面的主要特点可以概括为五点:(1)山丘多,且多为风化山或石头山。(2)河流短而浅,不能满足农业灌溉。(3)亚热带季风气候,降雨充沛且多集中在5—7月,5—7月多台风和洪涝灾害。(4)耕地面积小(仅占全县面积的20%),有些还是盐性湿地。(5)霜期极短,农作物一年2—3熟。在政治环境方面,主要有以下几个特点:(1)17世纪之初约有7万人,大部分人口生活在农村,农村出现了很多小集镇。(2)行政区划主要是为了便于管理,共有7个片区(1730年东部的3个片区合并成了陆丰县),每个片区由若干个小区(里)组成,共30个小区,每个小区有280户人家。(3)以里来计算征税和服役的数量,由县官具体负责。(4)所服劳役包括建府衙、修城墙、守驿站以及提供信使服务等,这些负担分摊到各户,一年由1/9的家庭承担。(5)所纳税额既按土地也按人数(丁)计征,从16世纪中后期(1552)起由实物地租转变成了货币地租,每丁每年88铜板。另外,由于按人数估算出来的税款总额与官方记载的税额存在差距,作者据此推断存在着严重的逃税现象,其原因有两个:第一,掌权者在登记土地和人丁数量的时候有瞒报漏报现象;第二,沉重的税负与货币地租政策使得农民不得不投靠地主,把土地寄于地主之下。

作者然后介绍了明末清初农民的租税抵制运动。沉重的税负和劳役,再加上货币地租政策的实行,农民在走投无路的情况下开始向山坡要地,但没想到的是,自己开垦出来的土地同样逃脱不了被征税的厄运,于是农民被迫掀起了一波接一波的租税抵制运动,其结果当然是被强大凶悍的政府和地主无情地镇压下去了,土地落到了地主的手里。不过,在作者看来,这不只是简单的抗税问题,本质上却是为控制土地而斗争的问题。那么,为什么地主如此急迫地霸占土地呢?作者在文中给出了两个原因:(1)土地税。货币地租政策与"一条鞭"法的实行,使得地主不得不把大米卖掉换回银子以交纳税款。要是米价稳定或上涨的话,对纳税者来说没有影响。但是,如果米价像1560—1570年间那样下降的话,就会使那些土地不多的地主受到创伤,这时候,地主为了弥补这种因市场带来的损失,他们就会巧取豪夺农民的土地,使农民变成自己控制的佃农。(2) 海外贸易。当时富人极有可能会同日本进行贸易活动,把自己手中的钱投入贸易中。对外贸易在提供丰厚利润的时候,也隐藏着巨大的风险。倘若受到海盗或倭寇的袭击或是出海时碰上恶劣的天气,都会造成重大的损失。同样,地主一旦通过加租加税的方式把负担转移到农民头上的话,农民在无力交纳租税的时候也就到了他们失去土地的时候了。

明朝末期,农民不能随便迁移,也不能在其他地方自由占取土地(包括荒地)。政府对新来的流动人口进行严格的登记手续,登记内容包括来自哪里、现住哪里以及曾是谁的佃农。在海丰县,政府当局把这些从邻县或邻省迁移过来人安排给地主当佃农,地主对他们的行为负责。地主为了获得佃农,就以提供良好的待遇为幌子来吸引那些新来的无业游民。一旦这些新来的无业游民成为地主的佃农,地主就会慢慢提高地租,于是,这些佃农离农奴身份也就不远了。不过,这些新来的无业游民能够与当地的农民们相处得很好,一有机会他们就会联合起来共同反抗地主,渐渐地,他们就被地主和政府看作爱闹事的刁民了,他们的村庄也就变成了"强盗村庄"。(pp. 25 – 26) 由此可加,朝廷实行的人口流动管理政策从总体上来说完全是维护地主利益的。

作者花了不少篇幅介绍了明末清初农民的反叛以及农民的反叛组织。农民的反叛最初是孤立个人的反叛,但是,随着农民负担的不断增加以及农民彼此之间不断联系的增加,农民的反叛渐渐地走上了有组织的反叛。海丰县的"土匪村庄"主要是在北部的山谷地带,"土匪村庄"的武装人员有从几百到几千不等的规模,他们会攻击集镇和县城(不管是本县的还是邻县)夺取富人的财产并把这些战利品带回去后平均分给其他村民,当朝廷正规军不在的时候就肩负起保护村庄的任务,但他们的主要任务是农作,而且生产的食物也是平均分配的,可见,农村开始形成了一种平等主义的互助式的生活模式。另外,农民反叛组织还吸引了很多逃跑农奴的踊跃加入,进一步壮大了自己的力量。

1644 年清军入关消灭明朝以后,海丰县同全国其他地方一样陷入了接连不断的战乱中,海丰县城及周围集镇就先后被农民反叛组织、明朝义军(Ming loyalist forces)以及海盗组织占领过数次。但是与中国其他地方所不一样的是,很多地方的农民起义军后来都不同程度地同明朝义军联合起来共同抵制和反抗清军的入侵，而海丰县境内的反叛军，不管是农民反叛组织还是海盗组织，都始终没有成为明朝义军的一部分，以致清军在战败明朝义军后因无法把这些反叛军收编为自己的军队而不得不与之作战。不仅如此，海盗组织与当地农民反叛组织还相互联合组织成了强大的反叛队伍，因此他们不像长江三角洲的农民起义那样容易被镇压，而且他们的成员身份多为地位低下的穷苦人民，包括农民、海盗、矿工、渔民、船员以及盐场工人等，其中他们之中的主要领导力量是海盗。值得注意的一点是，海盗其实就是当时的商人，具体说来就是那些走私食盐或铁矿的商人，他们因朝廷不承认其地位而被朝廷称作海盗。海盗之所以能成为反叛组织的领导力量，这主要与他们从事的走私贩卖活动密切相关，因为这些走私贩卖活动能够为他们带来丰厚的钱财，这也就为他们的反叛活动以及领导反叛组织提供了物质保障。除此之外，海盗之所以能成为反叛组织的领导力量，最重要还在于他们与其他地位低下的穷苦人民一样拥有朴素的平等主义观念。

在本章的末尾部分，作者详细介绍了清朝初期的国家和社会关系以及国家、地主与农民之间的关系。连绵不断的战乱导致农村很多土地荒废，清军在镇压了长江三角洲的明朝义军以及农民起义军之后，首要解决的问题就是恢复农耕以便增加国库财税。

第一，清朝统治者制定了一系列新的利民法令，如顺治帝颁发的1650年法令，允许农民自由迁移，承认农奴和佃农的个人自由，鼓励农民开垦荒地，并保证他们的土地不被地主收回，同时还一度减轻农民的服役；康熙帝继续推行了一系列的奖励农耕的政策，国家还为农民提供种子、幼禽、工具乃至银两，开垦的土地还可享受10年的减税政策，这个时期曾出现了移民高潮，产生了一大批的自耕农；到18世纪20年代时，雍正帝推行了把徭役和土地税结合起来的政策，农民得到了很大的解放；针对地主对农民的毒打残暴行为，雍正帝1727年制定法令，规定了地主责罚佃农违法，并免除了佃农为地主提供劳役的义务，佃农和农奴在更大程度上从地主手中得到了解放。

第二，清朝政府制定了新的税收法令，取缔了明朝实行的官员可以不纳税的特权，国家规定一品以下官员只免丁徭，所有的人，不管是农民还是官员地主都一样要交纳土地税，如此一来，普通百姓的负担就大大减轻了。这种新的税收法令的实施，还导致前明朝的很多官员不得不卖掉一部分的土地以减少所应交纳的土地税款,进而出现了土地价格的下降,新迁入的农民就以较低的价格购买到了土地,因此清朝初期的农民虽然拥有的土地不多,却几乎是均等的,大地主相当少见。地主与佃农之间的紧张关系也一度得到了缓解:由地主负责提供种子、肥料及农具等,佃农只负责种植和收割;秋收后农产品平均分配;地主不再合法拥有农奴,地主雇农奴和佃农为其劳动是要支付报酬的;发生水灾或干旱时,地主提供食物,佃农提供劳力;地主或士绅与农民友好相处,遇有纠纷要主动劝解等。

海丰县在新任县官阮世鹏的带动下,也于17世纪60年代以后出现了以小农为主的农业发展模式,穷苦农民和其他佃农直接占有了相对大量的土地。当清政府关闭东南沿海的对外贸易和把人口从沿海往内陆迁移的时候,地主就无法再进行商业活动了,他们收来的地租只能存积起来。另外,海丰县以及其他广大的南部和东南部地区还出现了一种新的租佃形式:永久性租佃(Permanent tenancy)。这种租佃形式就是农民从当年的收成之中向地主交纳一定数量的粮食或按分成(分成地租)交纳粮食给地主,地主不能加租和驱赶佃农,允许农民以任何一种农产品充抵地租,政府还规定不许地主以其他任何一种租佃形式变相取代永久租佃形式。毫无疑问,与以往的情况相比,这种租佃形式对农民来说是相对有利的。

由此可见,以上种种政府政策虽然没有从根本上废除租佃关系,也没有彻底改变农民的从属性地位,但却很大程度上限制了大土地所有制的发展,总体上保证了农民处于优势的地位,尤其是造就了农村以自耕农为主体的农村社会生活方式,国家通过这种方式也逐步扩大了税源,取得或巩固了自己的统治地位,农民与地主、国家之间出现了一种新型的关系(和明朝相比,清朝统治时期农民、地主、国家三者之间的关系主要表现为:农民地位的提高;国家权力的渗透力增强;地主的势力被削弱)。

第三章:农村生活的一种新模式——市场体系和农村社会组织。作者罗伯特·麦克斯在本章和第四章中主要探讨的是市场结构之下的交换及农村社会关系。作者认为,16世纪末期到20世纪初期的海丰等广大地区的农村经济主要存在形式是小农经济,小农经济引起了农村社会结构两方面的变化:

(1)生存问题成了农民家庭的经济决策中最先考虑的问题,即产生了詹姆斯·斯科特所说的"农民道义经济学"。

(2)选种何种农作物时也要考虑市场机会问题,因此促使市场体系得到发展,市场体系的发展反过来又重塑农民生活的社会经济模式。

　　作者首先从总体上介绍广东省农业专业化种植与市场发展情况,然后就具体介绍海丰的情况。总的来看,与明朝时期的市场发展状况相比,清朝时期的市场发展状况无论在数量上还是在质量上都要优于明朝时期的。广东省专业种植的经济作物主要有水果、甘蔗、烟草以及靛蓝等,这些经济作物的专业种植程度在全国是很高的,以致广东省的大米都主要是广西供应。海丰从19世纪中期开始实现了专业化种植,有甘蔗、靛蓝、大麻、花生以及其他原料作物,大米的产量最多;所种植的农作物种类主要是依据土壤类型和灌溉条件而定,地势较高的干旱地带一般主要种植甜土豆和花生,地势较低的、灌溉条件好的就种植水稻;有些村庄还形成了小渔村或盐产地。尽管出现了一定程度上的专业种植,但这种种植却不是完全按市场需求进行的,出现这种结果的原因主要是市场存在巨大的风险,人们不能只依赖市场来解决食物的问题,本地市场上如果不能充分供应粮食的话,那么农民就不会去种植经济作物的,哪怕这些经济作物的种植能给他带来较高的现金收入。(pp. 52 – 53)

　　在海丰县,集镇在农民的社会经济生活中充当着十分重要的角色,集镇的一般特点主要有:

　　(1) 一般由10—20个村庄形成一个集镇。

　　(2) 赶集存在间隔期,一般是3天赶一次,当然,如果愿意的话也可以去赶周围的其他集镇,那些生意小贩就是这样的。

　　(3) 集镇上销售的商品主要是食物和农产品,也有其他的小商品。

　　(4) 集镇上也有固定的小商店,如肉店、米店、药店、纸店等。

　　(5) 专门从事商业活动的人很少,大多是一些小商人,这些小商人又多为农民。

　　(6) 那些在各集镇之间倒买倒卖或者是到省城做生意的人们成为在农村传播外界新闻的主要桥梁。

　　为了说明集镇对塑造农村社会组织的产生与发展具有重要的影响作用,作者还专门举了一个南京附近的一个集镇与当地一个寺庙——作者将其归为一种信仰组织(Religious organization)——之间的关系的例子。不过作者认为在海丰县和广东省其他地方,除了集镇中心会催生出一些社会或信仰组织以外,位于两个或多个集镇之间的"边缘带"也同样会催生出一些组织。

从 18 世纪开始，随着农村人口的大幅度增长，人地矛盾开始变得十分尖锐，这之后农村发生了很多的争斗。市场体系与农村社会争斗之间是否存在一定关系呢？作者分析了 18 世纪后期开始出现的、19 世纪后期到 20 世纪初期最常发生、影响最大的宗族之争，并且认为这种争斗与市场体系存在一定的关系。首先，一个集镇之中往往不只是一个单姓宗族独自生活。随着人地矛盾的深化，宗族之间开始争夺原来不属于任何一方的公共资源（如水、林地、荒地等），公共资源的争夺就成了宗族之间争斗的最重要的直接诱因，并且在通常情况下，是一个宗族单独控制了一个集镇及集镇周围的村庄。其次，集镇本身特有的功能和所控制的资源（如收销售税、便于开店等），会引发宗族之间相互争夺，一个宗族若是在争夺集镇的斗争中失败了，有可能会另外建立一个新的集镇与那些老集镇争夺资源。最后，位于集镇与集镇之间边缘带的村庄也倾向于积极地建立起自己的集镇，集镇与集镇之间的竞争就会愈演愈烈。

海陆丰地区除了宗族之间围绕着集镇的争斗以外，随着宗族之间争斗的日益炙热化，到了 19 世纪 40 年代，还演化出了两种派别势力之间的相互较量，一派主要是以那些强大的宗族为主体、以集镇中心为势力范围的"红旗会"（the Red Flag），另一派则以较弱宗族为主体、以集镇中心周围的一些边缘带为势力范围的"乌旗会"（the Black Flag）。在这里，作者对"红旗会"与"乌旗会"之间相互争斗的特点做出了分析：

（1）在两派的组成成员中，主要是以宗族为单位，两派之间的争斗实际上是宗族之间的争斗，是集镇中心的宗族与集镇周围的一些边缘带的宗族之间的争斗。

（2）两派之间的争斗主要是围绕争夺资源进行的，这些资源包括林地、灌溉水等。

（3）两派之间争斗的规模和影响一般比较大，通常会有上千人加入，会造成人员的死伤。

（4）除了相互争斗外，两派还对政府权力的执行进行反抗和抵制，尤其是抵制政府征税。

（5）这种争斗表现为典型的"地方主义"，他们通常认为，在一个财富基本不变的社会里，如果外来者从本社区取走了任何的资源，那就意味着永远的损失。（p. 72）

最后，作者试图对海丰县农村中出现的宗族之间的相互争斗和"红旗会"与"乌旗会"之间相互争斗这些集体行为做出合理的解释。作者首先把海丰县的宗族争斗和派别争斗这一集体行为看作特定社会的自然产物,从根本上否定了哈里·拉姆雷(Harry Lamley)把集体行为看作病态的偏狂行为这种观点。然后作者通过与裴宜理的"环境分析"集体行为理论进行对话,把裴宜理所分析的淮北农村的情况与海丰县农村的情况进行了总体上的比较,结果发现裴宜理所分析的淮北农村与海丰县的农村是截然不同的。两者之间在总体上的不同就在于:淮北地区要比海丰县贫穷得多,人口密度要比海丰县低得多,而且农业生产力和商业发展也要比海丰县落后得多;相比之下,海丰县持续不断地发生集体行为和暴乱,社会环境变化更为显著。(p. 74) 因此,作者并不打算采用裴宜理的"掠夺性策略"和"保护性策略"的分析理论来解释海陆丰地区的农村争斗。相反,作者主要是强调市场体系的作用,认为是市场体系结构的变化加快了农村集体行为和暴力行为的形式(宗族争斗—派别争斗)的变化。(p. 74)

第四章:市场和道德——农民和食物问题。本章主要是使用斯科特的"农民道义经济学"理论框架来考察市场体系、社会结构与农村集体行为之间的关系,也就是考察清朝中后期中国农村在"农民道义经济学"方面的具体内容。

作者首先利用斯科特的"农民道义经济学"理论解释了清朝中后期经常发生的粮食暴乱这一集体化行为。尽管农民种植的农作物主要是粮食作物而非经济作物,但是由于农民耕种的土地很少,就是在收成较好的年头里,很多的农民家庭也面临着饥饿的威胁,要是碰上各种自然灾害(如水旱、干旱等),那么他们的生存更是缺乏保障。当生存面临着威胁的时候,农民可能会拿出平时的一点积蓄到市场上购买粮食,但是疯涨的粮食价格会使他们望而生畏。最后,寻求食物的本能就驱使着他们去偷去抢那些富人,从而引发了粮食暴动。作者认为,导致粮食暴乱的原因,比如粮食价格疯涨、粮食供应不足、奸商勾当、大范围的饥荒等所有这些引起农民不满的原因,主要建立在一个普遍观念的框架内,这些观念包括对什么是公平价格以及什么是正义行为的界定,最重要的是,这些观念还构成了社会规范的重要部分。也就是说,农民有自己的一套关于什么是公平价格和什么是正义行为的价值判断,而他们的这些观念就如斯科特所描述的那样,都是农民自己的一些道德假设,即斯科特所指的"农民道义经

济学"。在中国农村,"农民道义经济学"主要表现为以下两个方面:

(1) 在很多穷苦农民来看,政府官员的主要职责就是确保自己所辖地区内有足够的粮食供应给本地区的所有居住人员。(p.78) 具体来讲,政府应该在农村修建粮仓,有权在秋收后收购市场上供应过多的粮食,然后等到农民碰上青黄不接之时(多为春、夏季)再把粮食投放到市场上以较低的价格销售给农民,若遇上灾害之年,政府甚至应该开仓济民。另外,政府不能把当地的粮食外售到其他地区;应当关闭那些耗用粮食的酒市场(米酒市场);应当采取措施降低粮食价格;应当降低农民的税负等等。除此之外,农民还希望政府劝说那些富人(地主或商人)分发粮食、捐赠救济款、筑路建桥以及开当铺等。事实上,政府官员一般都比较关注与农民休戚相关的米价的波动,他们通常会认为市场上的粮食供应不足并不是收成不好造成的,而是那些商人大批收购所造成的,因此,也在一定程度上满足或部分满足农民的这些道义要求。反过来,政府满足或部分满足农民的这些道义要求之后,这些道义要求就会慢慢地在农民自己心目中得到巩固和加强,并形成了一种普遍的社会道德规范。因此,当他们这种要求被拒绝的时候,也就是他们认为不公平和不正义的时候了,于是他们就可以采取一些行动来改变这种状况,并且会认为他们的行动无论如何也应该是正义的。

(2) 农民对商人和地主的期求也是出于道义观念的。当自然灾害引起普遍饥荒的时候,市场上出现粮食短缺并导致价格上涨的时候,他们要求自己对市场上的粮食价格能有所控制,倘若政府不替他们解决而商人和地主也不做出让步的话,农民就会采取行动迫使那些囤积有大量粮食的商人低价售卖粮食,或者要求地主救济他们,假使商人和地主还不合作的话,他们就会采取更为激进的办法,那就是偷,甚至是抢。总之,农民在为生存解决食物的过程当中,他们把官员、商人以及地主纳入了一套关于公平与正义的道义框架内来思考或采取行动的。

在饥荒严重、粮食短缺的时候,农民虽然会被迫走上反抗的道路,然而反抗是要冒生命危险的,反抗并非长久之计,再加上清政府从19世纪后期起就不再提供粮食救济了,因此,农民不得不寻求其他的方法或途径来逃避纳税和维持整个家庭生计。在本章中,作者讨论了农民通过各种社会关系寻求生存保障的一些途径。这些途径主要有三种:

(1) 自耕农向富人和有权力的人(士绅或地主)寻求保护。之所以向富人和有权力的人寻求保护，主要是因为这些富人和有权力的人通过不登记土地或贿赂官员的方式以逃避纳税而把纳税的负担转移到了自耕农的头上，再加上农村的赋税后来主要是靠当地的这些富人和有权力的人向农民征收，因此，自耕农就宁愿交一部分钱（相当于保护费）给地主以减轻或免除自己的赋税负担。

（2）宗族内部的农民成员向宗族寻求保护。宗族的土地属于宗族集体共有，宗族内部的农民成员可以通过交纳较低的地租或负责宗族当年的祭祀费用（较低）的方式而获得宗族土地的耕种，另外，宗族成员在结婚、丧葬、生病或受教育等方面还可以得到宗族的帮扶和救助。

（3）卖地农民向新型地主（商人地主）寻求保护。18世纪后半叶，随着粮食价格逐步上涨，一些富有的商人开始通过购买土地并用来种植粮食出售，但是商人并不能随便断绝与卖地者（农民）之间的关系，他们还得雇佣农民在其土地上劳动，如此一来，农民在卖了土地之后也不至于完全失去生存保障。但商人、地主与农民之间的关系在本质上毕竟也是一种地主与佃农的关系，所以随着地租形式的变化（由分成地租变为固定地租），农民的生存状态便因为卖地而变得更为危险起来。

第五章：新力量和旧敌人——帝国主义和农村社会结构。本章主要探究农村是如何与世界资本主义市场联系在一起的，以及帝国主义是如何影响农村的阶级关系的。

作者首先介绍了欧洲传教士对海丰县农村社会结构的影响。自1842年清政府在鸦片战争中战败以后，中国沿海以及长江沿岸很多地方开始被迫对西方实行开放政策，欧洲大批传教士和商人陆续进入了中国沿海及广大农村地区。从1871年起，传教士也进入了海丰县农村。这些传教士既有天主教徒也有新教徒，他们在农村向农民传播自己的文化和信仰理念，极力在农村发展自己宗教的信徒。由于清政府的软弱无能和帝国主义的船坚炮利，传教士在农村同样很有地位，再加上农民自身的穷苦，所以有的农民便在传教士的劝说之下开始变成了天主教或基督教信徒。当农民成为教徒之后，他们的地位便开始发生了变化，他们或许会寻求教堂或外国大使馆的帮助，这些教堂或外国大使馆可能会替他们出面解决一些纠纷甚至是要求当地的政府免除一些对他们的惩罚。

之后作者介绍了世界市场对海丰县农村社会结构的影响，海丰县种植甘蔗与世界市场的相互关联，并分析这种帝国主义市场对农村社会经济结构的影响和结果。随着西方各资本主义列强对中国政治经济的不断扩张，到了19世纪末期，清政府开始允许外国在中国开办工厂（1895年的《辛丑条约》）。在华南广东地区和香港地区（英国1842年依《南京条约》割占了香港岛）开办的一些外国工厂，尤其是炼糖厂的开办对华南农村包括海丰县农村产生了很大的影响。海丰县具备优越的地理条件尤其是便利的海上运输条件（通过汕尾港口可运往香港以及海外），于是农村出现了大量种植甘蔗的农民家庭和收购原糖或负责运输等相关商人。种植甘蔗的农民家庭很多都是自己加工成原糖的，从甘蔗加工成原糖的过程中，很多都是家庭作坊式生产。由于整个世界市场对蔗糖的需求十分旺盛，很多商人甚至以提前预付一部分资本的方式来刺激农民种植更多的甘蔗，至此，农村开始与世界市场紧密地联系起来了。农民从种植甘蔗的过程中可能会获得部分的经济利益，然而市场是藏有巨大风险的，任何风吹草动都可以使他们陷入绝境，他们的命运将由市场来决定。果然好景不长，1907年美国纽约摩根银行引发的金融危机不仅波及中国的一些开放城市（如上海），同样对华南农村也产生了很大的影响：

（1）由于世界蔗糖市场的崩溃导致了原糖价格的急剧下跌，再加上华南农村在同世界其他甘蔗种植地区如爪哇、古巴、中国台湾（1895年日本占领）等地的竞争过程中处于不利的地位，因此很多农民家庭又不得不转向种植大米或其他农作物。

（2）由于在种植甘蔗的过程中农民曾接收过商人提供的预付生产资本，1907年的这场灾难使他们走上了负债的道路，为了还债，有地的话他们就卖地还债或用土地来抵债，没地的话他们就只能以寻求借贷的方式来还债，由此农民土地占有状况开始发生了变化。具体来说，海丰县农村在1907年以后有三种农民土地占有形式共存。第一种是17世纪末18世纪初（也就是农业商业化之前）就形成的永久性占有形式，这种占有形式的显著特点就是土地数量大、租率低、自由种植作物以及拥有分租或转租的权利。（p.109）第二种是地契出租形式，这种占有形式是伴随农业商业化所形成的占有形式，其主要特点是：它是随市场机会的产生而产生的，因此地租或租金是固定的且主要由市场决定；有固定的租赁期限（一般为4—5年）；农民的租种期限是固定的，也就意味着农民在租赁期间土地不会再被租给其他人，因此在耕种期间他们倾向于采用施肥等方式提高土质以利于提高产出；农民租种土地主要是种植经济作物（如甘蔗)。(p.110) 第三种是口头租赁形式,这种占有形式是 1907 年之后出现的新形式,在 20 世纪 20 年代成为主要的租佃形式,其特点主要有:农民以口头方式答应按时向地主交租;农民的耕种权利无保证,土地随时可能被地主收回或另租给其他人;农民因耕种无保证而倾向于不对土地施肥也不对土地进行改良。可见,农村农民土地占有形式的这种变化使农民更加处于不利地位。不仅土地占有的方式更加不利于农民,而且所采用的地租形式也渐渐不利于农民,以前主要采用的是分成地租形式,这种地租形式以土地粮食产量的多少来决定所交纳地租的数量。现在新出现的固定地租形式致使农民不管在收成好的年头还是在粮食歉收的年头都要向地主交纳固定数量的地租。

(3) 推动通货膨胀对华南农村(包括海丰)的进一步打击。由于 19 世纪 80 年代便开始出现了制造业商品的价格上涨速度要比农业商品价格上涨速度快,再加上 20 世纪初中国内部出现混乱的货币发行状况(广州 1901 年开始新建铸币厂),引发货币持续贬值,1907 年蔗糖市场的崩溃对本已处于不利地位的农民来说无疑更是雪上加霜。

作者还详细介绍了同一时期(1880—1925 年)海丰县纺织业发展道路的变化状况,并分析了农民在这种变化过程中是如何走向不利地位的。总的来说,海丰县的纺织业整体上是由农民手工式的家庭作坊生产转变成了工厂式的商业性生产,农民(主要是农民妇女)从控制生产的地位转变成了依附于工厂生产的地位,即农民最后成为工薪劳动了。这些变化过程中,纺业和织业的分离是一个很重要的过渡阶段,以前纺业和织业是相互进行的,后来由于国外(日本、英国)的机造棉纱进入农村以后,纺车成为一种摆设,纺业便开始消失。布商开始边进口棉纱给织业家庭织成布,边把这些布在本地市场进行销售。这种生产过程给布商带来了很多的不便,他们既要向农民提供棉纱,又要等农民织成布以后收回来再销售。后来,有实力的布商(如陈炯明、彭湃等)便开始开办纺织厂,把这些农民组织在一起统一生产,统一管理,至此,农民在生产中的地位完全发生了变化,农民手工式家庭生产就开始逐步被工厂式生产取代了。

总之,帝国主义虽然不是直接影响到农民,但是帝国主义却通过影响农村社会关系而间接地影响到了农民,它还进一步使农村的集体行为方式从纵向的宗族和派系争斗转变成了横向的社会阶级斗争。

第六章:"警察和法庭的一项事务"——农民和 1911 年革命。本章介绍了1911年之前华南农村存在的各种农村社会组织、农村社会状况，然后试图说明1911年革命在华南本质上是农民的革命而非城市知识精英和士绅的革命。作者还对1911年革命以后华南农村出现的新型地主进行了介绍，并指出农民与地主之间的斗争形式开始转变成了阶级斗争。

作者首先对1911年之前农村存在的各种社会组织进行了介绍。在这一时期的华南农村所存在农民社会组织，除了之前就出现的强盗组织、宗族组织、红、乌旗帮会仍然对农村社会生活和社会秩序产生很大的影响外，还有帝国主义的入侵和清政府的腐败无能，更是导致了农村社会秩序一片混乱，农民生活在水深火热之中。伴随着这种复杂的、不稳定的社会环境，出于各种斗争的需要，农村社会中出现了很多的农民社会组织。在华南农村，其中对农民社会生活和农村社会秩序具有重大影响的农民社会组织主要有：

（1）庄稼看管队（Crop-watching societies）。由于当时帝国主义的入侵、蔗糖市场的崩溃、清政府控制力的软弱导致了社会秩序十分混乱，再加上海丰农村山地地形提供了天然的掩护功能，所以这一时期的强盗组织在农村十分疯狂。这些强盗组织不仅袭击集镇和富人，有时候还毁损村庄和偷盗或践踏村民的庄稼，村民为了保护自己地里种植的庄稼不被这些强盗组织践踏和偷盗，就开始联合组织庄稼看管队在夜里看守庄稼，可见这种社会组织的任务主要是防御性的。

（2）三合会（Triad society）。这是一种秘密社会组织，其具体组织目的并不清楚，但是最初的形成目的是为了反清复明。这一组织没有统一的组织形式，曾分裂为几个派系，其成员是从那些失业流民、破产农民、卖苦力或干日工维持生计的人以及村镇刁民等底层社会阶层人群中招募的，这些成员遍及整个华南地区。在海陆丰主要分布在海丰林氏宗族所在地——梅陇地区（林氏宗族在这一带是最有势力和最富有的宗族）以及陆丰的重要盐产区，三合会成员除了经常对这些地带以及其他集镇进行袭击和骚扰以外，同时也对一些村庄进行攻击。三合会对华南地区的影响很大，广东新士绅陈炯明（后任广东军政府总督）和其他同盟会成员在1911年10月武昌起义爆发之时就联合三合会一起攻占了广州城，推翻了清政府在广东的统治，在这场革命过程中，三合会起到了把农民等底层阶层人群与城市知识分子或新型乡绅连接起来共同参加共和革命的桥梁作用。

（3）霸陵宗教门派（Baling sect）。这一农村社会组织是海丰农民根据佛教和道教的某些教义综合在一起而形成的一种宗教门派，尤其信奉"雷公神"，其他诸神有"风伯""雨师"。其中，农民们认为，"雷公神"不仅掌管提供庄稼生长的雨水，还负责惩罚那些作恶多端的人，哪怕是浪费一粒粮食也要受到"雷公"的惩罚。霸陵宗教门派尤其反抗地主或大宗族（如林氏宗族）的剥削，同时还仇恨和反抗那些信奉天主教或基督教的本地信徒。

为了说明华南地区1911年革命实质上是一场农民革命，作者从参加革命的主要对象方面来进行了论证。从19世纪末期开始，农村地区的一些富有家庭或士绅家庭开始出现了一批主张对清政府改革并且反对帝国主义的年轻知识分子，为了把他们与原来维护清政府在农村的统治地位的士绅相区别开来，通常也把他们称为新型士绅或城市改革精英，其中，陈炯明、胡汉民等同盟会成员就是华南广东的主要代表人物。在1911年的华南共和革命过程中，虽然革命的领导人是陈炯明、胡汉民等城市改革精英，但是由于陈炯明联合了三合会，所以在整个共和革命的过程中实际参加革命人员绝大部分都是农民（10万—15万）。因此，尽管在革命成功之后新士绅和商人联合起来，从革命队伍中解除或镇压了参加革命的农民和其他底层社会阶层人群，但是不可否认的是，1911年的华南共和革命在实质上也是一场农民的革命。

新士绅和商人控制了革命政权之后，华南地区的社会结构便也随之发生了变化，在这一时期，农村开始出现了一类新型地主。这些新政权持有者在革命胜利之初，为了巩固自己的统治地位，便吸纳和收买大量的士绅或商人队伍加入其统治集团，并实行军阀统治。官僚机构的不断增加必然导致开支的增加，为了维持其自身的运转，他们凭借自身的政治权力优势，便开始向农民征收大量的税。另外，很多士绅或地主也开始仗势欺农，大肆聚敛农民钱财，随意更改租佃形式和增加地租数量，甚至对农民的抗租抗税行为施以酷刑等，最显著的特点是，这些新型地主把从农民身上搜刮来的钱又用来对穷苦农民放高利贷，进一步剥削农民阶级。不仅如此，宗族首领也不再负有把土地租赁给穷苦的本族人耕种的义务，他们可以不考虑本族成员而把土地出租给那些能提供更高地租的外族人耕种，在1911年革命之后，农村宗族团结力也开始衰落了。因此，作者认为，由于新型地主的出现，在1911年之后的10年里，农民与地主之间的关系开始以阶级的形式而非宗族或派系的形式出现。

第七章：倒退的政治学——知识分子和农民。在本章中，以介绍彭湃为主线，作者描述了1911年革命之后到1923年间海丰县农民是如何参加并利用彭湃组织的农民协会来同政府或新型地主之间进行斗争的，并指出这一时期农民集体行为形式的变化是农民自身发展的产物，而非外部组织者（彭湃）的原因。

首先，作者对彭湃的生平及1921—1922年海丰县的改革状况作了介绍，穿插其中的主线是彭湃的个人思想理念是如何从无政府主义、工团主义和改革社会主义转向了马克思主义的。彭湃出生于海丰县当地一个富有的地主家庭，从这种富家子弟的身份变为农民集体行为的组织者，大致经历了四个阶段：（1）1911革命后开始就读于海丰中学（1916年后与陆丰中学合并改名为海丰师范学校），期间深受当时陈独秀发起的新文化运动（1915—1923）的激进主义观点的影响。（2）1917年在陈炯明的资助下同一个弟弟及一批同学一起赴日留学。1917—1921年在日本留学期间，1919年曾和一些激进的同学组织游行示威声援五四运动，眼看着帝国主义国家对中国的欺压凌辱，彭湃开始寻求解决中国问题的方法，在日本留学期间加入了日本学生中较为激进的"The Builders' League"社团组织，开始探讨无政府主义、工团主义、改革社会主义以及马克思主义，并且"The Builders' League"关注农民接触农民这一思想观点的影响。（3）1921—1922年任海丰县教育局局长期间，在海丰创办了《新海丰》日报，并领导很多同学建立了社会主义研究社，一边积极推进海丰各个方面的改革尤其是教育方面的改革，一边积极研究社会革命问题。在这期间，彭湃感受到了改革过程中掌权的"旧海丰派"的阻挠和破坏，并洞察到了"旧海丰派"的根本目的就是维护他们自身的根本利益而不顾穷苦人民的利益。在社会革命研究方面，彭湃对知识分子和农民在社会革命中各自的角色研究中，最终得出的结论是：社会革命的真正代表是中国农民，知识分子的任务就是帮助农民把自身组织起来。（p.173）不仅如此，彭湃开始走进农村，1922年还和农民一起在海丰赤山建立了赤山农会。至此，彭湃在思想意识形态上已经变成了真正的马克思主义者。（4）1923年辞掉海丰县教育局局长之后，彭湃全面接触农民和其他穷苦人民，亲身积极实践马克思主义的观念，成为农民利益的阐述者和代言人。彭湃穿着破旧的衣服走进农村，和农民一起用茶一起谈论地主加租等时弊问题,为了让农民相信他对农民痛苦遭遇的深切同情,他甚至当着农民的面把自己手里的地契烧掉,誓死与农民站在一起。另外,他积极调解农民与宗族、派系之间的争斗,把农民团结到农会这一旗帜之下共同反抗各种压迫。随着广大穷苦人民的积极响应,彭湃1923年又领导成立了海陆丰总农会,进一步把农民组织起来,并积极同政府当局进行交涉争取到了一些农民的抗争诉求。

但是,纵然彭湃在组织农民反抗地主或官员的过程中具有重要的作用,作者并不认为彭湃的出现是农民抗争(农民运动)的真正原因;相反,农民抗争(农民运动)历来就存在,这一时期农民的抗争手段仍然是和他们的祖辈反抗方式是一样的。据此,作者反对把组织起来之后的农民抗争用"农民运动"这一术语来描述,因为在作者看来,"农民运动"这一术语主要强调的是外部组织者的出现对农民抗争的影响。作者认为虽然这一时期的农民集体行为开始以组织的形式出现,和以前的农民集体行为方式有所不同,但是严格地来说,外部组织者和新组织的出现仅仅是农民自身期望的结果,而并非外部组织者的出现改变了农民的集体行为方式。(p.192)

第八章:彭湃之狂热崇拜——社会阶级和政治权力。在本章中,作者主要介绍了1924—1926年国共合作背景之下的海丰农村农民运动发展状况及其变化。

根据作者的介绍,总体上来看,海丰农村农民运动经历了一个从短暂的辉煌发展时期之后便迅速衰退的总过程。为了解决战前的给养问题,1924年国民党决定在农村发动农民运动,并成立了主管农民运动的农民运动委员会,具体情况则主要由共产党员彭湃负责。彭湃在这期间积极开办农民运动讲习所,亲自担任讲课老师,向学员广泛介绍有关农民运动的知识,不仅如此,这些学员很多还接受过正规军事训练,这些学员后来绝大部分都成了农民运动的组织者。和广东其他一些地方一样,海丰县的农民运动也迅速发展壮大起来,以致国民革命军1925年两次东征陈炯明之时就得到了各农民协会和农民的大力支持。击败了陈炯明的革命叛变和商团叛变之后,在海丰县农村,海丰农民协会成为了实际的掌权者,农民的地位得到了空前的提高,农民甚至开始提出了重分地主土地的要求。海丰农民运动走在了整个中国农民运动的最前列,成为了中国的"小莫斯科"。但是,由于农村轰轰烈烈的农民运动和农民协会的迅速壮大日益威胁着那些有钱有权的士绅。1925年孙中山逝世以后国民党内部开始分裂为左派和右派，以蒋介石为代表的国民党右派开始反对农村农民运动。蒋介石以北伐这一大局为由要求不能再推行农民运动，暗中却指使由士绅组成的民团对农民和农民协会进行残害和扰乱，再加上当时共产党中央为了保持与国民党的继续合作，也不支持彭湃和其他农民运动的组织成员搞农民运动，结果海丰农民被国共两党抛弃。农民运动经过一个短暂的迅速发展之后开始渐渐遭受国民党的镇压而衰退下去。

不过，尽管共产党中央不支持继续推动农民运动，海丰地方共产党内部的一些成员也以农民的保守性为由反对继续发展农民运动，彭湃并没有放弃发展农民运动。因为在彭湃看来，农民才是中国社会革命的代表阶级，他要做的就是想办法提高农民的阶级自觉性，把农民武装起来，让农民能够意识到自己的权利和目标，进而组织起来推翻一切剥削和压迫。由于农民开始发现国共两党都不愿意领导自己去争取自身的权利和目标，同时还受到了国民党右派支持的民团的不断迫害，经历了如此多的辛酸考验之后，农民便自然而然地对彭湃更加狂热地崇拜和尊敬，他们为了表达对彭湃的无比崇拜之情，在彭湃再次来到农村的时候甚至尊称彭湃为"彭公""彭菩萨""万岁"等。

和彼特·沃斯利（Peter Worsley）一样，作者麦克斯同样也把克里斯马式狂热崇拜（Charismatic cults）看作一种非正式的社会组织，不过，作者认为这种对克里斯马式人物的狂热崇拜不是由个人魅力造成的，而是农民大众对他的主动性要求。在本书中，具体来说彭湃并不是导致农民集体行为方式产生变化的根本性原因。相反，是农民根据自己的经验把自己的要求托付到了彭湃的头上，从根本上来看，彭湃领导农民协会所要实现的目标是由农民的诉求和目标（如减租、阻止地主滥用权力等）决定的。（p.228）

第九章：海丰苏维埃。在本章中，作者主要介绍了从1927年第一次国共合作正式分裂之后到1928年期间海丰县复杂的权力发展状况及其变化过程，并对海丰苏维埃农民政权被推翻的原因进行了分析，尤其是从农民的角度对海丰苏维埃政权的失败作了理论上的解释。

作者首先介绍了从1927年年初到海丰苏维埃政府建立之前的权力斗争状况。随着农民运动和工人运动的迅猛发展，国民党右派很快就感受到了各种威胁，尤其是在权力的争夺方面。1927年蒋介石北伐转入了中国的经济金融中心——上海，于4月12日发动了一场惊心动魄的政变，公开对工人运动、农民运动以及共产党员进行镇压和搜捕，第一次国共合作正式分裂。时任广东省政府主席的李济深也受命开始发动各地的士绅地主对广东省各地的工会、农会和共产党组织等进行破坏和镇压，并处决了很多农民。

不过，由于海丰县士绅地主阶级在之前的农民运动中已经受到了重创，很多大地主已经逃亡，所以海丰县的农民自卫军在国民党军到来之前就已经逃到了山里隐藏起来，这为之后的几次权力夺取奠定了基础。第一次是1927年5月1日夺取了海丰城并建立海丰新人民政府，但是由于此时彭湃还在武汉，参加这次权力争夺的共产党领导人员因不能提出与农民利益切实相关的口号，致使农民并没有积极加入到这场权力争夺中，因此，仅维持了几天之后便于5月9日被国民党军轻易地铲除了，很多人员逃到了村庄或山区。

逃亡到村庄里的共产党员，在观察村民与国民党军、民团、士绅地主或收租人斗争的过程中，吸取了村民那种机动骚扰、游击作战的斗争方式，并且逐步意识到了发动和领导农民的重要性，尤其是要考虑与他们密切相关的经济要求。有了这样的行动指南，共产党员和农民运动组织者开始重新组建了一支新农民军，提出了"土地农民所有"的口号，积极领导了农民对地主的秋季抵租运动。第二次权力夺取是在9月7日，当农民军重新占领海丰城之后，农民把纺织厂、当铺、商店等洗劫一空，农民还被允许任意杀害所谓的反革命者。不过这一次农民并不要求分地，因为从他们的经验来看土地是带不走的财产，国民党军迟早还会杀回来的。果然，9月中旬后国民党军又杀将而来，农民军和共产党员被迫退回到了村庄。

作者然后介绍了海丰苏维埃政府建立后的权力组织形式和"土地革命"过程。10月中旬过后，随着叶挺和贺龙的红军残部经过突围进入了海丰，再加上海丰农民的大力支持，农民军11月1日再次占领了海丰城，建立了"省革命政府"，实行工农专政。在11月18日到21日按各区人口数量选举人民代表大会和县委组成人员，其中311名代表中农民代表占60%，工人代表占30%，军人占10%，之后把这一政权叫作"海丰苏维埃"，意在表示已经进入了社会主义的一个特定阶段。彭湃回到海丰县以后，虽然他并没有担任海丰苏维埃政府的任何官职（时任中共东江特委书记），但是农民们都普遍把他看作海丰苏维埃政府主席，彭湃实际上得到了广大农民的支持和崇拜。在彭湃的领导和号召下，海丰县农民轰轰烈烈地迅速开展烧地契、打土豪、分田地的"土地革命"，甚至还处决了几千地主和反革命者。

作者和查尔斯·蒂利一样，认为集体暴力行为产生的过程和集体非暴力行为产生的过程是一样的，此时的农民集体行为方式之所以转变成了集体暴力，是因为农民首先被政府军队、地主、商人或收租人以暴力的手段镇压过。也就是说农民在向政府、地主、商人表达诉求时，如果政府、地主、商人等被诉求对象以和平的方式来处理农民的诉求，农民就不会首先使用集体暴力的方式来实现诉求；相反，如果政府、地主、商人等在处理农民的诉求时首先使用了暴力手段的话，那么之后农民也会使用同样的暴力方式来实现诉求。（pp. 260–261）

海丰苏维埃政权存在了大约 4 个月的时间，于 1928 年 2 月 28 日被国民党李济深和张发奎的军队和逃亡地主钟秀楠组织的帮派击败。作者在文中对海丰苏维埃政权存在期间的外部不利条件和内部存在问题进行了分析。对于外部不利条件方面，除了国民党的强大军事实力外，作者还通过分析当时陆丰县的农村社会结构来说明其他的不利条件。

和海丰县相比，陆丰县没有较为发达的集镇经济，农村斗争方式仍然是以宗族争斗为主，虽然也成立了农民协会，但是农民协会并没有成为农民争取权利的组织，农民协会主要是被宗族用来作为消灭或排挤其他宗族的工具。因此，当海丰县的逃亡地主钟秀楠向陆丰县的宗族、帮会（红、乌旗会和长发党等）寻求帮助时，这些农村社会组织愿意配合而组织起来反抗共产党和红军。

尽管如此，海丰苏维埃政府自身内部存在的问题才是最致命的，这些内部问题主要有三点：

（1）农民对海丰苏维埃政府主席陈顺义和县委员会的极度不信任，与此形成鲜明对比的是农民对彭湃个人却是狂热的崇拜。因为这一点，当国民党军队和逃亡地主组织的帮派在围困和攻打海丰县之时，由于彭湃 2 月 10 日离开了海丰，从而致使陈顺义和海丰县委不能充分发动和组织农民进行抵抗。

（2）海丰苏维埃政府经济、财政状况的严重恶化以及人民经济生活状况的衰落，从某种意义上来说这个原因是导致海丰苏维埃政府被推翻的根本症结之所在。虽然在夺取海丰县时没收到了很多地主和商人的私产和物资,但由于战乱的破坏以及政府人员的不断增加,政府开支大幅上涨,再加上税收来源的急剧减少,海丰苏维埃政府很快就出现了财政困难,同样,人民经济生活状况也衰落得很快。结果海丰苏维埃政府不仅无法购买到枪支弹药,同样也因为人民生活状况没有得到改善而失去了人民尤其是农民的支持。

(3) 因农民代表太过于崇拜和信任彭湃,再加上海丰苏维埃政府对工人利益的过分忽视,所以引起了海丰苏维埃政府主席陈顺义(工人运动领袖)的极度不满。其结果是,当彭湃离开海丰之后便对县委员会实行了秘密换选,原来的绝大部分农民代表由工人代表所取代,因此,在敌军围困海丰县时出现了无法招募到大部分农民的情况。毫无疑问,海丰县的政治权力既没建立在组织控制的基础之上,也没有建立在大众的基础之上;海丰县的政治权力形式既不是苏维埃也不是共产党,而是对彭湃的狂热崇拜。(p. 275)

在本章最后,为了进一步分析为什么农民军力量如此弱于他们的对手(地主),作者采用了罗伯特·布伦纳的相关分析理论。布伦纳认为,农村阶级斗争的结果取决于斗争阶级的特定历史发展模式和相互间力量的对比状况、内部团结程度、自我意识组织状况,以及他们所拥有的总体政治资源特别是与非农业阶级和国家的关系。(pp. 279 - 280) 据此,作者认为海丰县农民之所以软弱,主要是由于农民道义经济学的观念和采取不同集体行为形式的经验是以防御为导向的,并且是以维持而非改变现存地位为目的,农民在清朝初期就已经掌握了维护自身社会经济权利的一些策略,从而解释了为什么小农经济在面对人口和市场压力时仍能持续将近3个世纪之久,同时也解释了20世纪20年代农民对地主愤慨的缘由。旨在摧毁地主制的农民集体行为必须被组织成一种既可以克服现存地理阻隔又可以消除导致农民分化的细微差别的组织形式,这种组织形式就是对彭湃的狂热崇拜,其结果就导致了农民并不是为了自己本身而是以彭湃的名义来行事。(p. 280)

最后,作者认为在海丰阶级斗争中,真正获胜的是地主阶级而非农民阶级,因为从1925年到1928年年初这段时间里海丰农民既跟广州的工人阶级形成了城市联合,也和知识阶层形成了联合,但是自从1926年年末省港大罢工被镇压以及1927年蒋介石发动"4·12"政变之后,农民便同城市之间开始失去了联系。相反，地主阶级实际上却能得到1911年革命产生的改革精英的庇护，并最终能借用李济深的国民党军夺回海丰县以恢复地主的统治地位。（pp. 280 – 281）

（四）结论

在结论部分，作者对本书的主要观点和结论从总体上进行了概括，其中有关华南农村农民集体行为方面的观点和结论主要为以下五点：

第一，海丰农民通过自己的行为（包括诸如反叛、暴乱、起义、革命等其他类型的集体行为）塑造了农村的社会经济结构，是农民自身创造了自己的历史。在农村的土地占有关系上，明末时期的大地主经济转变成清朝时期的小农经济就是农民不断斗争的结果。

第二，农民的集体行为形式主要由农村社会经济结构决定，当农村社会经济结构改变时，集体行为形式会跟着改变。比如，17世纪和18世纪的小农经济，地主没有把农民驱离土地的权力，地主仅仅享有收取土地产出的一部分以作为地租的权力，租赁只涉及地租数量和租赁形式的问题；相反从19世纪中期起，随着中国卷入资本主义世界市场，伴随着租赁形式的改变及蔗糖市场的崩溃，地主与农民之间的矛盾逐渐变得更加尖锐，社会斗争形式便从原来的派别斗争（宗族之间、"红旗会"与"乌旗会"之间的斗争）转变成了阶级斗争。

第三，海丰农民主要以"农民的道义经济学"的价值判断体系来调和结构的变化和集体行为形式，"农民的道义经济学"为农民采取集体行为奠定了思想基础。在20世纪前20年里，海丰农民所拥有的经验是他们的"道义经济学"，"道义经济学"是一个伴随自耕农的出现而产生的历史现象，农民通过它来判断其他人的行为，农民在收成不好或自然灾害引发饥荒的年头所进行的反租抗税行为就主要是建立在"道义经济学"基础之上的。另外，20世纪20年代的海丰农民运动就是一种源于农村阶级结构和"农民的道义经济学"的农民集体行为形式。

第四，帝国主义以某种方式改变了农村的社会结构，从而影响到了农民集体行为的形式。在华南农村，由于资本主义世界市场的崩溃创造了有利于农村革命的社会经济条件，仅仅在蔗糖市场崩溃以后，当地主开始改变租佃形式以更利于自己利益时，并为防止手工业的毁灭切断了农民的附加收入时，阶级条件才出现；社会斗争形式便从原来的派别斗争转变成了阶级斗争，20世纪20年代的农村社会的阶级斗争就是帝国主义影响的结果。然而，斗争的结果并不由帝国主义决定，而是由斗争阶级所拥有的资源及其弱点这些因素所决定。

第五，克里斯马式的狂热崇拜对农民集体行为同样具有重要的影响作用，不过克里斯马式的狂热崇拜根本上是通过农民自身的价值判断标准以及农村实际具体情况起作用的。在海丰，农民斗争之所以采用了克里斯马式的狂热崇拜这种组织形式，主要是由于当时国共两党都不领导农民而造成的。彭湃所做的一切实际上只不过是对农民的利益进行具体的阐发而已，他和农民一样都是农村阶级结构的产物。

三 简短的评论

关于学界对本书的介绍，美国学者步德茂在其著作《过失杀人、市场与道德经济》[①]中曾做过一般性的介绍，其余大多数学者，如黄宗智、白凯、周祖文等都只是作了略为简单的提及或介绍。实际上，几乎没有哪位学者对本书做过具体的相关评价。

通过以上对本书的介绍，我们可以看出，作为罗伯特·麦克斯的早期著作，本书主要是采取历史分析的方法，利用马克思和斯科特的集体行为理论框架来分析和解释华南农村的革命问题。所以从总体上来说，本书不失为马克思的阶级理论和斯科特的"道义经济学"理论的具体应用的代表性著作之一。另外，作为本书的一大特色，罗伯特·麦克斯另辟蹊径，一反他那个时代流行的对华南农村革命的组织、革命精英的研究路径，从农村社会经济结构的角度来分析华南农村诸如反叛、暴乱、起义、革命等集体行为产生和发展的根源，并一再强调农民自身在塑造自己历史中的重要地位。因此，《华南农村革命：海丰县的农民及其历史形成（1570—1930）》可以说既是一部关于农村革命和农民革命的历史著作，更是一部真正肯定农民历史创造作用的著作。

当然，本书并非没有缺点，正如作者在前言部分所提到的，地方性研究方法本身所固有的缺陷，即采用这种研究方法并不能充分概括中国历史

---

① 步德茂：《过失杀人、市场与道德经济》，张世明、刘亚丛、陈兆肆译，社会科学文献出版社2008年版。

和社会的完整性。另外，在采用历史研究方法时，还会碰到资料、档案缺乏所带来的消极影响，因此在有些细节性的描述上，作者只能凭借自己的主观推测和判断。不过，尽管存在这样的缺点，本书也不失为一本为全面了解农民集体行为提供了另外一种视角的可读性著作。

（何毅）

中国农民抗争的策略与理据

——《中国农村的依法抗争》述评

近30年来，中国民众的政治表达行动日益多元化，尤以上访和群体性事件为典型的维权抗争行动最引人注目，国内外学界对此展开了极为热烈而富有成效的讨论。一些竞争性的相似概念竞相而出，如非制度化（体制外）参与，维权抗争，依（据）理抗争，依势抗争，机会主义抗争，反行为，服从的抗争，利益表达，以身抗争，依法抗争，以法抗争等。其中，以"依法抗争"理论最具竞争力，得到中外学界同仁甚为广泛的响应与认同。本文拟以"依法抗争"理论的讨论为中心，结合国内农民维权抗争实践和学界的相关研究，对中国民众抗争政治的策略与理据进行必要而基础性的理论梳理。

首先，笔者以欧博文和李连江两位教授的相关作品为基础，介绍"依法抗争"的缘起及其理论内涵。我们将看到，依法抗争作为中国农民的抗争政治实践，两位作者以西方主流社会运动理论对其进行了系统的理论建构；其次，将重点讨论作为抗争手法和策略的依法抗争。笔者将结合抗争手法的概念系谱，尤其是学界有关中国民众抗争策略和手法的讨论，进一步厘清依法抗争的内涵；再次，将从西方的抵制和革命理论与传统中国的革命正当性理论出发，讨论作为抗争理据的依法抗争；最后，在以上讨论的基础上，对依法抗争理论进行总体性评论。

一 "依法抗争"理论的提出及其内涵

20世纪80年代，中国农村社会中的冲突问题已受到国际学界的关注。裴宜理在1985年发表的一篇论文对中国、越南和西欧的乡村冲突现象进行了比较,认为中国农村冲突的基本特征是,20世纪50年代农民主要针对的是国家,80年代改革初期冲突主要发生在乡村社区内部,主要是村庄之间、农户之间争夺公共资源的冲突。① 在这里,她着重分析的是冲突主体和内容的转换及其基础。兹威格在分析1966—1986年期间的中国农村社会时发现,农民在集体化时期利用地方干部的同情、国家政策的空隙、科层内部的矛盾来对抗国家的土地政策,这种方式与他们在非集体化时期利用国家的支持来对抗地方干部的贪婪自利是很不相同的。按应星的看法,在兹威格的这一研究中,前种抗争即为斯科特所理解的、私下进行的"日常抗争"形式;而后者,则是公开的、国家所授权的反抗形式,即"合法的反抗"②。但"合法的反抗"或"依法抗争"这一抗争新类型的明确提出,却是几年后的事情。

20世纪90年代初,欧博文和李连江在中国乡村的调研中,发现农民信访和抗争的一种新情况。当时国内学界一些敏锐的观察者也关注到这种新动向,有人称其为"以法对法",也有人称为"政治参与"。但李连江和欧博文认为这两种说法均不妥,前者失之模糊,后者则注意到了它们基本合法的一面却忽略了其对抗性的另一面,因此,他们提出"以政策为依据的抗争"(policy-based resistance)新类型,简称"依法抗争"。③ 欧博文于1996年发表的一篇个人论文使用的标题即"依法(合法)抗争"(rightful resistance)。④ 这一更为简洁的表述,后来成为他们于2006年合著出版的名著《中国农村的依法抗争》(Rightful Resistance in Rural China)的标题。

《中国农村的依法抗争》是作者们系统阐发其"依法抗争"理论的集大成者。第一章主要讲述了依法抗争的含义及其与其他类型抗争方式的关系。民众抗争虽总是让人联想到反面意义的画面,但其实它通常是合法的,是人民群众进行的缺少政治体制保护的行动。这种非制度化的

---

① Perry(裴宜理),*Rural Violence in Socialist China*,*China Quarterly*,1985,No. 3.
② 应星:《大河移民上访的故事》,生活·读书·新知三联书店2001年版,第376页。
③ Li Lianjiang(李连江)& O'Brien. K.(欧博文):1996,*Villagers and Popular Resistance in Contemporary China. Modern China* 22(1):pp. 28 - 61. 李连江、欧博文:《中国农村的依法抗争》,载吴国光编《九七效应》,(香港)太平洋世纪研究所1997年版,第142页。
④ O'Brien. K. 1996:,*Rightful Resistance. World Politics*,49(1):31 - 55.

行为，也往往以排斥、否定情绪甚至暴行而展开。第二章主要探讨依法抗争的开端以及抗议者本身的认知，包括运动积极分子对政治机遇的认知和把握。只有当潜在的抗议者成功地获知中央的好政策或其他承诺时，他们才会将自身的不满归因于地方的错误，而且认定中央是支持他们的，他们就可能通过动用来自中央的压力，挑战地方的不当行为。即使他们错误理解了能够获得支持的力度大小，但对中央信任与对地方谴责的联合，也会激发依法抗争者的行动。第三章和第四章强调合法化权利主张和策略的跨领域本质，探讨主张激进化和策略升级的趋势。他们认为，任何形式的抗争都有其时间上的保质期。即便是最有创造性的策略，随着时间的推移，也会逐渐失去震慑敌人和吸引追随者的威力。当人们已经熟稔的战略战术之有效性逐渐消退时，进取性的积极分子甚至会转向颇具破坏性的行动来证明他们的承诺，让敌人们恐慌而鼓舞全军上下。虽然对抗性战术有时会脱离群众，并产生反弹效果，但会吸引新人加入，从而给没有多少其他资源的军队带来一些平衡的助益。在中国农村，就像在美国民权运动中发生的那样，策略升级使得整个抗争活动焕然一新——从卑微的请愿活动到激烈的政治干涉，自20世纪90年代变得更加对抗和激烈，过去仲裁和调停性质的策略被取消和调整，取而代之的是更加直接的反抗路线。最后两章探讨了合法抗争的重要性。其中第五章讨论了依法抗争对政策实施、抗议组织者和群众的影响和结果。第六章研究了依法抗争对中国社会关系和政治变动可能产生的影响，尤其是对政策创新、体制改革和公民实践的影响。比如，依法抗争创造了逐渐强硬化的活动，影响了中国农民对权力者责任的思考，培育了村民的公民意识，而价值观的宏观转移可能预示着政治认同的转型；合法抗争可能激发权力持有者们去考虑政策创新和制度改革；如果依法抗争持续地传播和扩大，将会对政权的稳定性产生影响，行动者们开始要求政策制定者按行动者的要求改变规则的制定、甚至服从行动者的规则。综上可见，本书从概念和理论内涵、认知解放与政治机遇、抗争形式与策略、抗争后果等方面，对"依法抗争"作了系统而深入的理论阐述。

那么，"依法抗争"究竟是何含义呢？他们认为，所谓"依法抗争"，即指"农民在抵制各种各样的'土政策'和农村干部的独断专制和腐败行为时，援引有关的政策或法律条文，并经常有组织地向上级直至中央政府施加压力,以促使政府官员遵守有关的中央政策或法律。"① 依法抵抗者所采取的抗争形式有三:第一,直接对抗,抵制各种土政策和基层干部的非常行为;第二,以集体上访作为向上级政府施加压力的手段;第三,把他们的政治要求与他们遵守国家法令和政策的义务联系起来,如在自己的合法要求满足之前,拒交、缓缴钱粮。② 在2006年新著中,他们考察了两种形式的依法抗争,一种是诉诸上级的"调解策略"(mediated tactics),另一种是诉诸农民自己的"直接策略"(direct tactics)。③

"依法抗争者"一般是哪些村民?按照中国村民对地方政治权力不同的抵抗程度,他们建立了三种理想类型:顺民、钉子户和刁民。"钉子户"与"刁民"的主要区别是:前者是指那些无视或违背政策法律,对集体利益不加理睬的村民;后者则指对政策法律非常熟悉并善于运用它们来保护其利益的村民。"刁民"既不会敬畏或害怕乡村干部,也不会毫无节制地抵制他们。"刁民"接受干部遵守政策法律的职责,但同时坚持认为地方干部的权利就只是遵守政策法律。"刁民"是"政策为依据的反抗者"(policy-based resisters)即"依法抗争者",他们有几个特点:首先,他们在政治上见多识广,熟悉相关的政策法律;其次,他们并不认为乡村干部就一定是中央政策和法律的忠实执行者;再次,他们坚持合法的诉求并据此而行动。对顺民和钉子户来说,政策、法律和领导讲话基本上都是便于政府实行控制、推荐政治权力的支配工具,顺民日常的抵抗行为(如果有的话)基于"天理",而钉子户日常的抵抗行为基于的是国家权力算计中的薄弱之处。但刁民与此根本不同,他们将抵抗基于国家政策会保护农民合法利益的信念上。④

与西方社会运动研究的主流理论比较,"依法抗争"有何特点?在他们看来,"依法抗争"与"社会运动"不同,它常常是插曲性的,而非持续性的对抗;它是地方性的,而非全国性、跨地区的。它与"叛乱"不

---

① 李连江、欧博文:《中国农村的依法抗争》,载吴国光编《九七效应》,(香港)太平洋世纪研究所1997年版,第142页。

② 同上书,第155—157页。

③ O'Brien. K. & Li Lianjiang, *Rightful Resistance in Rural China*, New York and Cambridge: Cambridge University Press, 2006, p. 68.

④ Li Lianjiang & O'Brien. K., 1996, "Villagers and Popular Resistance in Contemporary China", *Modern China* 22 (1), pp. 28 – 61.

同，因为它很少使用暴力。它与"日常抵抗"不同，它是吸引而不是逃避精英的注意；同时国家及其法律也并非陌生、不可接近的，而是可资利用的。① 此外，对泰国和民主征用的民众请愿行为、拉美民众围绕土地的抗争斗争以及美国运用反歧视法而伸张平等权利的运动，西方学者们还曾给出其他多种概念，如"中间路线的抗争"（in-between forms of resistance）、"共意性抗争"（consentful contention）、"革新主义行动"（reformist activism）与"合理的激进主义"（reasonable radicalism）。② 但中国的依法抗争者与此均不同，他们通过官方认可的渠道提出自己的要求，并以政府的政策和正当性话语来为自身的挑战辩护。③

依法抗争者与"持不同政见者"也不同。"尽管依法抗争者与苏东国家以及当代中国的持不同政见者利用共产党政府的宪法和法律来挑战共产党统治的做法有一些表面上的共通之处，但两者有实质的区别。政治异见人士公开对政府用以维护其合法性的某些基本原则（如四项基本原则）提出质疑。"进行依法抗争的农民则不同，他们至少在行动上不挑战国家法律和中央政府的政策。区别还反映在他们各自的运行机制上，对于政治异见人士来说，他们面对的往往是一个统一的国家权力。在多数时候，无论是中央政府还是地方政府，都对他们持一致的压制态度。如果说政治异议者是挑战现行的政治制度，进行依法抗争的农民则更像是积极认同并利用现行政治制度的某些组成部分来达到他们的目的。④

不过，尽管如此，依法抗争并非体制内的抗争。按他们的说法，"当农民运用上述方法与乡村干部直接对抗或向政府施加压力时，他们的行动往往落在合法与非法的中间地带。"⑤ 这种行动更多的只是一种反应性（reactive）的抗争，"现在农民还只是要求政策的执行，而不是更广泛的公民政治权利。他们认为自己是在服从高层之下，而且他们践行的权利也

---

① O'Brien. K. & Li Lianjiang, 2006, *Rightful Resistance in Rural China*, New York and Cambridge: Cambridge University Press, p. 4.

② Ibid., p. 2.

③ Ibid., p. 3.

④ 李连江、欧博文：《中国农村的依法抗争》，载吴国光编《九七效应》，（香港）太平洋世纪研究所1997年，第160—61页。

⑤ 同上书，第157页。

是有条件的,并不像自由知识分子所宣扬的权利话语。"[1] 他们抗争的勇气与其说是"公民的勇气",还不如说是"英雄式的勇气"。"但由于中国政治的某些特殊情况,虽然依法抗争表面看来只是一种'反应性'的抗争,事实上它也可以成为'进取性'(proactive)的政治抗争。"[2]

二 作为抗争手法的"依法抗争"

在西方社会运动中,以法律为武器的抗争方式早已成为常态。但是,这种"依法抗争"与欧博文和李连江所主张的"依法抗争"却有显著的差异。在西方社会运动中,法律作为一种资源,"既可以成为目的也可以作为手段;对于人们从事社会斗争的活动,法律既可以提供规范性原则又可以提供策略性资源"。其中,作为策略性资源,法律诉求常常可以为运动的积极分子提供制度和符号性动力资源,以对抗那些反对者。法律策略在与其他一些策略合作时显得十分行之有效,包括示威游行、立法游说、集体谈判、选举动员以及媒体公开等。法律和制度对策仅仅构成运动策略的一个维度。[3] 在这里,法律作为目的,强调的是权利诉求;作为手段,则强调其作为诉讼或施压的策略。实际上,在研究中国清代妇女的抗争时,一些西方学者也沿用了"法律作为社会抗争的工具"理论:寡妇们借助法律诉讼来实现其目标。[4]

在欧博文和李连江的"依法抗争"理论中,所谓"法",既包括国家法律,更包含上级政策,还包括党的意识形态宣示。这一理论既强调抗争行动的依据和理据,也强调其行动策略是公开的、准制度化或半制度化的形式,即做到在大体上合乎法律的范围内行动,包括"踩线不越界"的行动。在这里,却缺乏作为基本策略的法律诉讼。实际上,在中国农民的

---

[1] O'Brien. K. & Li Lianjiang, 2006, *Rightful Resistance in Rural China*. New York and Cambridge, Cambridge University Press, p. 122.

[2] 李连江、欧博文:《中国农村的依法抗争》,载吴国光编《九七效应》,(香港)太平洋世纪研究所 1997 年,第 159 页。

[3] 麦坎恩:《法律与社会运动》,载奥斯丁·萨拉特编《布莱克威尔法律与社会指南》,高鸿钧等译,北京大学出版社 2011 年版,第 553、558、561 页。

[4] 麦柯丽:《挑战权威——清代法上的寡妇和讼师》,载高道蕴、高鸿钧、贺卫方编《美国学者论中国法律》,清华大学出版社 2004 年版,第 552—578 页。

依法抗争中，不仅少见正式的法律诉求策略，相反更多的却是"法律之外"的策略，"集体上访"是如此，"直接对抗"则更近于公开、直接的"暴力抗争"。因此，作为抗争策略类型的"依法抗争"，恰恰与"法律策略"有着莫大的距离，或者说，并非真正意义上"以法律为武器的抗争"。但吊诡的是，至今人们在沿用这一理论时，偏偏强调其作为抗争策略和抗议手法的一面，而忽视其作为抗争理据的另一面。后者我们暂且按下，待后一节再来讨论，本节先来讨论前者。

"抗争（斗争）手法"（repertoire of contention①）作为西方社会运动理论中的一个重要概念，被蒂利等学者推崇。蒂利把"抗争手法"定义为"人们为追求共同利益而一起行动的方法"，并认为"这个词有助于描述所发生的事情，因为它确定了有限的一套学来的、共同拥有的、经过相当深思熟虑的挑选过程才被付诸行动的常规"②。塔罗也主张，抗争手法"不仅包括人们在和他人冲突时的行动，还包括人们所知道的行动办法和别人对他们行动的期望"③。

按蒂利的说法，抗争手法有传统的旧手法与现代的新手法之分。"旧的斗争手法是地方性的、二分的和特殊的：它是地方性的，因为它所涉及的利益和互动往往集中于一个单一的共同体；它是二分的，因为普通民众在着手解决当地问题和身边事务时，为达到他们的目的会采取令人难忘的直接行动，而在着手解决国家问题和事务时，他们却反复地向当地的保护人和当权者提出诉求……它是特殊的，因为具体的行动惯例随群体、问题和地方的不同而有很大差异。"相反，"新的斗争手法具有世界性的、模式化的和自主的特征：它是世界性的，涉及的利益和问题经常跨越许多地区，或是影响各种权力中心（它的行动触及许多地方）。它是模式化的，很容易从一个背景或环境向另一个背景或环境转移……它是自主的，从提出要求者自己的公开行动开始，而且在提出要求者和全国重要权力中心之

---

① 国内也有学者将之译为"抗争剧目"，如李义中所译的《抗争政治》（查尔斯·蒂利和西德尼·塔罗著），译林出版社 2010 年版。

② 转自塔罗《运动中的力量：社会运动与斗争政治》，吴庆宏译，译林出版社 2005 年版，第 41 页。

③ 同上。

间建立了直接联系"①。与蒂利的纵向历时性两分标准不同，塔罗则以行动特质为标准，从横切角度将抗争手法分为三类，即暴力型、破坏型和常规型。后两种均为非暴力的形式，其中破坏型包括暴力威胁、毁坏住房、构筑街垒、静坐示威、罢工、阻塞交通、消极抵抗、涂鸦和非暴力活动；常规型则包括被制度化和标准化的罢工与游行。②

据学者们研究，"抗争"这一作为对压迫表达不满的方式，贯穿于整个中国历史。但在中国，传统抗争与现代抗争却有诸多的不同。如历史上的城市抗争与20世纪的城市抗争在目的性和表现形式上都极为迥异，历史上的城市抗争诉诸暴力而缺乏理论指导，并且在组织动员及纪律性方面与近代意义上的民众抗争实在不可同日而语。就传统的抗议方式而言，主要是通过联署谏言或者派员赴京陈情。③ 按巫仁恕的研究，明代的城市居民抗争以反抗型，即反抗政府财政政策为主，而至清代，城市居民主动要求官府改善措施的抗争行动较多，但两朝居民已使用为后来所常见的一些抗争方式，如戏剧、传单、揭帖、罢市等。④ 至晚清，大众集体行动已是相当普遍的现象，但这些行动中56.2%的事件只持续了一个月或者更短时间，96.7%是地区性事件，大多数事件仅限于一个县的范围之内。⑤ 也就是说，几乎没有多少民众行动展示出了塔罗的"标准化了的斗争形式"。

20世纪初，城市民众行动兴起，除了抗议活动和保卫社区权利等传统形式的大众行动以外，新形式的大众行动已开始出现。人们采用罢工、请愿和大众集会等斗争形式，去争取实现各种各样的目标——从增加薪金、改善工作条件、降低税收直到保护中国的领土和司法主权。到1905

---

① 塔罗：《运动中的力量：社会运动与斗争政治》，吴庆宏译，译林出版社2005年版，第42—43页。

② 同上书，第129—131页、132—135页、140页。

③ 黄贤强：《1905年抵制美货运动——中国城市抗争的研究》，高俊译，上海辞书出版社2010年版，第1—2页。

④ 巫仁恕：《激变良民——传统中国城市群中集体行动之分析》，北京大学出版社2011年版，第70页。

⑤ C. K. Yang（杨庆堃），1975，*Some Preliminary Statistical Patterns of Mass Actions in Nineteenth-Century China*, in Frederic E. Wakeman, Jr. and Carolyn Grand, eds., *Conflict and Control in Late imperial China*, University of California Press, p. 179.

年，中国城市民众已经有了发动应对各种政治问题的社会运动的某些经验。[①] 1905 年的抵制美货运动，作为中国历史上第一次真正的全民运动[②]，创新了动员与行动的诸多策略，如组建抵制社团或特别委员会、举行集会和公众演说、散发宣传手册和街头海报、说书、漫画等。这些策略在此后数十年被国内的抗争者们使用。[③] 当然，还有其他新手法被随后的工人运动、市民运动和学生运动创造。如陈曾焘对上海五四运动的研究发现，当时宣传与行动的技术与方法有：公众演说、游行、示威；组织抵制日货、倡用国货顾问团；强有力的动员口号及文学传播；民间曲艺和话剧演出；"号外"发行；公告和公示；出版学生日记；联络城市之外的团体。[④] 这种情况同样发生在北京、武汉等地的五四运动期间。[⑤] 赵鼎新对 20 世纪 80 年代学生运动的研究表明，其话语和行为模式既有传统特色，也富有强烈的共产主义群众动员的色彩，特别是那些在文化大革命中盛行的动员方式。[⑥] 周锡瑞和华志建（Esherick & Wassertrom）的研究则表明，学生们在斗争中创造性地运用了政治舞台的方式。[⑦]

近 100 年来，中国农民抗争的方式也发生了变化。按萧公权的研究，传统乡村对于政府控制的不满，往往表现出四种反应类型，即械斗、暴乱、盗匪与造反。[⑧] 王国斌对明清时期民众抗争的考察发现，至 18 世纪和 19 世纪，抗粮、抗税运动"一般是小规模的事件，只有最小限度的正

[①] 王冠华：《寻求正义——1905—1906 年的抵制美货运动》，刘甜甜译，江苏人民出版社 2008 年版，第 86 页。

[②] 顾德曼认为，上海于 1898 年发生的公墓骚乱事件和 1904 年发生的周友生事件中，罢工、集会和抵货运动等策略已较为成熟，它们为 1905 年抵制美货运动提供了经验和基础。顾德曼：《家乡、城市和国家——上海的地缘网络与认同，1858—1937》，宋钻友译，上海古籍出版社 2004 年版，第 122、134—135 页。

[③] 黄贤强：《1905 年抵制美货运动——中国城市抗争的研究》，高俊译，上海辞书出版社 2010 年版，第 152—153 页。

[④] 同上书，第 153 页。

[⑤] 张鸣：《北洋裂变：军阀与五四》，广西师范大学出版社 2010 年版，第 84—167 页。

[⑥] 赵鼎新：《国家·社会关系与八九学运》，香港中文大学出版社 2007 年版，第 266 页。

[⑦] 转自王冠华《寻求正义——1905—1906 年的抵制美货运动》，刘甜甜译，江苏人民出版社 2008 年版，第 171—172 页。

[⑧] Kung-Chuan Hsiao（萧公权），*Imperial Control in the Nineteenth Century*, Seattle: University of Washington Press, Chapter10.

式组织,而且和其他形式的集体行动没有直接联系。"① 此外,马克斯对近 300 年间海丰县农民反叛、起义、暴动、革命等集体行为的考察②,罗威廉对麻城县 7 个世纪农民行动的研究③,以及蒲乐安、白凯的相关研究均揭示了中国农民抗争行动的变与不变。如蒲乐安对晚清政府实行新政和自治时期 5 起农民抗争行动的考察发现,它们虽都属于旧式农民抗争运动,但与历史上传统的农民运动相比,出现了反洋教等新因素。行动者几乎都是直接表达对县政府统治的不满,部分还掺杂着反洋情绪,他们集体参与烧毁或破坏教堂、抗争对象(如富绅、官员等)的住宅、学堂等暴力方式,行为方式均十分相似。④ 白凯的研究则显示,1840—1950 年间长江下游地区农民的抗租抗税斗争,形式有二:个别的或集体的。个别的反抗形式包括种种小打小闹,通常只是旨在阻挠地主和国家征敛的偷偷摸摸的小伎俩,如拖延交纳、简单的规避、在租谷或税粮中掺杂,等等。其集体行动,包括罢租或罢税,拒绝交纳钱谷,联合起来把征税与收租之人从地界上赶跑,举行游行、到地主宅第或县衙要求减租免税。⑤

近 30 年来,由于政治机会结构等因素的变化,国内民众的抗争手法发生了重大变化。在过去曾使用的抗争手法中,有的被扩大化使用(如上访),有的则难以为继。但与此同时,民众也创新了一些独特的抗议形式或"名称",如:学习和宣传中央和上级文件、"快闪"、网络表达(网络群体性事件),将"罢工"改称"集体休息",将"游行、示威"改称"集体散步",等等。这些变化,在欧博文教授近年主编的一册论文集中已有所反映。⑥

这里,我们以农民为主体,考察其抗争行动和相关的研究。在对人民

---

① 王国斌:《转变的中国:历史变迁与欧洲经验的局限》,李伯重等译,江苏人民出版社 2008 年版,第 204、215—216、258 页。

② Robert B. Marks (马克斯):1984, *Rural Revolution in South China: Peasants and the Making of History in Haifeng County*, 1570 - 1930, University of Wisconsin Press.

③ William T. Rowe (罗威廉):2007, *Crimson Rain: Seven Centuries of Violence in a Chinese County*, Stanford: Stanford University Press.

④ Roxann Prazniak (蒲乐安):1999, *Of Camel Kings and Other Things: Rural Rebels Against Modernity in Late Imperial China*, Boston Rowan & Littlefield publishers incorporated.

⑤ 白凯:《长江下游地区的地租、赋税与农民的反抗斗争 1840—1950》,林枫译,上海三联书店 2005 年版,第 9—10 页。

⑥ O'Brien. K., 2008, *Popular Protest in China*, Harford University Press.

公社时期农民抗争的研究中，高王凌曾将农民的抗争行为总称为"反行为"[①]，这缺乏分类学意义。刘小京则曾将当时农民抗争的形式分为两大类：一类是"进攻性武器"，即已经越过制度认可的边界，可能对制度形成威胁的反抗，包括分田单干、包产到户、划小队、黑地、投机倒把和副业单干；另一类是"防御性武器"，即不同制度发生正面冲突，而是在制度内以各种合法或非法的方式来实现自己意志的反抗，如怠工和出巧工。[②] 这是以对正规制度是否构成冲击为标准进行分类，与王晓毅强调抗争者实际态度的"积极抵抗"或"消极抵抗"分类有所不同。在对改革开放后农民行动的研究中，王晓毅认为农民表达自己意见的方式有三种：其一是依靠国家力量的行动，如上访与诉讼；其二是其他可以合法表达的行动；其三，则是采取直接行动对不公平事件进行抗议，它可分为积极和消极两种，消极抵制方法就是拒绝与政府的合作，如拒绝缴纳税费；积极抗议是主动的行动，如堵截交通、围攻乡村干部等。[③]

有论者则以法律制度范围为标准，将农民的抗争行动分为两大类，即："体制内行动"（或称"制度内参与""政治参与"），如法律诉讼与合符规定的信访；"体制外行动"（或称"非制度参与"[④]），包括游行示威、"异常上访"、堵塞交通、围攻等。一项对农民工的研究将其维权方式分为制度化手段与非制度化手段两大类，其中非制度化手段主要有三种：第一种是个人谈判，包括：讲道理、求、磨、堵；第二种是个体暴力，包括：将暴力指向企业主本人或其家人，或属于企业主的财产，或指向维权者自身，如爬塔吊、浇汽油自杀或威胁自杀；第三种是集体行动，即有相似遭遇的农民工共同采取行动以达到索要工资或医药费的目的，如间接的静坐、上访、游行、示威，或直接的怠工、破坏、变卖机器设备和生产资料、罢工等。[⑤]

[①] 参见高王凌《人民公社时期中国农民反行为调查》，中共党史出版社2006年版。
[②] 参见刘小京《农业集体化时期农民与国家的关系研究》，中国社会科学院农村发展研究所课题研究报告，2001年。
[③] 参见王晓毅《冲突中的社会公正——当代中国农民的表达》，中国社会科学院社会学研究所研究报告总第4集，2003年8月。
[④] 如方江山曾以此为题撰写博士学位论文：《非制度政治参与——以转型期中国农民为对象的分析》，人民出版社2000年版。
[⑤] 孔一：《从同乡会到工会——农民工组织化维权的可能道路》，《法治研究》2010年第9期。

此外，还有学者从行动的目标诉求和性质出发，将农民的抗争行动称为"维权抗争"、"意见表达"或"利益表达"。民众以"闹事"逻辑为特征的抗争被称为"机会主义抗争"，它是以获益多寡为诉求的抗争。在群体性事件的分类中，张静曾将这些以维护自身利益为中心的事件称为"利益主导型群体事件"，并与"价值主导型群体事件"相对应，后者的行动目标为社会公正等价值诉求。①

对农民抗争手法的上述分类，各以其特定的视角展示了农民抗争行动的多面性，自有其合理性。但他们均为横切性分类，缺乏历史感。不过，有几项研究则从历时性角度，考察了农民抗争行动及其手法的变化。在对江西农民20余年表达行动变迁的考察中，肖唐镖曾发现，农民行动出现了"三部曲"的变化，即：在20世纪90年代初期以前，农民多采取和平的"沟通性"行动，以单个人的信访为主；进入90年代中期后，越来越多农民采取"将事情搞大闹大、惊动上级"，以施加压力为特征的迫逼（施压）性行动，如集体（越级）上访、围堵、冲击等行动；与此同时，在一些地方和一些农民中间，暴力抗争的对抗性行动也已出现，行动者已未必相信问题能解决，以致对基层政府和基层干部采取打、砸、抢，或泄愤、骚乱等行动。② 这里，肖强调民众行动手法变化的功能背景，如沟通或施压以求决的功能。于建嵘对衡阳农民20年来抗争的考察发现，其维权抗争活动也大体上经历了三个阶段：1992年以前，农民的多数反抗可以归结为"日常抵抗"形式；自1992年至1998年，农民的反抗可以归结为"依法抗争"或"合法的反抗"形式；1998年以后，农民的抗争已到了"有组织抗争"或"以法抗争"阶段，这是一种旨在宣示和确立农民这一社会群体抽象的"合法权益"或"公民权利"政治性抗争。上访依然是当地农民抗争的最重要形式，但出现了许多新型的抗争，如宣传、阻收、诉讼、逼退、静坐、骚动等。③ 他突出了抗争手法变化的性质背景。在另一项研究中，赵树凯也发现，在乡村冲突中农民的组织方式越来越具

---

① 转引自张荆红《价值主导型群体事件中参与主体的行动逻辑》，《社会》2011年第2期。
② 肖唐镖：《二十年来中国大陆农村的政治稳定状况》，《二十一世纪》2003年第2期；肖唐镖：《从农民心态看农村政治稳定状况》，《华中师范大学学报》（人文社会科学版）2005年第5期。
③ 于建嵘：《当代中国农民的维权抗争》，中国文化出版社2007年版，第89页、123—124页。

有现代特色,新型的农民利益表达组织和表达渠道正在萌生,传统形式有所褪色。体制内抗争依然是农民的主导行为特征,但体制外行动(如暴力抵抗)也明显增加。① 他着重于农民抗争的组织和合法性特征。应星则认为,近些年乡村抗争政治的变化,在目标上表现为,从以税负问题为中心过渡到以土地问题为中心,从有关实际的利益侵害问题扩展到有关潜在的利益侵害问题;其动力则从以往的理性主义色彩转为更多的机会主义色彩;在机制上,出现了抗争手段多样化、组织方式快捷化、资源动员开放化、抗争边界离散化的特点。②

回到欧博文和李连江的相关研究。在他们的分类中,中国农民对乡村干部抗争的方式主要有三种,即:日常形式的抵抗,传统的武力抵抗,依法抗争。他们使用了行动的公开性程度与暴力程度标准。在这两个尺度上,日常形式的抵抗与传统的武力抵抗各居其极端,而依法抗争则属中间状态,虽行动公开但少使用暴力。显然,在这里,依法抗争的"合法"属性未能得到凸显。如果以符合法律性为尺度,笔者以为,应可将农民的抗争手法分为两种理想类型:一为"非法性抗争",或称反体制抗争,它主要指向那些敌视性的反体制行动,如反叛、战争、暴动、起义和革命;另为"合法性抗争",或称体制内抗争,即符合法律要求和规定的抗争行动,包括举报、正常上访、诉讼等。处于合法与非法之间灰色地带的抗争行动,则有日常形式的抵抗和消极的非暴力抵抗。就此而言,"合法性抗争"即与"依法抗争"有着较大的距离,两者并不能画等号。因为,按欧博文和李连江的意见,当农民运用依法抗争方法与乡村干部直接对抗或向政府施加压力时,他们的行动往往落在合法与非法的中间地带,尽管"至少在行动上,进行依法抗争的农民不挑战国家法律和中央政府的政策"③。也就是说,进行依法抗争的农民虽不是要挑战国家法律和中央政策,但"不挑战"并不等于"遵守",相反,他们的行动却往往"落在合法与非法的中间地带"——这却恰恰是日常形式抵抗者和非暴力抵抗者对于法律的态度。因此,笔者认为,在依法抗争者那里,"法"作为其行

---

① 赵树凯:《乡村治理:组织与冲突》,《战略与管理》2003年第6期。
② 应星:《"气"与抗争政治:当代中国乡村社会稳定问题研究》,社会科学文献出版社2011年版,第220—222页。
③ 李连江、欧博文:《中国农村的依法抗争》,载吴国光编《九七效应》,(香港)太平洋世纪研究所1997年版,第157、160页。

动策略、抗争手法，往往会背离其真正的意义。

三 作为抗争理据的"依法抗争"

所谓抗争理据，即抗争行动的正当性根据。作为抗争理据的正当性①，它反映的是行动者眼中的抗争正当性。它是一种伦理诉求，也是符合社会传统和共识的文化。当然，这种正当性根据也只是抗争行动的理由和依据中的一类，其他的或许还有法、力（势）、情、利等。也因此，便有"依（据）理抗争""依势抗争""以法抗争""以情抗争"和"为利抗争"的可能。有学者还认为，作为中国传统文化特色的"气"，也是国内民众抗争的理由。② 与法、力（势）、情、利和气相比，作为理的正当性，应更有助于抗争行动的展开。在多数社会，抗争行动总是带有一定的风险，行动者不仅要考虑行动策略，更要考虑行动本身的正当性，使抗争行为正当化，以更为有节、有理地抗争，既争取社会大众和政府的同情与支持，又规避被"污名化"、被打击的可能。

关于中国民众抗争的伦理诉求，在裴宜理等学者看来，系以"规则"为基础，与西方以"权利"为基础的民众抗争迥然不同。③ 他们认为，当今中国农民"依法抗争"中所表现出来的公民权利诉求，主要强调的也是对生存和社会经济权利的追求，并不是西方意义的"公民权利"。④ 那么，应当如何看待中国农民抗争的伦理诉求？"依法抗争"为其提供了怎样的正当性理据？

这里，我们先来看看西方社会的抵抗和革命观念。著名史学家布洛赫在对欧洲封建社会的考察中发现：

当时，附庸的臣服是一种名副其实的契约，而且是双向契约。如果领主不履行诺言，他便丧失其享有的权利。在此基础上这一观念因得到一些非常古老的观念的强化，影响更为深远。这些古老的观念认为，国王以一

---

① 国内更常见译为"合法性"，有关讨论可详参马宝成《政治合法性研究》，中国社会出版社2003年版；谈火生：《民主审议与政治合法性》，法律出版社2007年版。
② 参见应星《"气"与抗争政治：当代中国乡村社会稳定问题研究》，社会科学文献出版社2011年版。
③ 裴宜理：《中国人的"权利"概念》，《国外理论动态》2008年第2期、第3期。
④ 赵树凯：《乡镇治理与政府制度化》，商务印书馆2010年版，第225—226页。

种神秘的方式对臣民的福祉负责,一旦发生公共灾难,便应接受惩罚。在这一点上,这些古老的思想潮流恰好与另一种思潮结合起来了,这些思潮源自教会中格里高里发起的对王权神圣化、超自然化神话的抗议运动。正是这个教士群体的作家们,以一种长期无与伦比的力量首次表达了这种将君主与其人民联系起来的契约观念……这些教士理论本身在列举罢黜他们所谴责的恶劣君主的正当理由时,肯定引用人们普遍承认的附庸拥有离弃恶劣领主的权利作为依附。在这种意义上,许多表面看来似乎只是偶然性反叛的暴动,都是基于富有成果的原则:"一个人在他的国王逆法律而行时,可以抗拒国王和法官,甚至可以参与发动对他的战争……"这就是《沙克森法案》中的话。这一著名的"抵抗权"的萌芽,在斯特拉斯堡誓言(834年)及秃头查理与其附庸签订的协定中已经出现,13世纪和14世纪又重现于整个西欧世界的大量文件中。它们对未来具有重大意义。这些文件包括:1215年的英国大宪章;1222年匈牙利的"黄金诏书";耶路撒冷王国条令;勃兰登堡贵族特权法;1287年的阿拉贡统一法案;布拉邦特的科登堡宪章;1341年的多菲内法规;1356年的朗格多克公社宣言。①

按斯金纳等人的研究,始自路德,经过加尔文,到胡格诺派,终于放弃了这种观点,即将维持基督信仰的自由和纯正作为合法的政治反抗的单一理由,形成了一个完整的革命性政治理论,并将之建立在一个关于人民的天赋权利和原初主权的、为现代社会所认同的世俗理论的基础上,形成"反抗暴君论"。②辉格党人从不同的理论路线出发,达到了证明抵抗合法的终点。他们基本的观点就是一个人的自我防卫的权利永远不能被剥夺。抵抗一个暴君不是谋反,反而是一个公民的权利,有时也是一种宗教上的和道德上的义务。③到了洛克的笔下,就再也不需以圣约神学的理论,而是以"主权在民"和"天赋人权"这样严谨的政治学术语来解释英国革

---

① 布洛赫:《封建社会》(下卷),张绪山译,商务印书馆2004年版,第712—713页。
② 凯利:《自由的崛起——16—18世纪,加尔文主义和五个政府的形成》,王怡等译,江西人民出版社2008年版,第42—67页。
③ 施沃雷尔:《抵抗的权利:1688—1694年辉格党的抵抗学说》,尼古拉斯·菲利普森与昆廷·斯金纳主编《近代英国政治话语》,潘兴明、周保巍等译,华东师范大学出版社2005年版,第227—229页。

命的合法性。①

这种抵抗和革命正当性的理论，席卷了整个欧陆国家。著名的日耳曼"抵抗权"就是法律高于君主这一信念的十足表现，这项权利是指任何违反法律的君主都要遭到人们的抛弃，破坏法律的统治者将丧失要求臣民服从的权利。"一个人在君主和法官违背法律时可以抵抗他……这样做，他没有违背效忠义务。"在法律限制的范围内行事变成了评判官员们行为之正当性的判断标准。对这些政权的反抗，不管是教皇、寻求取代最高统治者的政敌、因抗拒免兵役税而不服从的贵族、力求保护其活动不受干涉或临时性财务征收的商人，还是举行民众起义的大众，都会援引违法（违反自然法、神法、习惯法或者实在法）来论证其反抗的正当性。② 法国1793 年《（人权）宣言》的作者们也非常明了地确定了反抗压迫的依据和范围。他们宣称反抗压迫是人类其他权利的结果，它不仅可以是"消极"的和"防卫性"的，而且还可以是"带攻击性"的，直至发展到推翻政府的起义。《宣言》著名的第 35 条写道："当政府侵犯人民权利之时，反抗即成为全体人民及每一部分人民的最神圣的权利和最必不可少的义务。"③

从上可见，自宗教改革运动到资产阶级革命，西方社会的政治正当性基础和民众抵抗、革命的正当性基础已然发生巨变，即从过去的注重传统（如习惯法、契约）和神圣基础，转变为世俗的理性基础——人民的同意和人民的权利。"诛杀暴君理论"发生了革命性转折。④ 正如帕特里克·莱利所指出：17、18 世纪之后，（在西方）政治正当性的基础不再建立在"父权制，神权中心，神圣的权利，某些优异人群的自然优越性，政治生活的自然性，必然性，习惯，便利，心理的强制或者任何其他基础之上"，而是建立在"同意""自愿的个体行为"或者是"与自愿的个体行

---

① 凯利：《自由的崛起——16—18 世纪，加尔文主义和五个政府的形成》，王怡等译，江西人民出版社 2008 年版，第 95 页。

② 塔玛纳哈：《论法治——历史、政治和理论》，李桂林译，武汉大学出版社 2010 年版，第 31、149—150 页。

③ 狄骥：《宪法学教程》，王文利译，辽海出版社、春风文艺出版社 1999 年版，第 262—263 页。

④ 参见孔令侃《暴君政治》，（台北）正中书局 1970 年版；卢瑞钟：《诛杀暴君的权利：暴君放伐理论新探》，（台北）时英出版社 1990 年版。

为相关联的行为"的基础之上。[①] 马克斯·韦伯曾将政治正当性（权威）基础简化为"超凡魅力型""传统型"和"理性型"三种理想类型，其间的转化亦为此理。

哈贝马斯在梳理人类历史上曾经出现的政治正当性时，也发现它呈现三个层面的变化。即：第一个层面，起源神话类型，"在早期文明，统治家族借助于原始神话来证成他们（的权威地位）"。在这个层面上，正当化的对象主要是统治者本人，比如埃及的法老或者中国的皇帝，而正当化的方式则是叙述"神话故事"。随着古代文明的发展，"不仅统治者本人需要被证成，而且政治秩序也需要被证成"。这一目的的实现是由以宇宙论为基础的伦理学、高级宗教，以及哲学来完成的。在这一层面的正当化过程中，论证代替了叙述。在第三个层面，即进入现代之后，尤其是随着卢梭和康德哲学的兴起，"理性的形式原则在实践问题中取代了诸如自然或者上帝这样的实质原则，这些实践问题关乎规范和行为的证成（理据）。……既然终极的根据不再可能获得，证成的形式条件自身就获得了正当化的力量。理性协议自身的程序和假设前提就成为原则"。这一层面的正当化抽空了所有的实质和质料的因素，成为"程序的"或者"形式的"，并且也正因为它是纯形式的，所以对任何实质性的体系都有效。[②]

政治正当性的基础简约为理性的、形式化的权利观。符合宪章和法律规定、即"合法性"，也就成了民众行动的正当性来源。换言之，只要权利、而不必再有其他的伦理价值论证，便足以正当化民众的抗争行动。"一旦这些基本权利渗透到实定法之中，公民就不再需要诉诸一系列的政治价值去陈述自己的主张；他们现在只需要根据法律的规范框架展示他们的权利就可以了。这一权利制度化的过程对政治行为产生了强大的冲击。……现在公民诉诸司法而不是政治行为去寻求权利的保障。"[③] 事实上，这种变化不仅影响到西方社会的民众集体行动和社会运动，也影响到社会运动理论的走向。后者最为突出地表现在对伦理论证考察的缺省上，尤以功利主义的资源动员理论为典型。

[①] 转自周濂《现代政治的正当性基础》，生活·读书·新知三联书店2008年版，第12页。

[②] 周濂：《现代政治的正当性基础》，生活·读书·新知三联书店2008年版，第34页。

[③] 马丁·洛克林：《剑与天平——法律与政治关系的省察》，高秦伟译，北京大学出版社2011年版，第227—228页。

在传统中国，民众抗争和革命的正当性基础也有一个变化过程。① 同西方一样，这一正当性基础与统治正当性基础乃是"一体两面"。儒家学说的"天命论"将君主与天的权威连接在一起，君权天授，神佑王权，为君主政治的合法性提供了完备的理论论证。但是，君主治理天下必须遵循天的法则，"圣人副天之所行以为政"。若君主滥用权力，倒行逆施，胡作非为，有悖天道，上天就会给予责罚，这就是所谓的"天谴"说。② 由此形成中国古代最重要的政治概念——王朝循环观念。③

其实这些观念是与儒家学说的"革命观"同步成长的。《易经》云："天地革而四时成，汤、武革命，顺乎天而应乎人，革之时义大矣！"其基本含义是改朝换代，以武力推翻前朝，包括了对旧皇族的杀戮，它合乎"革命"的古义"兽皮治去毛"。④ 石约翰在《中国革命的历史透视》中提出：造反者所知晓的广泛意识是总体的天命观念。这一观念出现于周初，认为政府或统治者只有敬德保民，才能祈天永命。如果失德，滥用刑罚和采用暴虐手段，就不能再得到天命的支持。天命观念成为以后一切伟大起义和革命的基本根据。⑤ 革命理论在汉代被加入两种成分，一是大同理想，二是宗教；在宋代，再渗入民族主义因素。这些因素在不同的起义中以不同的方式结合起来，形成包含天命观念、大同观念、宗教和民族主义的"民众反抗的一般模式"。⑥

在上述革命理论中，尽管强调"顺乎天而应乎人"，"天视自我民视，天听自我民听"，但人民的作用却是消极被动的，他们并无表示"同意"

---

① 有关中国政治正当性的一篇近期讨论新作值得注意，参见许纪霖、刘擎等《政治正当性的古今中西对话》，《政治思想史》2012年第1期。

② 葛荃：《中国政治思想史的学理特点及方法论刍议——以董仲舒天人政治论为例》，《政治思想史》2010年第4期。

③ 魏斐德（Frederic Wakeman, Jr.）：《中华帝制的衰落》，邓军译，黄山书社2010年版，第55—57页。

④ 陈建华：《论现代中国"革命"话语之源》，载中国人民大学政治学系编《当代政治学的发展——跨学科的视野》，2001年。

⑤ 当然，天命与神启论也不是古代中国独有的抵抗正当性理论。在印度1855年山塔山反抗运动中，一些农民首领用"超自然力量"来解释反叛，把它当作是在山塔山的神——萨古尔的指示下发动的，将反叛的原动力归结为神赐，"我之所以反抗，是因为萨古尔显灵并告诉我去反抗"。参见陈义华《后殖民知识界的起义——庶民学派研究》，中央编译出版社2009年版，第104—105页。

⑥ 石约翰：《中国革命的历史透视》，王国良译，东方出版社1998年版，第59—61页。

或个人选择的主动性与确定性。这与西方抵抗和革命理论的日益理性化、形式化极不一样，以致"天意""天命"甚至"民意"成了似乎谁都可以摆弄的对象，可以为任何人服务。不仅篡位政变者能自我诠释"天命"，强调其行为系"应天命"①，而且，历代起义者也无不竖起"替天行道"的大旗。有学者指出，农民领袖用宗教组织宣传天命转移，用谶语说明起义符合天意，用星象变化说明起义是顺应天命，利用祥瑞说明起义受到天帝褒奖，利用符命、民谣说明起义符合、顺应天意等，把农民起义迅速推向高潮。② 如在1813年八卦教起义中，一位名叫林清的首领被捕后承认："我起初倡会原是图意敛钱，后来哄诱的愚民多了，就希图富贵，干出这样的事来。"尽管其真实动机乃是政治与经济利己主义，但这并不妨碍他使用"奉天开道"口号、并自封拯救所有信徒的天命领袖。③

当然，在传统中国，抗争者当其理想和目标定位不够宏大时，则往往会以另类方式来正当化其抗争行动，如"只反贪官不反皇帝"。《水浒传》中宋江及其军师吴用即为其典型模式，他们尽管竖起"替天行道"大旗广揽天下豪强，但却将其目标限定为"只反贪官不反皇帝"。历史上诸多以"清君侧"为名的反叛行动，亦同此理。他们的共同特点在于：相信朝廷和君王气数未尽、依然神圣，依然是"为民做主"的，但被万恶的近臣，尤其是身边或下边的贪官污吏所蒙蔽，因而要反的只是后者，而非朝廷和君王。19世纪90年代，一位叫威廉·马丁的观察者为我们记录的一次晚清民众抗争运动，也是此类模式。他写道：

"他们大约有两万之众，分帮结伙地行进到街道上。每一帮伙前面以一面飘扬的旗帜为先导，旗帜上写着该帮伙的寺庙名字。当他们走过时，商店关闭，一片寂静。'这次游行示威是为了什么？'我问道。'减税。'有人简捷地回答说。请愿已尝试过多次，但没有用。为绝望所驱，他们现在已将一切希望都寄托于这次最后的呼吁，否则只有暴动一法了。冲突只针对满清官吏；骚乱者保持着严格的纪律，并且仍然声明他们忠于朝

---

① 参见王健文《奉天承运——古代中国的"国家"概念及其正当性基础》，（台北）东大图书股份有限公司1995年版。

② 郑一奇：《从"天命论"看传统文化对中国农民战争的影响》，《江汉论坛》1998年第5期。

③ 韩书瑞：《千年末世之乱——1813年八卦教起义》，陈仲丹译，江苏人民出版社2010年版，第109、197、287页。

廷。……他们愤恨的不是赋税本身,而是地方官吏为了弥补征税的费用而过量征收"①。

进入现代以来,天命观和神启论已从中国主流的政治正当性论证中消退,而为宏大的意识形态论证所取代。不过,后一理论论证尽管其形式化和理性化不足,但却富有前所未有的现代性内容,人民的权利和福祉成为其最重要的文本形式。"一切权力来自人民""人民公仆""群众路线""全心全意为人民服务""以人为本"等表述,一扫传统中国的"牧民"观。很显然,这种意识形态宣示及与之相配套的政策和法律,为民众表达意见、维护自身权益提供了充分的正当性基础。正如欧博文与李连江所说:依法抗争"发生在被认可渠道的边缘,运用在权者的承诺与言辞来限制在权者的行为;它取决于国家内部的分化,并且依赖于通过动员获得更大公众的支持。重要的是,依法抗争使抗争者能够运用官方的法律、政策和其他官方批准的价值来反对不遵守法律的政治经济精英,它在某种程度上是一种被批准的反抗"②。对此,于建嵘曾有精彩的见解,他认为:

农村维权精英相信:党的利益和农民的利益是一致的,党中央是农民的保护神,党的政策是农民维护自己合法权益的尚方宝剑,所以只要他们以执行中央的"减负"政策和其他诸如推进基层民主、实行村民自治的利民政策为旗帜,以维护农民的经济利益和争取合法的政治权利为目的,他们的行动应该受到法律保护,他们的事业是正义的和必胜的。他们宣示的目标是监督地方政府,确保党中央的政策得到忠实的贯彻执行,所以他们拥有无可争议的政治正当性。同时,由于他们在客观上是为公众利益而冒着被县乡政府打击的政治风险,所以他们在农民中享有崇高的道德优势。"中央政策"对维权精英来说,起码有三个方面的意义:第一,中央政策是维权精英把农民处境"问题化"的基础。在这种意义上,中央政策就是他们反抗地方土政策的武器。第二,中央政策是维权精英进行社会动员的工具。第三,中央政策是维权精英的护身符。他们坚信,只要他们按着中央的政策去做,以中央政策作为依据,其行为就有合法性。当然,

---

① 王国斌:《转变的中国:历史变迁与欧洲经验的局限》,李伯重等译,江苏人民出版社2008年版,第195页。

② O'Brien. K. & Li Lianjiang, 2006. *Rightful Resistance in Rural China*, New York and Cambridge: Cambridge University Press, p. 2.

对某些人来说,中央政策也许只是一定的工具箱,是块牌子。①

可见,当代的意识形态、法律和政策具有深刻的内在张力,一方面,它尽管未对民众的抗争行动提供必要的体制和机制管道,甚至还日益以"维稳"为名实施打压;另一方面,相对于传统"天命"的无常与变幻,它又有着更强的确定性和可理解性。按当今农民的见解,他们不仅能从党、国家以及中央(和可能的上级)政府获得必要的政治机遇,还完全有条件使自身的抗争行为正当化、合理化。也就是说,现有的法律和政策规则已经昭示了民众的基本权利,只是遭到基层和地方政府或其官员的损害,为此,依法维权、依法抗争便具有当然的正当性。

当今中国权利的这种先在性昭示,与当年西方社会的权利需要不断去争取、扩展背景,对民众的权利话语及其行为显然会有不同的影响。这两种不同的权利实践逻辑,是否导致了裴宜理教授的"在中国更多的是规则意识,而美国的抗议运动包含很强的权利诉求"之分,还应当有更为细致、深入的考察。换个角度,当中国民众的"法内资源"缺失而需要主动争取"法外权利"的时候,如果他们也像当今西方社会的民众一样,直接以权利为诉求,那么,裴宜理教授的上述论断就应当被修改。且让我们等待时间和实践的进一步检验吧。

四 结论

《中国农村的依法抗争》得到美国耶鲁大学政治学家斯科特教授、法国社会科学高等学院汉学家毕仰高(Lucien bianco)教授、丹麦奥胡斯大学(Aarhus University)东亚系教授曹诗弟(Stig Thogersen)等著名学者的出版推荐。斯科特认为,它是一部抗争研究的"上乘之作","'依法抗争'很可能是准威权体制下大众抗争的最广泛形式。这部逻辑缜密、广泛比较和富于创新的著作将极大地启发未来众多的新研究。"② 著作出版后,已在国际学界获得广泛好评。美国南方大学政治学教授 Scott Wilson 评价道,依法抗争是一个非常精粹的研究方向,是作者对中国领域研究的

---

① 于建嵘:《当代中国农民的维权抗争》,中国文化出版社 2007 年版,第 43—46、55 页。
② 见 Rightful Resistance in Rural China 之封底。

重要贡献。[1] Maria Heimer 教授认为：两位作者的工作在很多方面是开创性的，该书将引发诸多新的未来研究计划，是那些对当代中国政治抗议及政治争议感兴趣的学生的必读物。[2]

在国内学界，大约自1999年始，越来越多学者已自觉不自觉地引用"依法抗争"这一概念，更是其影响力的有力注解。但遗憾的是，尽管集体行动、抗争政治已成为国内学界日益关注的焦点，并有数篇专文进行述评[3]，但对"依法抗争"及相关概念的进一步厘清和讨论，一直未得到学界的应有重视。吴长青于2010年发表的一篇论文是难得的讨论此主题的佳作。在该文中，作者主要从"策略范式"来分析"依法抗争"理论，认为"依法抗争"的策略范式至少有两个方面的解释局限：一是过于注重抗争者的利益考虑，而忽视了抗争行动的道德逻辑。依法抗争关注"踩线不越线"的抗争形式，却忽略了大量存在的超出法律之门的抗争。对于抗争精英而言，他们对法律的态度和情感是复杂的，仅仅用"工具主义"是无法解释其很多的行动；二是过于注重抗争的过程，却忽视了其意外后果的重要性。所以，他提出应当关注农民抗争背后的"伦理基础"。[4] 该作者在敏锐指出"依法抗争"理论忽略了道德基础的同时，却对其原本注重抗争后果的批评存在误读，事实上原作者在其专著中有两章专门讨论此论题。

本文的考察表明："依法抗争"与其说是作为抗争的手法和策略，倒不如说是抗争的正当性理据。作为抗争的手法和策略，依法抗争本身存在内在的冲突，因为其抗争方式既可能是非暴力的也可能是暴力的，既可能是合法的也可能介于合法与非法之间，并不是完全的"合法"。作为抗争的正当性理据，依法抗争十分恰当地凸显了当今国家法律、政策和意识形态所赋予的正当性，及其在实际运行和执行中所存在的实际反差。

在抗争者心目中，"法"是什么？那或者是值得肯定和尊崇的抽象的上级，如中央、政府、国家和党，或者是他们推出的法律、政策、文件和号召，或者是符合文化传统的"天理"。对他们而言，这样的"法"既可

---

[1] Scott Wilson, *Book Review (untitled)*, *East Asia*, 2008, 25, pp. 329 – 331.
[2] Maria Heimer, *Book Review (untitled)*, *China Information*, 2007, pp. 526 – 527.
[3] 如：王国勤：《当前中国"集体行动"研究述评》，《学术界》2007年第6期；李德满：《十年来中国抗争运动研究述评》，《社会》2009年第6期。
[4] 吴长青：《从策略到伦理：对依法抗争的批判性讨论》，《社会》2010年第2期。

能是工具,也可能是价值。作为工具的法,既是组织与动员的武器,也是行动手法与策略的尺度和边界,即自我保护的工具。由此,"法"便可能是幌子,是"以子之矛攻子之盾"中的"矛",甚至于"以非法对非法"。这种游走在合法与非法边界之间的策略性抗争,似难以说是真正的"依法抗争"。

作为价值的法,它尽管存在内在的张力和冲突,但依然成为民众抗争的正当性理据。对法不管内心信任与否,依法抗争者均将其作为抗争行动的正当性理由。如果说在西方社会,权利已作为不证自明的普适性价值和伦理诉求,因此,西方社会运动理论对抗争政治正当性理据的疏忽有其正当性,那么,在当今中国,当民众因社会情境尚需极力正当化其抗争行动,理论研究就没有理由不关注包含伦理和道德情感的深层问题。[①] 笔者相信,这也应当是"依法抗争"理论的应有之义。

(肖唐镖)

[①] Jeff Goodwin, James M. Jasper & Francesca Polletta, 2004, "Emotional Dimensions of Social Movement s", in DavidA. Snow, et al. (eds.) *The Blackwell Companion to Social Movements*, Blackwell Publishing.

《中华帝国晚期的冲突与控制》* 述评

1971年6月，美国加州大学伯克利分校的中国研究中心和美国学术学会中国文明研究委员会在檀香山联合举办了一次旨在研究清朝时期地方控制与社会抗议的大会。会议的主题最初是由费正清（John K. Fairbank）提出的，他提议此次专题讨论会应深入中国19世纪对于西方政治回应的表层下并探索整个清朝的社会历史。鉴于"地方控制"与"社会抗议"是政体和社会两方面的辩证结合，它们便被选为会议的主题。从中国的被动"现代化"到发现鸦片战争开始前支配历史转变的内生社会力量，这一研究视角的转变就这样被确立了下来。

大会上共提交了14篇论文，由费正清、霍夫海因茨（Roy Hofheinz）和施坚雅（William Skinner）担任会议讨论员。本书即是由魏斐德（Frederic Wakeman）和格兰特（Carolyn Grant）将其中的8篇文章选编而成。

在前言中，魏斐德指出，随着美国学者对中国明清史研究的深入，"社会史学家开始逐渐认识到，从16世纪中叶到20世纪30年代整个时期构成了连贯的整体。学者们不再把清代看成是过去历史的再版，也不认为1644年与1911年是异常重要的界标，他们发现有若干历史过程，绵延不断横跨最近四个世纪一直伸延到民国时期。长江下游地区的城市化，力役折银，某种区域性贸易的发展，民众识字率的提高以及士绅队伍的扩大，地方管理工作的商业化——在晚明出现的这一切又推动了若干行政与政治

---

* Frederic Wakeman and Carolyn Grant, eds., *Conflict and Control in Late Imperial China*, Berkeley: University of California Press, 1976.

方面的变化,这种变化在清朝时期持续发展并在 20 世纪初达到顶点"①。因此,明朝、清朝和民国初期合起来被视为完整的中华帝国晚期。(p. xiii)

一 本书主编简介

编者生平及其著作

1. 魏斐德(1937 年 12 月—2006 年 9 月),国际著名中国明清史专家。1959 年毕业于哈佛大学,1965 年获加州大学远东史博士学位。20 世纪 60 年代后期,任台湾大学中国语言研究计划主任,1971 年任加州大学历史学教授,曾兼任亚洲研究哈斯(Hass)教授,并在该校担任东亚研究所所长达 11 年之久。1986 年至 1989 年担任美国社会科学研究理事会主席,1992 年担任美国历史学会主席以及上海社会科学院名誉研究员。此外,他还曾在美国亚洲协会、社会科学研究联合会等机构任职。

主要著有:《大门口的陌生人——1839—1861 年间华南社会的暴乱》(Strangers at the Gate—Social Disorder in South China 1839 - 1861, 1966)、《中华帝国晚期的冲突与控制》(Conflict and Control in Late Imperial China, 1976)、《中华帝国的衰落》(The Fall of Imperial China, 1975)、《洪业:清朝开国史》(The Great Enterprise: The Manchu Reconstruction of Imperial Order in Seventeenth-Century China, 1970)、《上海警察 1927—1937》(Policing Shanghai 1927 - 1937, 1995)、《上海歹土——战时恐怖活动与城市犯罪 1937—1941》(The Shanghai Badlands: Wartime Terrorism and Urban Crime 1937 - 1941, 1999)、《间谍王——戴笠与中国特工》(Spymaster: Dai Li and the Chinese Secret Service, 2003)、《历史与意志——毛泽东思想的哲学透视》(History and Will: Philosophical Perspectives of Mao Tse tung's Thought, 1977)等。

其著作曾获得美国亚洲研究协会颁发的列文森奖、加州大学出版社的伯克利奖,以及美国城市历史协会颁发的非北美城市最佳历史书籍奖等。由于对美国中国学研究和加州大学伯克利分校教育工作的杰出贡献,他还

---

① Frederic Wakeman and Carolyn Grant, eds., Conflict and Control in Late Imperial China, Berkeley: University of California Press, 1976, p. 2. 下文对本书的引用直接标注页码。

曾被授予"伯克利最高奖章"。

魏斐德是美国中国问题研究专家费正清先生的弟子,与孔飞力、史景迁并称为美国汉学界"三杰"。

魏斐德的主要研究领域包括:中国明清史研究(尤以地方史为主)、上海研究、毛泽东哲学思想研究。其史学理论坚持的是"叙事史学"。魏斐德的史学思想以其对"存在与时间"的理解为背景。时间是存在的结构,人类在时间中的存在通过叙事呈现于语言中。叙事是人们对往事的记忆,对过去的重述。时间永在流逝,人们的记忆通过叙事不停地重构属于他们的逝去的时间。叙事引领人们穿越时间,重新经历过去,救赎、再造过去,给生命以第二次机会。个人和他所属的群体在叙事中寻找各自的身份;如果想回答"我是谁?""我们是谁?"这样的问题,只能通过讲述"我"和"我们"的过去。顺着魏斐德的思路,我们可以说,历史学不是一门普通的学科,而是人类的一种基本生存方式;每个人都需要获得一种关于过去的叙事以建立自我身份,因此每个人都在搞历史,历史学家只是更为专业而已。

2. 凯若琳·格朗特(Carolyn Grant)是华盛顿大学英语系的博士候选人,此书出版时她已编辑了多本有关中国方面的书籍。

二 美国中国史研究的相关理论模式及其比较

"二战"后,美国已成为国外最重要的中国问题研究中心。在美国的中国史研究中一直以明清以来的历史为主,其相关的理论模式主要有以下几种。

(一)"冲击—反应"与"传统—近代"模式

美国史学界一般认为费正清是中国史研究中"冲击—反应"模式的代表人物。

费正清认为,中国历史文化是"伟大历史文化中最杰出而又最隔绝的文化"[①]。根本原因是钦定的儒家思想的宏伟构思把道德和政治结合了

---

① 费正清:《七十年代的任务》,载中国美国史研究会编《现代史学的挑战》,上海人民出版社1990年版,第46页。

起来，并且把社会秩序和宇宙秩序融为一体，由此形成了同心圆式的分成等级的世界体制。中央政权高居于地方官僚统治之巅。在基层，靠宗族关系和士绅集团的忠诚来维系中央政权对地方的控制。这种忠诚是儒家学说的产物，因此，他认为"只有通过儒家学说，才能理解中国传统的政治形态"①。

儒家学说维护着帝国的秩序，帝国的权力又"包容和利用了文化"。但文化传统是抗拒变革的。以儒家学说为基础构筑的政治体制非但不能完成社会形态的自我更新，相反会产生一种强大的惰性扼制力，"使中国革命变革有痉挛性，有时在内部抑制住了，有时还带有破坏性"②。

那么什么力量才能打碎中国固有的社会秩序，从而推动中国迈步近代社会呢？那就是"西方的冲击"。根据费正清的观点，19世纪以来，中国历史变化的根本内容，就是西方对中国社会的不断冲击以及中国社会对这些"冲击"所做出的"反应"。这就是"冲击—反应"模式的主要内容。

约瑟夫·列文森（Joseph Levenson）以其研究中国思想史的名著《梁启超与中国近代思想》（Liang Ch'i-ch'ao and the Mind of Modern China，1953）和《儒教中国及其近代命运》（Confucian China and Its Modern Fate，1965）在美国史学界名声大噪，并成为"传统—近代"模式的代表人物。

列文森之所以用"传统"与"近代"这两个词来区分中国漫长的历史年代，是因为他认为19世纪西方文明影响中国之前与其后，是两个决然不同的时代。从公元前3世纪直至19世纪初，以儒家学说为准则建立起来的政治体制使中国一直处于一种和谐、平衡的停滞状态。根本性的变化不可能从中国社会结构自身中产生，只能源于外界的刺激。同时，他认为西方文明在改变中国历史方向上可起到双重作用：一方面，西方文明促成中国传统社会的解体；另一方面，西方文明又为中国向近代社会的发展提供了可资仿效的楷模。

对于二者的比较，学界已有相关研究，这里采用的是张铠在《从

---

① 费正清主编：《剑桥中国晚清史（1800—1911）》，中国社会科学出版社1983年版，第27页。

② 费正清：《伟大的中国革命（1800—1985）》，刘尊棋译，国际文化出版社1989年版，第7页。

"西方中心论"到"中国中心观"——当代美国中国史研究的发展趋势》一文中的观点。他认为，作为 20 世纪五六十年代盛行于美国中国史研究领域的两大主流理论，"冲击—反应"与"传统—近代"模式虽在研究的侧重点上有所区别，但二者又有诸多共同特征：

首先，他们都没有摆脱 19 世纪业已形成的以"西方中心论"为出发点的中国观的影响，判定中国是个"停滞"社会，认为只有用西方社会的发展模式改造中国，才能使中国实现近代化。

其次，他们都把"文化与价值观念的差异"视为中国与西方国家之间冲突的根源，研究视角也主要集中在文化层面上，因而对中国广泛时空内所发生的社会与经济方面的深刻变化不够注意，这也就是用上述两种模式研究中国历史的美国学者视中国为"停滞"社会的重要原因。

（二）立足中国社会内部发展动力的理论研究

20 世纪 60 年代末至 70 年代初，由于美国国内和国际环境的重大变化以及年鉴学派[①]的影响，年轻一代的美国中国史学者开始对原有理论模式进行反思，并从中国社会内部来寻找中国历史前进的动力和相关因素。其所取得的成绩集中体现在四本论文集中，即约翰·海格尔（John W. Haeger）主编的《中国宋代的危机与繁荣》（*Crisis and Prosperity in Sung China*，1975）、魏斐德与格兰特合编的《中华帝国晚期的冲突与控制》（*Conflict and Control in Late lmperial China*，1975）、施坚雅主编的《中华帝国晚期的城市》（*The City in Late lmperial China*，1977）和史景迁与约翰·威尔斯（John Wills）合编的《从明到清》（*From Ming to Ch'ing*，1979）。

这种理论研究的新进展[②]在于：

1. 为了深入而具体地重新研究中国历史，一些美国史学家缩小了研究单位，开始从事地方史的"个案"研究。在地方史的研究中，他们的重点又放在经济史和社会史的研究上。由于这些学者已立足于中国社会的

[①] 20 世纪 60 年代中后期，年鉴学派提倡总体史学，把社会看成是一个有机联系的整体。主张在总体史观的指导下深入研究某些特定地区的历史，认为地区史作为总体史研究的基础和样板，关注的是整个人类群体的历史，反映的是一个地区总体的历史面貌。

[②] 张铠：《从"西方中心论"到"中国中心观"——当代美国中国史研究的发展趋势》，《中国史研究动态》1994 年第 11 期。

内部，而且采用了动态与变化的观点来看待中国的历史发展进程，因此他们看到的中国是"可以独立创造自己的历史"①。美国学者对中国社会特点的这种新认识事实上是对中国社会"停滞"论的一种批判。

2. 立足中国社会内部的研究，使美国学者除注重经济与社会因素的作用外，又开始致力于中国社会内部逐步形成的诸多长期发展进程的研究。他们发现，明清两代的内在联系所具有的重要性超过了王朝嬗变本身的重要性。这揭示了中国历史的内在连续性。

3. 以施坚雅为代表的部分美国学者在中国区域史的研究中，一方面揭示出在漫长的历史岁月中，中国无论在时间上或空间上，都是处于动态的发展之中；另一方面又揭示出中国内部不同区域之间存在的巨大差异，从而在自然史与经济史综合研究的基础上，提出了在美国学术界具有趋向性影响的宏观区域系统理论。

三 本书的研究视角、方法及主要内容

本书立足于政府官员和地方士绅之间，围绕"地方控制"与"社会抗议"两大主题，对清代以来地方与中央控制之间的关系状况以及中国社会内部结构的演变进行了分析，力图发现促使中国社会"近代"肇始的内生性社会力量。

本书共收录了八篇论文：拉皮德斯（Ira M. Lapidus）的《阶级制度和网络：中国与伊斯兰教社会之比较》（Hierarchies and Networks：A Comparison of Chinese and Islamic Societies）；魏斐德的《地方主义与清征服江南时期的效忠思想：江阴的悲剧》（Localism and Loyalism During the Ch'ing Conquest of Kiangnan：the Tragedy of Chiang-yin）；邓尔麟（Jerry Dennerline）的《财政改革和地方控制：士绅—地方官僚联盟渡过征服》（Fiscal Reform and Local Control：the Gentry-Bureaucratic Alliance Survives the Conquest）；陈张富美（Fu-mei Chang Chen）的《十八世纪中国地方控制对有罪盗贼的处置》（Local Control of Convicted Thieves in Eighteenth-Century China）；史景迁的《清代中国的鸦片吸食》（Opium Smoking in Ch'ing China）；杨庆堃（C. K. Yang）的《19世纪中国群众行动类型的初步统计》

---

① 柯文：《在中国发现历史》，林同奇译，中华书局1989年版，第169页。

(*Some Preliminary Statistical Patterns of Mass Actions in Nineteenth-Century China*);詹姆斯·波拉切克（James Polachek）的《士绅领导的权力：同治中兴时期的苏州》（*Gentry Hegemony: Soochow in the T'ung-chih Restoration*）；孔飞力的《民国时期的地方自治：控制，自治与动员问题》（*Local Self-Government Under the Republic: Problems of Control, Autonomy, and Mobilization*）。

本书主要采用了个案研究法、定性比较研究法、主题研究法、统计研究法等研究方法。其中，《地方主义与清征服江南时期的效忠思想：江阴的悲剧》《财政改革和地方控制：士绅—地方官僚联盟渡过征服》和《士绅领导的权力：同治中兴时期的苏州》，分别围绕江阴、松江、苏州等三个地区的相应事件进行了具体的个案分析；《阶级制度和网络：中国与伊斯兰教社会之比较》则从核心思想文化、社会结构等方面将中国社会与伊斯兰教社会进行了定性的比较；《18 世纪中国地方控制对有罪盗贼的处置》《清代中国的鸦片吸食》和《民国时期的地方自治：控制，自治与动员问题》是围绕特定主题进行的研究；《19 世纪中国群众行动类型的初步统计》则是将统计方法运用到社会科学研究中的典型范例。

（一）本书内容所涉及的社会背景

在本书的导论中，魏斐德向我们介绍了 16 世纪中叶到 20 世纪 30 年代这一时期中国社会的相关历史状况：

乡村治理与士绅的矛盾角色

由于乡村治理需要依靠正式行政官员与地方精英的合作，因而，地方控制的发展就与中国士绅阶层的演变具有密不可分的关系。

通过对明朝中期至末期科举考试制度发展的弊端的分析，可以将士绅阶层划分为上层士绅和下层士绅。下层士绅一方面需要为生计奔波，另一方面，其不满的情绪也可能使他们参加到城市游行、派系运动，甚至农民叛乱中，他们本身就是融合了"秩序与无序""控制与冲突"的复合体；上层士绅同样是充满矛盾的，他们一方面为公共的利益（教育、慈善、水利等）服务，另一方面又关心自身的私利与安全。正因如此，地方社会组织才体现出相互对立的原则——"统一于帝国体系内"和"分离出来实现自治"。在这两个对立原则之间摇摆以求平衡构成了中国社会总体的秩序。

社会责任与地方管理

自 14 世纪起，乡村治理的复杂性促使地方士绅与官员合作，共同分担责任和施加影响。这种合作统一于精心设计的控制制度中，通过对"乡甲""里甲"制度的简要分析，魏斐德指出了其各自的弊端。

1661 年的税收案

一方面出于对江南士绅的怨恨（因为在 1659 年郑成功攻打南京时，江南士绅显示了对明朝的忠诚）；另一方面是为了大肆敛税，清朝统治者们对江南士绅课以极沉重的赋税，致使大量缴税迟缓和无力缴税的士绅饱受牢狱之苦。这次事件"不仅仅是满族宣泄其对江南士绅怨恨的一个体现，它更变现为中央政权对士绅特权的打压"。（p. 13）这次事件后，土地成为士绅们最大的产权负担，清朝朝廷通过土地税收恐吓了江南士绅，打击了士绅们的特权，但同时，也促进了士绅与地方官员的联合，以共同对抗中央政权。

满族控制

尽管清朝统治者希望保持满族在经济和文化上的独立性与自治，但一方面，1645 年到 1647 年间授予八旗军的土地逐渐又回到了汉人的手中；另一方面，汉文化的吸引也使得满族逐渐被同化，甚至到 18 世纪末满族贵族已很少跻身到士大夫精英的行列。

内忧外患

关于清朝政治分裂的原因，历史学家一直存有争议。一些人认为西方的影响是主要原因，另一些人则强调内生性因素。

内忧——学者认为的内生性因素主要有两种：（1）人口压力，何炳棣认为 1775 年后人口增长给自然资源造成了超常的压力，孔飞力则进一步指出了社会资源同样紧缺。（2）地方军事化对中央控制的削弱。（p. 18）

外患——嘉庆十三年（1808），英军进攻澳门炮台；康熙年间，鸦片开始流入中国，至乾隆、嘉庆年间，鸦片已大量流入中国，许多人吸食鸦片，政府和官员更是从中牟利，到道光帝统治时期，鸦片泛滥，它既是中国内部社会危机的表现也是其诱因之一。

群众抗议

至 19 世纪末，全国大约有 10% 的人口吸食鸦片成瘾。（p. 21）鸦片成瘾者的增加只是中华帝国晚期内外危机的一种表现，而群众抗议则是另一种表现。

杨庆堃的论文对19世纪中国社会无序的加重进行了统计分析，并向我们展示了19世纪中国群众抗议的几个重要特征：一是群众抗议的政治特征；二是抗议发生的地点特征，1/3的事件发生在监管不力的边境地区，而大多数则发生在包含有地方精英的行政中心。

太平天国叛乱后的地方控制

19世纪50年代，江南士绅力争减轻江南地区经济重负的一系列努力都失败了，再加上1661年税收案例曾经给江南士绅造成的巨大打击，促使士绅与地方官员合作起来，对抗国家的权力。

随后，控制权几乎全部落入地方精英的手中，税收与租金、公共的与私人的，也都融合到了一起，乡村士绅也就逐步成为这些财产的主人。这种融合的可能结果之一便是阶级冲突的激化。清朝中期时，士绅们至少仍假装代表地方的总体利益，但是到了19世纪末期，士绅已将其管理的所有财产（包括公共的与私人的）视为自己的私人财产。20世纪20年代，当先前的地方精英演变为"土豪劣绅"时，中国近代农民运动也就登上了历史的舞台。

土豪劣绅

1909年后发展起来的地方自治体制是否会按照改革者所设想的那样运行呢？作为一个标语，"地方自治"旨在动员社会大众参与地方治理、为民族国家培养政治上受过教育的民众以对抗帝国主义。但依据孔飞力的分析，在实践中，地方自治却成了为乡村士绅那不受约束的控制进行辩护的借口。清政府灭亡后，地方精英不再受到中央政府的统辖，加之地方自治的实施，部分士绅转变成了"土豪劣绅"，但他们最终将被底层大众打倒。

（二）本书的主要内容

1. 拉皮德斯：《阶级制度和网络：中国与伊斯兰教社会之比较》[①]

作者拉皮德斯在文章开始首先提出了自己的问题："中国历史学家所

[①] 拉皮德斯，是加州大学伯克利分校伊斯兰历史系的教授，著有《中世纪晚期的穆斯林城市》(*Muslim Cities in the Later Middle Ages*, 1967)、《伊斯兰社会的历史》(*A History of Islamic Societies*, 1988)，最近（指本书出版时）正在撰写关于伊本·赫勒敦（中世纪阿拉伯著名哲学家、历史学家、政治活动家）的传记。

认为的中国文化的范式是怎样的?"以及"通过比较中国与伊斯兰研究的基本思想模型,我们能否检验这些模型的有效性并探索这些流行范式的含义,以助于我们加深对每种文明的理解?"(p.26)

在对传统中国社会秩序进行分析的过程中,作者提出了中国和谐秩序的观点。他认为,"中国的社会秩序,从皇帝到地方官僚到士绅精英再到地方团体,构成了一个融合儒家思想、政治组织和社会结构的和谐有机体"。(p.27)

具体分析如下:

(1) 在中国的政治与社会体系中,皇帝是秩序的关键。皇帝作为政治体系的领导者,又通过儒家文化的规范使其获得了对社会的最高控制力,成为社会体系的领导者。

(2) 地方官僚,更确切地说是"士绅官员",发挥着平衡作用。他们一方面为皇帝服务,维护国家秩序,保证自己的权威;另一方面,又在一定程度上代表地方利益,甚至与中央权力相抗衡,维护着私人利益(包括宗族利益、小集团利益等)。

(3) 界于士绅精英对待政府权力的两种截然不同的态度,他们被划分为两类:①部分渴望走上"仕途"的精英对政府权力持合作态度;②其余部分精英(如宗族首领、地主、大商人等)则对政府权力持反对态度。

(4) 作者分析了儒家思想在协调个人的言与行、思想与行动,以及协调个人利益与整体利益、个人生活与社会生活等方面的约束力,从而对中国社会秩序的和谐发挥着积极作用。

(5) 社会结构对于中国社会秩序的运行发挥着正反两方面的作用。作者将社会结构划分为"人为的"社会结构和"自然的"社会结构。前者指由"保甲"制度人为地构建起来的发挥监管和军事征兵作用的社会结构,它使中国农村受到国家权力的严格管辖。后者指"宗族和血统"等要素自然地构建起来的社会结构,由于成员之间关系紧密,这种社会结构极富凝聚力,一旦家庭或宗族的利益受到侵犯,他们非常容易联合起来行动,并由此成为社会无序、叛乱和革命的基础。

通过以上分析,作者观察到了"两个中国"——一个是受控制的、有序的中国,另一个是混乱的、无序的中国。二者都不能彻底包容彼此,那么,"这两个极端对立的中国是如何统一成我们现实中所见的中国呢?"

(p.32) 作者提出这一问题后,并没有急于回答,而是向我们分析了他所熟悉的伊斯兰教社会的状况,并将之与中国相比较,最终得出结论,即统治的基本问题并不只在于除去冲突,而是要在一致与冲突之间平衡摆荡或是循环,以便有利于整体秩序的维持。

2. **魏斐德:《地方主义与清征服江南时期的效忠思想:江阴的悲剧》**

文中所称的"江南"是指位于上海和南京之间的地域(也即三国时的吴国领地)。清朝对江南的征服政策年复一年在"安抚"与"暴劣"之间摇摆,而当地居民所表现出的态度也迥然不同——从温顺地接受新朝代(清朝)的统治到血腥抵抗。其中,江阴地区的抵抗最血腥、斗争最出名,江阴悲剧是对明朝效忠思想的夸张反应,同时,它也更清楚地揭示了地方抵抗清朝控制的混乱状况。

在文中,作者考察了江阴地区极力抗拒清朝控制的事件。指出愚笨的清廷试图迫使被征服者剃发,首先刺激了城市与农村的领袖,随后遭到衙门官僚的抵抗。接着作者追溯这些团体之中所浮现的冲突,但最后他们在一个无法防御城池的时刻团结了起来,并最终酿成了江阴的悲剧。

作者首先分析了江阴抵抗发生的社会历史原因。

通过介绍江阴的自然地理环境、人口状况和产业状况,作者指出其产业(农业和手工业)发展对当地的农田具有高度依赖性。扬子江水造就的肥沃土地促成了江阴的富裕,同时也使江阴承担着沉重的税负,由于水位变化和潮汐影响,江水使得这片土地日渐贫瘠,因此,江阴人民的生活压力日益增大。大约从1700年开始,江阴作为贸易中心的地位就开始衰落,且犯罪率日益上升,土匪和劫匪活动猖獗,社会动荡不安。然而,江阴作为保护扬子江上游地区的要塞,其在军事上的重要地位自10世纪便被牢固地树立起来。或许正是基于社会秩序和军事传统这两方面的原因,才使江阴的抵抗如此与众不同。

然后,作者对江阴悲剧的整个发展过程作了详细的描述。

清朝在征服汉人的过程中,要求被征服地区的汉人剃发。随着对明战争的日益扩大,剃发的范围也逐渐扩展,剃发逐渐演变成一种固定的制度。在清朝贵族看来,只要汉人肯剃发,就是弃明忠清。而明官和汉人则把不剃发作为保持民族大义的表现。随着清朝与明朝之间战争的加剧,"剃发"也开始逐渐上升到有关民族、文化层面的问题。

从1645年7月8日清朝颁布剃发律令起,便在江阴城引起极大的不满，从士绅、衙役到普通民众，无不反抗并示以对明太祖的高度效忠。至 7 月 23 日，江阴城已进入公开反叛的状态：所有效忠满清的官员均被捕入狱，随后，负责组织和代表江阴城抵抗和防护的领导者——陈明遇被选举出来。江阴抵抗的经济支持主要来自安徽盐商程璧的私人援助，而内部军事力量则涵盖了土兵（雇佣而来）、乡兵（由农村的勇士构成）和经世团体（由士绅领导和组织起来的乡村自卫队）。8 月初，在同清军抗衡的战斗中，这些缺乏组织和训练的军事力量被轻易击败了。于是，陈明遇转而依靠外援（包括土匪、原明朝余部、沙兵等），但也都失败了，而拥有正式组织化军队的黄飞和吴志葵因深感江阴抵抗的无望而拒绝援助。由此，当 8 月 12 日清朝援军将江阴城彻底围困时，江阴抵抗便临近尾声了。

8 月 15 日，围困的清军指挥官刘亮漕派人将一封招服信送达江阴，城内的部分士绅、官兵开始动摇，试图妥协，但陈明遇回信表示拒绝招服。虽然陈明遇后来又组织了新一轮的防御和攻击，但都以失败告终。至 9 月 14 日，江阴已彻底断绝外援，并遭受着清军猛烈的炮击。尽管 9 月 22 日之后，江阴城内投降的声音愈加强烈，但抵抗的指挥官燕应远在 9 月 26 日将背叛者斩首示众了，同时也以决绝的态度向清军表明了江阴抵抗的决心。至此，整个江阴城内发生了重大转折。人们意识到江阴抵抗最终的失败，接受了最终的命运——死亡，于是一切利益变得不再重要，不剃发不投降已上升为一种极高的尊严，所有人一致秉持效忠思想，决心誓死抵抗。清军的最后进攻发生在 10 月 8 日，江阴城的领导者们在最终的抵抗中要么自杀要么被杀了，在城墙溃塌后不足两天的时间里，江阴城被屠戮殆尽，起初拥有 10 万人口的江阴城，最终仅有 53 人生还。

经济文化发达、民族意识强烈的江阴地区人民坚决反对"剃发"，并把这看作对明朝的效忠，在进行了长达 80 天的斗争的最终时刻，各个阶层的领导者团结起来共同对抗清军，但清兵的烧杀掳掠最终酿成了江阴的悲剧。①

---

① 邓尔麟，曾任波莫纳学院的历史系助理教授，他的耶鲁大学博士论文《满清官吏与嘉定屠城：对地方传统与 1645 年抵抗满清入侵之分析》(*The Mandarins and the Massacre of Chia-ting: An Analysis of the Local Heritage and the Resistance to the Manchu Invasion in* 1645，1973）是对 19 世纪嘉定的研究，著有《嘉定忠臣：17 世纪中国之士大夫领袖与社会变迁》(*The Chia-ting Loyalists: Confucian Leadership and Social Change in Seventeenth-Century China*，1981）、《钱穆与七房桥世界》(*Qian Mu and the World of Seven Mansions*，1995）。

3. 邓尔麟:《财政改革和地方控制:士绅—地方官僚联盟渡过征服》①

作者在本文开篇便指出:"中华帝国晚期的官僚制度具有不确定的效率,但同时又具有令人难以置信的耐久性。这一制度在经历经济增长、都市化、叛乱、入侵和外来统治后,仍能成功得以保存。而这种成功的关键就在于地方官员与士绅阶层之间的联盟。"(p.86)通过考察清初松江地区的财政改革,作者揭示了士绅与地方官员之间的合作关系,并认为士绅与地方官员的合作,既有助于地方控制,也可能对抗国家的利益,而且,财政改革只给获得较高功名者和官员带来好处,却未及于生员②。

16世纪80年代,中央政府每年的税收赤字大约达到了100万两白银,因此,地方官员试图通过将徭役与地赋结合成单一赋税来改革税收制度。这种新的"单鞭税制"将指定地区划分为十个大小相同的部分,每一部分每年既需承担徭役,又需承担地赋,改革者试图通过这种将赋役与户籍相结合的制度来防止逃税现象的发生,同时也将里甲制度中的轮流负责原则应用到土地上。

然而,在实际运行中,这种单鞭税制改革只是进一步强化了士绅的免税特权。在传统制度中,有影响力的地主操纵了土地的登记。而改革后,以登记在徭役记录簿里的纳税人为依据,地赋与徭役被合并了。由于士绅是被免于徭役的,他们的名字也就没有记录在徭役记录簿中,相应地,他们也就被免于征税了。于是,部分地主便将自己的家户登记在士绅的名下,以此来逃避赋税。这样一来,单鞭税制改革的最终效果是使士绅特权成为政府财政困难的表面上的根源。然而,作者在文中指出许多地主通常是在士绅们不知情的状况下将自己的家户登记在他们的名下。

于是,17世纪60年代,面临财政危机,具有经世思想的士绅们出于道义上的责任感,同时也出于维护自身的阶层特权,而与地方官员建立起合作关系,共同打击地主的逃税行为。这种合作关系的建立,一方面,有助于地方控制——士绅得以维护自身特权,同时地方官员可以完成赋税定额;另一方面,也可能对抗国家利益——当清政府试图打压士绅特权时,有影响的士绅通过贿赂地方官员,同时,也通过与上层官员的政治联盟而对下层官员施加压力,借助双方的努力,以求保全和维护自身利益,此外,当清政府试图

---

① 起初拥有10万人口的江阴城在历经清兵的烧杀掳掠后,最终仅有53人生还。
② 明、清指经本省各级考试入府、州、县学者,通名生员,习称秀才,亦称诸生。

挑拨士绅与地方官员之间的合作关系时，它将无法获得指定额度的税收。

4. 陈张富美：《十八世纪中国地方控制对有罪盗贼的处置》①

本文中，作者主要介绍了清朝对于惩治有罪盗贼的制度规定、制度起源、江苏和浙江两地控制盗贼的地方措施以及结论。

清朝时，所有抢劫和盗窃的罪犯都将被烙以适当的印记（文身），返回其家乡担任警迹（警察助理），并接受监管。如果罪犯被处以刑事处罚，他们将在惩罚结束后立即担任警迹；如果罪犯被判处流放，他们将在流放地担任警迹。任何被发现故意毁坏文身以使文身难以辨认的罪犯，将被重打六十大棍并重新文身。(p.122)

这一制度的起源可追溯至明朝的1397年。明朝时还对罪犯担任警迹的具体年限以及去除文身的条件做出了具体的规定。

有罪盗贼被刺以文身，一方面是为了防止罪犯再次犯罪，另一方面也是想通过可见文身所带来的耻辱感激发罪犯的悔改之心。这既体现了儒家文化对个体"自我悔改"信念的信心，也体现了给予罪犯社会拯救的重要性，且两方面的结合在当代中国社会中仍在沿用。

那么这一制度在实际中运行的效果如何呢？

（1）社会拯救只是一种理想，这些措施最终无法使罪犯重新融入社会。这主要是因为：可见文身实际上造成了社会内部对罪犯的"流放"。文身，就如同当代警察的罪犯记录一样，一旦有了前科，将使罪犯成为"终生被放逐的人"。社会不愿冒险接纳罪犯参与社会活动，又不愿为罪犯重新踏入社会提供社会福利，致使罪犯难以重新融入社会。因此，政府更倾向于控制罪犯，而非帮助他们改造以重返社会。

（2）罪犯在担任警迹的过程中，既是法律的执行者，又是法律的破坏者。这样一来，犯罪——惩罚的整体结构就降级成为一个"贱民"②的无序世界。警察甚至可以不参加公务员考试就取得公务资格，腐败现象在社会中普遍存在。

---

① 陈张富美，美籍华人，在哈佛大学获得了法学博士学位，并撰写了关于清朝法律体系的博士论文。著有《论中华帝国的法律》(On Law in Imperial China, 1970)、《清代法律中的类推》(On Analogy in Ch'ing Law, 1970)、《中华帝国晚期的农村生产与分配》(Rural Production and Distribution in Late Imperial China, 1985)。

② 清朝社会大致被划分为两大主要群体：良民和贱民。良民由官员和普通大众构成，而贱民则由卖淫者、卖艺者、乞讨者和罪犯构成。

尽管存在着盗窃案发生率和定罪率的统计数据上的缺失，作者仍可推断出清政府确实逮捕了相当数量的盗贼并依法对他们进行了处罚。然而，能否防止盗窃再犯却又是另外一回事了。既然大多数官员倾向于对有罪盗贼施以内部放逐的处罚，以期他们改过自新并重新融入社会，那么，对盗贼的严厉惩罚（如负枷，系铃等）就值得商榷。毫无疑问，为了保卫社会利益的安全而采取诸如冬季拘留等措施来阻止有罪盗贼参与社会活动，必然会妨碍盗贼重返社会。

5. 史景迁：《清代中国的鸦片吸食》[①]

吸食鸦片上瘾的普及程度是本文研究的主题。作者首先调查了吸食鸦片的动机，并指出不同的职业群体与经济群体有着不同的动机。他具体对明末的太监、清初的满族贵族、文人、官员、商人、学生、职业地位低下的群体以至农民等吸食鸦片的动机进行了分析。然后，作者分别从消费、禁止、分布、经济作用等四方面分析了鸦片行销网络的建立及其影响，并估计了19世纪末鸦片的经济重要性。"到19世纪末，全国大约有10%的人口吸食鸦片上瘾，而这也成为政府收入的一个主要来源。"（p. 20）"至少在19世纪的后50年中，鸦片对中国经济发挥着重要作用——它可以充当金钱的替代品；它有助于地方官员完成税收配额；它有助于政府财政的自我充实。"（p. 167）"1896年，清朝廷通过对鸦片征税获得了高达两千万两白银的收入。"（p. 172）

通过研究吸食鸦片上瘾的普及程度，作者力图分析社会控制系统在此过程中所受到的影响。从控制的角度看，受鸦片利润的驱使，腐败与犯罪得以

[①] 史景迁，汉学家，美国历史学会主席。1965年获美国耶鲁大学博士学位，现为耶鲁大学教授、历史系和东亚研究中心主任。以研究中国历史见长，他以独特的视角观察悠久的中国历史，并以不同一般的"讲故事"方式向读者介绍他的观察与研究结果。其作品敏锐、深邃、独特而又好看，这使他在成为蜚声国际的汉学家的同时，也成为学术畅销书的写作高手。主要著作有：《改变中国：在中国的西方人，1620—1960》（To Change China: Western Advisers in China, 1620 - 1960, 1980）、《追寻现代中国》（The Search for Modern China, 1999）、《曹寅与康熙》（Ts'ao Yin and K'ang-hsi Emperor, 1965）、《上帝的中国之子：洪秀全的太平天国》（God's Chinese Son: The Taiping Heavenly Kingdom of Hong Xiuquan, 1994）、《中国皇帝：康熙自画像》（Emperor of China: Self-Portrait of K'ang-hsi, 1974）、《王氏之死》（The Death of Woman Wang, 1978）、《天安门：中国人及其革命》（The Gate of Heavenly Peace: The Chinese and Their Revolution 1895 - 1980, 1981）、《利玛窦的记忆宫殿》（The Memory Palace of Matteo Ricci, 1984）、《胡若望的疑问》（The Question of Hu, 1987）、《大汗之国：西方眼中的中国》（The Chan's Great Continent: China in Western Minds, 1998）、《毛泽东》（Mao Zedong, 1999）等。

滋长，直至超越了控制系统所能承受的最大限度。毒品流通破坏了社会的法制，促使散布鸦片的秘密社会组织日益增加，甚至警察与罪犯也私下交易毒品，原已难以信赖的控制力量更加衰败，社会控制系统濒临崩溃的边缘。

此外，作者还在文中提出了这样一个问题："18世纪晚期鸦片吸食的增加究竟是因为鸦片的供应日益增长还是因为鸦片需求的增长？"（pp.19-20）据此，我们可以进一步思考，如果答案是后者，那么鸦片吸食是否可以被看作政治与社会控制混乱的衡量标准？或者，我们可以转而论述，鸦片吸食是人们心理逃避的一种形式，而这种逃避是否可以防止更高程度的社会无序？

6. 杨庆堃：《19世纪中国群众行动类型的初步统计》

本文将统计方法运用到了社会研究中。（p.167）作者从《清实录》（其记载期间自1796年至1911年）中收集了群众运动（牵涉五个甚至更多参与者）的资料，用电脑对其进行分类，并由此对不同类型的群众运动及其性质做出了定量研究。

在对基本分析单位"群众行动事件"进行界定之后，作者分别分析了"群众行动事件的频数""群众行动的生态分布"①"群众行动的形式""群众行动中的政治与经济因素""群众行动中参与者的构成""事件领导者的社会地位"②"群众行动的价值导向"以及"群众行动事件中政府的

---

① 在生态分布的分析中，作者分别从群众行动发生地所属的省、地理区域、地理环境、社会类型四个角度进行了分类比较与分析。

② 杨庆堃，华裔美国社会学家。1932年获燕京大学社会学学士学位，1934年获该校硕士学位。1939年获美国密歇根大学社会学博士学位。先后任纽约商报编辑、华盛顿大学助理教授。回国后，1948年起任岭南大学社会学系副教授兼系主任，1951年再度赴美，任麻省理工学院国际研究中心研究员。1953年任匹兹堡大学社会学系教授。1966年应香港中文大学之邀，前往香港协助该校成立社会学研究所。1968年返回匹兹堡大学，同时兼任该校与香港中文大学的社会学教授。1981年，从匹兹堡大学退休，转任该校荣誉教授。杨庆堃是中国民间信仰研究的先驱，提出"分散型宗教"的概念来解释中国民间的宗教现象，进而反驳马克斯·韦伯等当时西方学者认为中国不存在宗教的主流意见。他的学说为"二战"后的汉学与中国研究铺平了道路，为日后中国传统社会的研究奠定了基础。其主要著作有：《共产主义革命中的中国家庭》（*The Chinese Family in the Communist Revolution*，1959）、《初期共产主义过渡中的中国农村》（*A Chinese Village in Early Communist Transition*，1959）、《共产主义社会中的中国农村和家庭》（*Chinese Communist Society: The Family and the Village*，1965）、《中国社会中的宗教》（*Religion in Chinese Society*，1961）、《19世纪中国群众行动类型的初步统计》（*Some Preliminary Statistical Patterns of Mass Actions in Nineteenth-Century China*，1976）等。

措施与解决的类型"。通过对大量数据进行统计分析，作者发现这些群众行动事件有集中在行政中心的趋势——1/3 的事件发生在监管不力的边境地区，而大多数则发生在包含有地方精英的行政中心——且本质上完全是政治行动。也即，19 世纪的社会无序包含两大重要特征：一是群众抗议的政治特征；二是抗议发生的地点特征。

此外，由在传统的社会—政治秩序中占据显著地位的地方精英、地主和士绅所领导的叛乱、暴动、权力斗争和不计其数的群众行动，在作者的统计分析中占有极大的比例。作者由此指出，19 世纪的大多数"农民运动"实际上并非由"农民"领导，"农民"一词实属误定，换作"群众"一词更为恰当。实际上，这些群众行动的领导者大致是士绅、地主、贵族以及那些政府权力的边缘人（衙役和官员的仆人）。更特别的是，秘密社会、反政府阴谋、抗税、抗租以及暴动的领导人，是来自于士绅和地主，而政府下属和官员则更可能去从事诸如走私、盗窃、剽窃和为非作歹等违法活动。

7. 詹姆斯·波拉切克：《士绅领导的权力：同治中兴时期的苏州》[1]

作者在本文中通过对"同治中兴"[2]时期江南地区社会状况和财政状况等的背景描述，着力分析了苏州士绅与地方官员之间合作关系的建立。

清朝中叶以前，江南地区赋税沉重，且负担不均现象严重。以田赋为例，每亩土地所负担的税率相差悬殊。江南地区的赋税较之其他地区尤为沉重，而苏州、松江、太仓地区的赋税负担，自明初起又因政治原因大为加重，至清代仍未改变。冯桂芬指出，苏州、松江、太仓三府的赋税，"上溯之，比元多三倍，比宋多七倍；旁证之，比大清其他省多一二十倍不等"[3]。而且，即使在同一地区，赋税负担不均的问题也极为严重，"大户"或"绅户"可以有种种办法少负担田赋；而土地较少，势力较弱的"小户"或"民户"反而要负担更重的赋税。即使在"大户"和"小户"的内部，也因权势的不同或向官吏行贿与否而负担轻重各异。

---

[1] 詹姆斯·波拉切克，曾任哥伦比亚大学历史系的助理教授，他提交给加州大学伯克利分校的论文是关于 19 世纪苏州社会历史的。

[2] "同治中兴"是指清朝中叶后，同治帝在位期间（1862—1874 年）的一个中兴阶段。适逢 1860 年清政府与英法媾和，以及太平天国运动濒临崩溃，政治上出现了一个和谐时期，下开洋务运动。

[3] 赵尔巽主编：《清史稿》卷 121 志 96，中华书局 1997 年版。

本已赋税沉重的江南士绅在遭遇土地减产和贬值后，变得更加难堪重负。19世纪30年代，因地方政府无力维持农业灌溉工程，致使苏州士绅的土地开始减产，同时，因财政危机迫使许多其他财产在市场上流通，又导致了土地的贬值。于是，苏州上层士绅们决定扶助时任江苏巡抚的林则徐推进税制改革。在他们的帮助下，林则徐力劝中央政府允许他经由海路而非大运河，北上运送漕米①，这是因为经由大运河运送漕米，会造成漕米的严重失窃与浪费。而这些节省下来的赋税（即漕米）能否以降低赋税配额的方式使江苏地区直接受益，则取决于上层士绅在京城的政治影响力。然而，江南士绅力争减轻经济重负的一系列努力尽管取得了短期的成效，但到19世纪50年代，都以失败告终。漕米的海路运输确实使赋税得以节省，但苏州士绅在京城缺乏足够的政治影响力，未能说服中央政府降低江南地区的赋税配额。

由于深感减轻税负无望，再加上1661年税收案例曾经给江南士绅造成的巨大打击，促使士绅与地方官员合作起来，对抗国家的权力。19世纪60年代，苏州士绅接管了地方福利事业，并且资助军队攻打太平军，他们所获得的回报是，官方支持他们向佃户收租及附加税。同治中兴使得地方士绅的地位大为改善，可和中央政府与佃户相对抗。

8. 孔飞力：《民国时期的地方自治：控制，自治与动员问题》

"地方自治"作为20世纪政治理论中被普遍讨论的一部分，在实际中却与那个时代的所有弊病——"贪婪的地方精英与小气的官员对权力的滥用、地方军阀的野心、承诺民主却实施独裁的政党的说教"（p.257）——联系在一起。

作者在本文中首先对"控制"②与"自治"③这两个概念进行了界定，并指出控制与自治在地方政府无法发挥互补作用的最大根源，在于传统官僚体制的制度缺陷，尤其是县级官员任用的回避原则（包括亲属回避原则和地域回避原则），并从心理学角度进行了分析：这种避免原则使得地方官员像个局外人，一方面缺乏诸如乡土亲情的情感纽带，另一方面

---

① 漕粮是历代皇朝向农民征收的地租和田赋，由官府督办水运京都或其他指定地点，供宫廷消费、百官俸禄、军饷支付和必要的民食调剂。这种粮食因南方主要交稻米，故亦称漕米。

② "控制"意指政府官僚为了维护自身的社会地位和对社会资源的分享而进行的努力。

③ "自治"并不是在统治意义上脱离于更高层的政治组织，而是一个社会单元依据自己的程序并依靠自己的人民管理部分内部事务的能力。

由于随时可能被调动而缺乏安全感，致使地方官员非但不珍爱地方子民，反而漠视甚至剥削他们。由此，作者提出，要在控制与自治之间建立一种相互支持的关系，主要依赖于地方精英能在多大程度上服务于国家目的。

从内容上看，本文主要由两部分构成：

第一部分，是对地方自治政府的历史观考察——从顾炎武鼓吹的"自治"是地方政府与中央集权官僚国家的抗衡，到孙中山和中国国民党在共和政体的背景下提出的"自治"，意指一种可以为国家目的释放活力、为国家目标进行地方动员而非地方自主的地方主义。

早在1897年，孙中山就将地方自治视为共和制的基石，但在15年后他才将地方自治与国家统一有机地联系在一起。他在1912年提出："随着地方自治的发展，每个省的政治将随之发展和进步，这一过程也将进而扩展到整个国家。由此，中国自然会走向繁荣富强，在世界舞台上与强权国家相竞争。"（p.283）这标志着孙中山的"宪政国家"构想是以基层的"地方自治"为基础的。此外，孙中山强调，地方自治倡导的是"国家意识"而非"分离主义"，也即强调为了国家目的进行地方动员，国家意识是进行自治的前提。

但在实践中，国民党很快发现，要防止地方自主是很难的。1928年，蒋介石在南京建立了官僚资产阶级政权，但在广大的农村地区，仍然是以封建土地所有制为基础的封建统治。中国只是在名义上取得了统一，在地方都有各自的军阀，这些军阀，通过地方行政长官的直接任命成为实际上的副行政长官，拥有广泛的管理权与统治权。由于他们本身具有强大的实力，且又进入了地方官僚体系内部，因而，中央政权要防止地方自主是很难的。

因此，文章的第二部分转而研究为何国民党不能为其自身的目的运用本地固有的农村精英。作者在对"土豪劣绅"一词的由来及其所指称的社会群体进行介绍后，指出了土豪劣绅与地方社会上层精英之间的区别。相比较前者，后者的受教育水平更高，且在地方管理上拥有"隐性实权"，上层精英通过"士绅会议"及与"商会"的联合为地方官员提供重要的政策建议与资金支持，从而在地方管理中享有实权。土豪劣绅是中产阶级的地主，大都识字，社会地位较低，他们从事各种经济活动，但享有"绝不稳固的经济前景"。（p.292）这主要是因为他们的经济地位主要依靠各种地方事业的成功，尤其是地方自治的管理活动，然而，他们又难以适应农村动荡、经济混乱的时代背景的要求。"到了1927年,地方精英分子最难以适应新的工作结构,并且渐渐脱离都市精英生活,到了一个不同的文化和经济世界之中。"(p.298)由于缺乏通往高层官员圈的门路,他们就依附地方政府,将之当成势力范围。这也正是国民党难以运用和联合他们的原因。

(三)本书的逻辑线索

在这本论文合集的导论中,魏斐德指出了分析地方政治的重要性,即:"在以奉行中央命令的地方行政系统之下,存在着另一个中国——她不受控制、无秩序并且难以驾驭。"(p.3)正如魏斐德所指出的,本书中的大多数论文立足于政府官员和清代地方士绅之间,有着更广阔的研究视野。

全书的八篇论文按各自所围绕的主题不同,可归为以下三类。

1. 作为一种中立的思考,拉皮德斯比较了伊斯兰社会与清代社会的历史状况,他的论文中对中华帝国晚期历史的研究对于我们做出基本的再评价起着促进作用。通过分析士绅在维系国家与社会中的平衡作用、士绅对待政府权力的两种截然不同的态度,以及中国社会内部两种社会结构("人为的"社会结构和"自然的"社会结构)对社会秩序运行所起的正反两方面作用,他向我们阐明了清朝社会一方面是一个高度分层、控制化和有序的社会,另一方面,又是一个包含有利益竞争和无序基本单元的复杂的、不均匀的网状组织。

2. "地方控制"议题

魏斐德和邓尔麟的论文在效忠思想和地方主义的视角下探讨了地方控制系统的演变——士绅并不单单作为国家政权的后备军,起着维护国家秩序的作用,他们还在一定程度上代表地方利益,甚至与中央权力相抗衡,维护着私人利益。魏斐德的论文通过考察江阴地区因拒绝"剃发"而极力抗拒清朝控制的事件,向我们揭示了:地方的不同领导阶层(包括士绅、地方官员及其他领导阶层)之间尽管存在利益冲突,但在特定的时刻,在地方主义与效忠思想的指导下,仍能克服利益冲突,联合起来对抗国家。邓尔麟的论文通过考察清初松江地区的财政改革,向我们揭示了士绅与地方官员之间的合作关系,并指出士绅与地方官员的合作,既有助于地方控制,也可能对抗国家的利益。

陈张富美的论文则通过对有罪盗贼处罚的考察，从法律的角度探讨了清朝的"地方控制"。由于社会不愿冒险接纳罪犯参与社会活动，又不愿为罪犯重新踏入社会提供社会福利，致使罪犯难以重新融入社会。因此，清朝政府更倾向于对罪犯实施"控制"，而非帮助他们改造以重返社会。更进一步地，从控制方面看，所有抢劫和盗窃的罪犯在被烙以文身、施以部分处罚后，都必须返回家乡并接受监管。而监管的实施除依靠衙门等强制性监管主体外，更主要依靠以亲属、邻里关系为基础的地方控制的代理人（如士绅、族长、地方长老等）。通过陈张富美的论文，我们可以看出：传统社会的管理依赖"自制"与"惩罚"，而"自制"则主要取决于由社区和宗族所保证的控制系统，因此，当地方控制的代理人失去了其原有的行政与社会地位，地方控制系统也就随之崩溃了。这也正如杨庆堃在其论文中所指出的那样，与"掠夺性力量"相联系的多数群众行动事件表明，传统控制系统是多么依赖建立在亲属关系和邻里关系基础上的传统社会秩序的有效代理人。

3. "社会抗议"议题

史景迁对清代中国的鸦片吸食状况进行了调查，他分析了不同职业群体与经济群体吸食鸦片的动机、鸦片行销网络的建立及其普及程度、鸦片在19世纪末的重要经济作用，其研究证实了自18世纪晚期起地方控制的崩溃，同时这也伴随着西方侵入后中国内部的社会进程。由于受鸦片利润的驱使，散布鸦片的秘密社会组织日益增加，腐败与犯罪得以滋长，社会的法制遭到破坏，社会控制系统日益走向崩溃。因而，一方面，我们可以在一定程度上将鸦片吸食看作社会无序的衡量标准；另一方面，通过鸦片在帝国内部各阶层的普及，我们是否也可将其看作社会对整个帝国统治的抗议呢？

詹姆斯·波拉切克的论文考察了"同治中兴"时期的江南上层士绅社会，指出在19世纪60年代，苏州士绅接管了地方福利事业，并且资助军队攻打太平军，他们所获得的回报是官方支持他们向佃户收租及附加税。同治中兴使得地方士绅的地位大为改善，可和中央政府与佃户相对抗。而这恰好验证了邓尔麟所说的，地方官员与士绅的合作也能对抗国家的利益。

此外，波拉切克还指出租金与税收的融合和士绅与政权的融合是相一致的，这也正是20世纪农民激进化的原因。按照他的结论，这种融合的必然结果之一将是地方抗议事件的增加,而这恰好被杨庆堃的统计研究所证实。通过对《清实录》中记载的19世纪中国群众运动的资料进行定量研究,杨庆堃发现这些群众行动事件有集中在行政中心的趋势,且本质上完全是政治行动,事件的领导者大致是士绅、地主、贵族以及那些政府权力的边缘人(衙役和官员的仆人)。

孔飞力的论文通过对地方自治政府的历史观考察以及对国民党不能为其自身目的联合和运用本地农村精英的原因分析,直面20世纪初中国士绅阶层和社会变化的问题。他指出:"到1927年,地方精英分子最难以适应新的工作结构,并且渐渐脱离都市精英生活,到了一个不同的文化和经济世界之中。"(p.298)由于缺乏通往高层官员圈的门路,他们就依附地方政府,将之当成势力范围,继续控制着乡村管理。此外,孔飞力还在文末提出,"秀才及能识字但是无功名的平民,或许是清代最不能成功统治的一个群体"。(p.297)由于杨庆堃的统计分析并没有区分不同的士绅阶层,因此我们必须等候统计结果来证明孔飞力的这一观点。但邓尔麟为这个经常越轨的团体的动机提供了一个线索,即他发现财政改革只给获得较高功名者和官员带来好处,却未及于生员。

四 简短的讨论

首先,从横向来看,本书中魏斐德与杨庆堃的论文对于同时代史学研究的发展具有尤为重要的意义。20世纪70年代,美国中国史研究开始在研究方法上重视其他社会科学方法的运用,一些学者将社会学、人类学、政治学等学科的研究方法引入历史研究中。杨庆堃的《19世纪中国群众行动类型的初步统计》便是将社会学的统计方法运用到群众运动分析的具体实践的成功范例,对史学研究中跨学科研究方法的综合应用具有指导意义。

在美国中国史研究界,结构史学是主流。受年鉴学派的影响,历史学家们捐弃了事件史的研究方法,转而注重长时段的转换、大的经济社会结构的变迁,探索历史发展的连续性和因果性,而忽视了历史事件对于历史发展的意义和影响。在叙事史学备受攻击之际,魏斐德仍坚持对叙事史学的发展。他相信历史著作应把描写特殊现象的复杂的叙事文体与包含概括性理论的分析性散文相结合,认为叙事是按时间顺序整理材料，使它即使具有不同层次的附带情节，其内容的焦点仍能集中围绕一件首尾连贯的故事。因而，其主要史学著作都以叙事为主导，并辅以少量直接的理论分析，《地方主义与清征服江南时期的效忠思想：江阴的悲剧》便是如此。

其次，从纵向来看，本书的积极意义主要体现在以下两方面：

本书在前言中指出："社会史学家开始逐渐认识到，从16世纪中叶到20世纪30年代整个时期构成连贯的整体。学者们不再把清代看成过去历史的再版，也不认为1644年与1911年是异常重要的界标，他们发现有若干历史过程，绵延不断横跨最近四个世纪一直伸延到民国时期。"（p.2）也即，中国社会内部存在着长期发展趋势，这一研究具有重要的理论意义。因为它肯定了中国社会是在按照自己的方向和规律向前发展着，尽管王朝在变换，但中国社会内部的长期发展进程却不曾中断。中国历史的内在连续性的揭示，使在西方沿袭已久的所谓中国历史"循环论"失去了存在的基础，也为寻找对中国历史产生决定性作用的长期变化模式开辟了道路。

20世纪70年代以前，美国的中国史研究主要基于"冲击—反应"和"传统—近代"两大理论模式，将中国的变化归之于西方的"冲击"，即外部因素的影响，忽视了中国社会内部的因素。基于60年代末至70年代初美国国内以及国际上发生的许多重大变化（主要包括亚非拉民族解放运动、美国越南战争的失败、伊朗人质事件、民权运动以及水门事件等），一些学者开始从全新的角度来探索前资本主义时代非西方国家的发展道路，并把研究的重点从集中在外部因素的影响上转到研究社会内部发展的动力上。即他们认识到中国历史首先为中国自身的发展规律所规定，所以应当从中国社会内部来寻找中国历史前进的动力及其相关因素。由魏斐德与格兰特合编的《中华帝国晚期的冲突与控制》便是以中国的内生性社会力量为视角进行研究的成功体现，对于美国中国史研究具有极其重要的意义。

最后，本书中的论文与其他人的相关著作，指出了清代地方与中央控制的平衡关系的演变。首先，在18世纪，中央对地方的控制强而有力，这对中央政府是有利的；其次，从19世纪中叶起，中央对地方的控制相对减弱，地方控制拥有了更大的自主性（这主要是源于19世纪60年代在镇压太平天国运动的过程中，地方团练得以兴起，并在镇压中发挥了主要作用，从而使清王朝得以度过危机而继续生存，但也由此导致中央政府权力的下放和地方势力的增强），这对地方领导者是有利的；到了 20 世纪，中央政府再度取得控制的主导地位。

（房红磊）